U0629262

皇陵探秘系列

秦始皇陵密码

张前 著

辽宁人民出版社

© 张前 2023

图书在版编目（CIP）数据

秦始皇陵密码 / 张前著 . —沈阳：辽宁人民出版
社，2023.4
（皇陵探秘系列）
ISBN 978-7-205-10608-9

Ⅰ . ①秦… Ⅱ . ①张… Ⅲ . ①秦始皇陵—研究　Ⅳ .
① K928.76

中国版本图书馆 CIP 数据核字（2022）第 199284 号

出版发行：辽宁人民出版社
　　　　　地址：沈阳市和平区十一纬路 25 号　邮编：110003
　　　　　电话：024-23284191（发行部）　024-23284304（办公室）
　　　　　http：//www.lnpph.com.cn
印　　刷：北京长宁印刷有限公司天津分公司
幅面尺寸：165mm×235mm
印　　张：18.5
字　　数：235 千字
出版时间：2023 年 4 月第 1 版
印刷时间：2023 年 4 月第 1 次印刷
责任编辑：赵维宁
封面设计：乐　翁
版式设计：一诺设计
责任校对：冯　莹
书　　号：ISBN 978-7-205-10608-9
定　　价：59.80 元

目　录

第七章　永远的神话

第一章

被妖魔化的千古一帝

一、秦始皇的负面形象

"秦王扫六合，虎视何雄哉！挥剑决浮云，诸侯尽西来。"（李白《古风·其三》）

读着李白的诗句，眼前仿佛出现了身着玄衣纁裳（玄色，先染白，再染黑谓之玄色。纁色，是赤绛色而微黄。玄衣纁裳，在服饰色彩中，以"玄""纁"两色之搭配为最崇高，彰显古人服饰规制的效能），手持佩剑，目光如炬，正颜厉色的秦始皇。

秦始皇是历史上颇有争议的一位帝王，在大多数人的心中，他的形象是负面的。很多人评价他嗜杀成性、惨无人道、大兴土木、荒淫无度。在他统治下的秦朝，严刑峻法，遍地监狱，社会底层的百姓更是每日生活于水火之中，生活黯淡无光，没有希望。尤其是在西汉初年，人们对秦始皇的评价更加犀利，甚至将秦始皇妖魔化。

在楚汉战争结束后，刘邦曾问身边的人，秦朝为什么会走向灭亡，而汉朝为什么会建立起来。刘邦这个看似无意实则有心的问题引起了研习儒学的书生们的兴趣，大家纷纷发表自己的所思所想，以此来展示自己的才华，其中较为出名的就是贾谊所撰写的《过秦论》。

《过秦论》中是这样评价秦始皇的："秦王怀贪鄙之心，行自奋之智，不信功臣，不亲士民，废王道而立私爱，焚文书而酷刑法，先诈力而后仁义，以暴虐为天下始。"大意是说，秦始皇贪婪卑鄙，刚愎自用，不信任功臣，不亲近士民，抛弃仁政王道，树立个人权威，禁除诗书古籍，实行严刑酷法，把诡诈权势放在前头，把仁德信义丢在后头，把残暴苛虐作为治理天下的前提。这段话被后人大量引用，而秦始皇暴虐贪婪的形象从此在后人的心中根深蒂固。

这些人不仅对秦始皇的性格进行评价，还对秦始皇的长相进行评价。据《史记·秦始皇本纪》中记载，大梁人尉缭曾说："秦王为人，蜂准，长目，挚鸟膺，豺声，少恩而虎狼心，居约易出人下，得志亦轻食人。"尉缭对秦始皇从长相到内心，都进行了讽刺，他形容秦始皇长着高鼻梁、长眼睛，有着挚鸟一样的胸部、豺狼般的声音，缺少仁爱而有虎狼之心，穷困时容易谦卑对人，得志时也能轻易地吞掉别人。这是多么不喜欢秦始皇啊，竟然连他的长相也要丑化，以至于现在的人们都好奇秦始皇的真面目到底如何。

不难看出，从贾谊到司马迁，许许多多的汉代儒生笔下的秦始皇可谓是荒淫无度、冷血残暴，在他们心中，秦始皇是一个极其丑陋的负面形象。为什么他们对秦始皇有这么大的敌意？为什么秦始皇会被如此地妖魔化？

也许是秦始皇的性格使然，也许是秦始皇是秦国最后一位出色的统治者使然。如果仔细整理古代的文献，不难发现同秦始皇一样被妖魔化的还有夏桀、商纣王、周幽王、隋炀帝等多位统治者。

以王莽为例，他被批评得更是体无完肤。古代史学家以"正统"的观念，认为其是篡位的"巨奸"，说他"篡汉""复古改制、逆历史潮流"，但他则是"中国历史上第一位社会改革家"。夏桀、商纣王、周幽王、王莽、隋炀帝等，与秦始皇被后人诟病的原因也大同小异，大多是因为残暴无德，所犯的错误基本上都是一样的。

事实真的是这样吗？不能否认，他们都有各自的缺点和不足。人无完人，即使是现在已经非常文明的我们，也难保证一生不犯上几个错误，只是因为我们普通，没有给后人留下诟病的机会。

我们对他们的认识，大多来源于文献的记载，可以说在很大程度上受到了文献记载的影响。文献中的他们，个人品行和生活作风问题都被无限放大，以至于使我们对这些人的盖世之功熟视无睹。就像隋炀帝，也同样对中国历史作出了巨大的贡献，我们所熟知的科举制度、大运河，都诞生于隋炀帝时期，他所修建的大运河至今仍在使用。大运河在历史上对于沟通祖国南北的贡献和秦始皇修建的灵渠是一样重要的。

而后人对他们的全盘否定，很大一部分原因是后继王朝出于政治需要，从而通过有组织的舆论宣传，以达到否定前朝、彰显现政权合法性的目的。所以他们的"过"总会被放大、夸大。而末代帝王的现象仿佛成为中国古代文明中的一个不成文的传统。

当然，不能否认的是，秦始皇的性格是存在一定的问题的，从现代心理学的角度分析，应该是存在着一定的缺陷，而他养成这样的性格，跟他从小成长的环境是脱不开关系的。

二、阴郁的时光

秦始皇出生的那天没有出现"红光满室"，也没有"赤光绕室，异香经宿不散"，更没有"时夜无火，室内自明"，只是一个再平凡不过的日子。如果非要说特殊之处，那便是当时秦、赵两国的关系了。

《史记·秦始皇本纪》中记载："庄襄王为秦质子于赵，见吕不韦姬，悦而取之，生始皇。以秦昭王四十八年正月生于邯郸。及生，名为政，姓赵氏。"

秦始皇是秦庄襄王的儿子，那时的庄襄王还是以质子的身份抵押在赵国。当时秦、赵两国的关系已经恶化，庄襄王的处境十分艰难，他在赵国本就是备受冷遇，由于两国短兵相接，更是让庄襄王的生命时刻受到威胁。庄襄王整日愁眉不展，郁郁寡欢。许是老天看他可怜，在机缘巧合下，庄襄王结识了他生命中的第一个"贵人"吕不韦。所谓"缘，妙不可言"，庄襄王通过吕不韦遇到了赵国的豪门千金赵姬，心生情愫，并生下了秦始皇。这段历史被世人所熟知。

本是幸福的三口之家，但庄襄王还没来得及享受家庭的温暖，便因秦昭王的一个决定，踏上了逃亡之路。就在秦始皇出生的第二年，秦军兵临城下，开始长期围困邯郸，秦昭王想要一举攻克赵国，进攻邯郸就是他打响的信号。而身在邯郸的庄襄王一家，因此陷入了赵国百姓仇恨的汪洋大海中，时时刻刻面临着不测。为了保全庄襄王，吕不韦不惜花重金买通赵国的看守官吏，安排庄襄王逃回了秦国，但是秦始皇和母亲赵姬却被留在了赵国。

时间流逝，秦始皇在这座处处充满了危险的邯郸城里，足足生活了九年，几乎是活在暗无天日的躲藏之中。难以想象，尚且年幼的嬴政在四处躲藏的日子里是怎么过的，没有可以依靠的父亲，只有相依为命的母亲。本应该如普通孩童一般无忧无虑地玩耍，心无旁骛地生活，但是秦始皇却不能，他心里承受着原本不该由一个孩童去承受的压力，这可能就注定了他的不普通。

童年的颠沛流离，巨大的生存压力，渐渐地使嬴政的心理产生了微妙的变化，性格也随之变得更加阴郁。而在秦始皇阴郁的性格养成之时，他的父亲庄襄王正如火如荼地忙着人生大事。

回到咸阳城的庄襄王，与赵姬母子失去了联系，由于不知道他们的生死，在这种背景之下，他只好听从生母夏姬的安排，新娶了一位韩夫人。这当中牵扯的政治利益不言而喻。韩夫人也为庄襄王生下一个儿子，名为成蟜，便是后来的"成蟜之乱"的主角。

同是庄襄王的儿子，同是王族血脉，境遇却大不相同。难以想象，如果秦始皇没有顺利地回到秦国，他这一生的命运将从此改变，那么秦朝的命运又将如何？但是，命中注定不普通的秦始皇，在九岁这年，迎来了命运的转机。

公元前 251 年，秦始皇的曾祖父秦昭襄王去世，祖父安国君即位，是为孝文王。当时还处于敌对状态的秦国和赵国，以新王即位为契机，关系顺势和解，作为表示和解的行为，赵国将赵姬和秦始皇送回了秦国。

命运的轮盘，总是带给人意外。秦孝文王即位时，已经五十多岁，身体衰弱，正式即位三天就去世了。于是，秦庄襄王顺理成章即位。然而，随着秦庄襄王的即位，秦始皇刚从一个旋涡里逃出来，又被推进另一个旋涡里。这次他面对的不再是邯郸城里对他虎视眈眈的百姓、君王，而是自己的亲人。

庄襄王即位后，秦国宫廷中，以秦庄襄王嬴异人为中心，以两位太后为双翼，形成了一张微妙的政治关系网。以华阳太后为首的楚系外戚势力和以夏太后为首的韩系外戚势力，在支持庄襄王的态度上是一致的。但是，在对待秦始皇和成蟜的态度上，就各自为政了。

很显然，赵姬、秦始皇和韩夫人、成蟜，这两对母子，已然形成了对立的局面。在强大的权力、无限的荣华面前，没有人愿意屈于人后。有了以华阳太后为首的楚系外戚势力的坚决支持，加上财力雄厚的吕不韦的辅助，还有赵国不遗余力的加油，更重要的一点就是庄襄王的态度，他虽然娶了韩夫人，但是并没有册立韩夫人为第一夫人，而是一直在等待赵姬母子回到秦国，足足等了六年，而他等待的态度，足以说明一切。可以说，赵姬和秦始皇在这场没有硝烟的政治争斗中，不战而胜，毫无悬念。

在所有人忙着这场无声的政治斗争时，却都完完全全地忽略了秦始皇。刚刚回到咸阳的秦始皇仍是一名孩童，这里的一切，对于他来说，都太陌生了，甚至是父亲，一位他已经快要记不住模样的父亲。本是至亲之人，却如此陌生，此时的他，内心是极度缺乏安全感的。还没有好好感受一下父爱，没有适应家的环境，便被迫卷入了政治争斗的旋涡之中，这无疑又在秦始皇的心里添上浓重的一笔。也许年幼的他也曾想融入家庭中，可以感受到家人的温暖，却不承想遭受到了祖母的冷遇和韩夫人的敌意，对一个孩子来说，这一切着实过于残忍。

秦始皇可能也不明白，自己为什么要受到这样的待遇，可能也明白，这就是他的命。作为这场政治斗争的主角，始终逃不出权力争夺的旋涡，是可喜还是可悲，只有他自己清楚。

此时的秦始皇，已经有了这个年纪不应该有的成熟，他开始明白权力的意义，即使是懵懂的、迷茫的，但在他的认知里，似乎已经形成了"权力在手，诸事大吉"的思想。而对权力的渴望，对专权的欲望，他在心里慢慢生根发芽，直至根深蒂固。

颠沛流离、朝不保夕的童年，明争暗斗、勾心斗角的权力争夺，造就了秦始皇阴郁、多疑的性格。他视权力为珍宝，独大专权，一切都是有迹可循的，这大概就是童年的阴影。

三、那些秦始皇背的"锅"

秦始皇这个人几乎被世人全盘否定，真的是有些许的委屈。我们可以看到，从他即位起，到五十岁去世，在这 37 年中，秦朝得到了前所未有的发展，甚至完成了统一中国的大业。

由此推断，秦始皇应该是一位具有判断、决策能力的领袖人物，也是一位择善而从、广纳贤才的帝王。从丞相李斯、军事家尉缭，到水利工程专家郑国，东方六国的很多有才之士都有机会在秦国大显身手，凭借他们自身的智慧和力量为秦国的发展壮大作出贡献。

不仅如此，秦始皇在建国后没有过河拆桥，丢弃陪伴在他左右的开国元勋，反而善待他们。像王翦、蒙恬等人，他们都是为秦帝国立下了赫赫战功的不世之臣，对于这些功臣，秦始皇给了他们至高的荣誉和尊重，在他统治期间，他们每个人都得到了作为一个臣子所应有的一切。如此善待功臣的皇帝，为何被人们称为暴君？大多数人认为秦始皇残暴，与流传两千年之久的"焚书坑儒"事件有着很大的关系。

"焚书坑儒"对于大家来说并不陌生，可以说是秦始皇的"代表作"了。焚书事件的导火索，是公元前213年，秦始皇在咸阳宫摆酒设宴，大会群臣与博士。在酒宴上，仆射周青臣大肆颂扬秦始皇改诸侯国为郡县的政举，一场关于分封制与郡县制的辩论随之开始了。在国家政策方针上，大臣们有不同的见解是常有之事，本是场有利于促进团结的辩论，但由于李斯的个人行为，为了投秦始皇之所好，最终导致了"焚书"事件的发生。

据《史记·秦始皇本纪》记载，李斯提出了焚书的主张："臣请史官非秦记皆烧之。非博士官所职，天下敢有藏《诗》、《书》、百家语者，悉诣守、尉杂烧之。有敢偶语《诗》《书》者弃市，以古非今者族，吏见知不举者与同罪。令下三十日不烧，黥为城旦。所不去者，医药、卜筮、种树之书。若欲有学法令，以吏为师。"

李斯建议：史书只留下秦国的官修史，其余各国史书悉数烧掉；《诗》《书》及诸子百家的书都烧掉，敢谈论者杀，借古非今者族诛，官吏知情不报者，以同罪论处；允许保留的书只有医书、卜书及种植之类的书。这不仅仅是赤裸裸的愚民主张，更是可笑至极的追捧皇权的愚蠢行为。但秦始皇竟然听从了李斯的建议，这便是"焚书"事件。

然而"焚书"事件的余温还未消退，随之秦国又发生了一件令人瞠目结舌的大事，就是"坑儒"事件。但是现代以来，一些学者从不同的角度分析，认为这可能是历史上的一桩冤假错案，故事被夸张地放大了。为什么这么说呢？据《史记》记载，"坑儒"事件起源于两个江湖术士。

公元前219年，秦始皇在第二次东巡时，途经琅琊台（今山东胶南）。据《史记·秦始皇本纪》记载："南登琅邪，大乐之，留三月。乃徙黔首三万户琅邪台下，复十二岁。作琅邪台，立石刻，颂秦德，明得意。"

秦始皇到达琅琊台后，被这里依山傍水、碧海连天的景色深深地吸引，站在这里，冠领琅琊群峰，俯瞰茫茫大海，对于第一次见到大海的秦始皇来说，这里简直太神奇了。秦始皇十分喜欢琅琊台，在这里整整住了三个月，快活得不想离开。而且他还在琅琊刻石记功，修筑别馆，移民三万户来这里定居，减免他们的赋税，将琅琊台作为自己的汤沐地，新建了一座供自己休养的城市。

实际上，琅琊台是方士们的聚集地，得知秦始皇巡游到此时，他们闻风而动，使出浑身解数，希望能被秦始皇看中。而这时，秦始皇第一次见到了方士徐福。

"齐人徐市等上书，言海中有三神山，名曰蓬莱、方丈、瀛洲，仙人居之。请得斋戒，与童男女求之。于是遣徐市发童男女数千人，入海求仙人。"

徐福告诉秦始皇说，大海中有三座神山，名叫蓬莱、方丈、瀛洲，有仙人居住在那里。希望能斋戒沐浴，带领童男童女前往寻觅。于是秦始皇就派徐福挑选童男童女几千人，到海中寻找仙人。这是秦始皇踏上求仙之路的开始。

秦始皇虽是一代雄主，但毕竟也是一个普通人，也会随着年纪的增长，生老病死。皇权再大，也无力改变生老病死的自然规律。正因为对死亡的恐惧，在晚年，秦始皇迷上了长生不老之术。这给一些江湖术士带来了"就业机会"，甚至有人利用秦始皇追求长生不老一事而发家致富。这些江湖术士被称为方士（在古代中国，修炼长生不老之术、提炼仙丹仙药的人，被称为方士）。

在众多方士中，侯生和卢生是比较出名的，他们的骗术了得，将秦始皇忽悠得团团转，从秦始皇那里得到了很多赏赐。二人也积极地奔波，四处为秦始皇寻求不老的仙药。

据《史记·秦始皇本纪》记载，秦始皇派卢生去寻找仙人及长生不老的仙药，但是卢生空手而归。卢生为了保住性命，以谎言蒙骗秦始皇说："臣等求芝奇药仙者常弗遇，类物有害之者。方中，人主时为微行以辟恶鬼，恶鬼辟，真人至。人主所居而人臣知之，则害于神。真人者，入水不濡，入火不蒸，陵云气，与天地久长。今上治天下，未能恬倓。原上所居宫毋令人知，然后不死之药殆可得也。"意思是说，他们为秦始皇寻找灵芝、仙药和仙人，经常遇不到碰不上，看来是有恶鬼在从中阻拦。为了避开恶鬼，请秦始皇外出时隐匿行踪。行踪秘密则恶鬼自然消失，真人才能到来。所谓真人，入水不湿身，入火不感热，高居于云气之上，与天地共长久；要求仙药，首先就要与真人相通。如今秦始皇治理天下，未能恬淡隐逸，自然不能通于真人。所以，希望秦始皇不要将停留的宫室居所让人知道，只有这样，真人才会出现，不死之药才有可能得到。

一心想要长生不老的秦始皇对卢生的话深信不疑，并按照卢生所说的去做。其实，哪里有什么仙人、仙药，不过都是谎言罢了。卢生和侯生知道再欺瞒下去不是办法，于是二人商量，找了个机会偷偷地逃出了咸阳，并散播了一些谣言。他们的举动，彻底激怒了秦始皇。

据《史记·秦始皇本纪》中记载，秦始皇怒道："吾前收天下书不中用者尽去之。悉召文学方术士甚众，欲以兴太平，方士欲练以求奇药。今闻韩众去不报，徐市等费以巨万计，终不得药，徒奸利相告日闻。卢生等吾尊赐之甚厚，今乃诽谤我，以重吾不德也。诸生在咸阳者，吾使人廉问，或为訞言以乱黔首。"

大意是："我没收天下的书籍，将其中没有用的通通清除。广泛召集了很多文学、方术之士，希望由此振兴太平，让方士们寻求仙药。现在却听说韩众不辞而别，徐福等人的耗费数以亿计，始终没找到奇药，传来的都是他们互相告发谋利图私的消息。对待卢生等人，我不但尊重，而且赏赐甚厚，我派人查问，其中有人制造妖言，祸乱百姓。"于是秦始皇派御史去——审查，诸生们互相告发以使自己脱罪。犯禁违法的有四百六十余人，全部以诽谤罪坑杀于咸阳，并通告天下。这便是历史上著名的"坑儒"事件。

把"焚书""坑儒"结合起来看，似乎都在意指秦始皇的独断专权、残酷暴虐，以"焚书"来控制人们的思想，以"坑儒"来彰显自己的皇权。果真如此吗？其实不尽然。

据《韩非子·和氏》记载，早在商鞅变法的时候，就曾颁布"燔诗书"令。可见，焚书之事在秦国并不是自秦始皇统治时期才有的现象，只是在他的身上被无限放大了。即使是按照《史记·秦始皇本纪》中的记载来看，焚书也是有选择的，并没有统统烧掉，起码医药、建筑、植树、占卜之类的书籍不在其列。而"坑儒"事件更是如此，从《史记·秦始皇本纪》记载的内容看，我们可以明显发现坑杀的是方士，并不是儒生。

其实"焚书坑儒"的故事在汉初并没有流行起来，最初也仅仅是焚书的故事，并没有关于坑儒的故事。出现坑儒的桥段，是在西汉后期，汉武帝罢黜百家独尊儒术之后。儒术独尊，使得以儒学行事的书生有意地将原本简单的故事复杂化、悲情化、放大化，以此来贬低秦始皇。

当然，秦始皇被后人诟病的不仅仅是"焚书坑儒"事件，还有在他统治下的严刑峻法，也成为被后人议论纷纷的话题。

秦国以法家治国，"法治""重刑"确实是秦律的基本特色。从商鞅变法到秦朝建立，秦国法律经历了一个逐渐发展完善的历史演变过程，但它早已佚失、无闻达两千年之久，秦法的真实面貌我们不得而知。但是，考古工作者于 1975 年在湖北省云梦县睡虎地 11 号墓中，首次发现大量记录秦律内容的竹简，这些竹简被称为"睡虎地秦墓竹简"。

此墓的主人是一个名字叫"喜"的人，生于秦昭王四十五年，死于秦王朝建立后的第五年。"喜"生前任地方司法刑狱官员，死后将他平素抄录的法律文书、参考案例等随葬在墓中。非常幸运的是，因为江南潮湿的地下环境，这批珍贵的法律文书得以保存下来，我们才能够有幸全面和深入地了解到秦律思想以及条文，它们基本反映了战国后期商鞅制定的秦律以及秦朝统一后的法律制度。

睡虎地秦墓竹简中的几条秦律记载：

第一条："夫盗千钱，妻所匿三百，可（何）以论妻？妻智（知）盗夫而匿之，当以三百论为盗；不智（知），为收。"（大概意思是：如果丈夫偷钱一千，妻子藏匿三百，妻子应该怎样定罪？如果妻子知道丈夫偷钱而藏匿，当以偷钱三百论处；如果不知道，就不予追究。）

第二条："甲盗，臧（赃）直（值）千钱，乙智（知）其盗，受分臧（赃）不盈一钱，问乙可（何）论？同论。"（大概意思是：甲盗窃，赃物值一千钱，乙知道甲盗窃，却分其赃钱不足一钱，问乙应该如何判罪？与甲同罪。）

第三条："甲盗钱以买丝，寄乙，乙受，弗智（知）盗，乙论可（何）也？毋论。"（大概意思是：甲偷钱并买了丝线，寄存在乙那儿，乙接受了丝线，但不知甲偷钱的事情，乙应该怎么处置？不应论罪。）

从这三条可以看出，秦国的律法并非想象的那么随意株连、冷酷残暴。接下来的两条内容，简直堪称思想品德教育的典范了：

第一条："削（宵）盗，臧（赃）直（值）百一十，其妻、子智（知），与食肉，当同罪。"（大意是：夜间行窃，赃物值一百一十钱，其妻子、儿子知情，还与他一起用钱买肉吃，妻子、儿子应当与丈夫同罪。）

第二条："有贼杀伤人冲术，偕旁人不援，百步中比（野），当赀二甲。"（大意是：有人在大街上杀人伤人，周围的人袖手旁观不加援救，距离百步以内的人，要重罚，罚交两副甲的钱。）

秦国会不会使用酷刑逼供呢？在《睡虎地秦墓竹简·封诊式》里有这样的条例，说的是：凡审讯案件，必须先听完口供并加以记录，使受讯者各自陈述，虽然明知是欺骗，也不要马上诘问，供词已记录完毕而问题没有交代清楚，于是对应加诘问的问题进行诘问，诘问的时候，又把其辩解的话记录下来，再看看还有没有不清楚的问题，继续进行诘问，诘问到犯人词穷，无法自圆其说从而多次欺骗，还改变口供拒不服罪，依法应当拷打的，就施行拷打，拷打犯人要这样记录，爰书：因此人多次改变口供，无从辩解，对其拷打讯问。

简单地从睡虎地秦墓竹简记载的内容就能了解到，秦国的律法被戴上了酷刑的帽子，是有失公允的。当然，这只是其中小小的一部分内容，而秦律的条例是十分详细的。

湖北云梦睡虎地秦墓竹简，以一万七千字的篇幅（仅为秦律的一部分），记录了从农业到手工业、从政治到经济等很多方面的法律法规制度，达到了《荀子·强国》中所说的"佚而治，约而详，不烦而功，治之至也，秦类之矣"，即安闲而又治理得很好，政令简约而周详，政事不烦乱而有功绩，秦律便是政治的最高境界。

即便从出土的竹简中了解到了秦律的一小部分内容，也会有人质疑，就算是"焚书坑儒"有些许失真，没有十分严苛的"酷刑"那又怎样，也改变不了秦始皇在人们心中大兴土木、劳民伤财、荒淫无度的形象。好像不管是什么不足的地方，到秦始皇这里都会被夸大、歪曲，他的人物形象已经被丑化到极致。

四、未建成的阿房宫

接下来我们可以仔细地了解一下所谓的秦始皇大兴土木，其中比较典型的，也十分出名的，就是秦始皇在统一六国后建造的阿房宫。

唐代诗人杜牧写过一篇《阿房宫赋》，他这样描述这座宫殿："六王毕，四海一，蜀山兀，阿房出。覆压三百余里，隔离天日。骊山北构而西折，直走咸阳。二川溶溶，流入宫墙。五步一楼，十步一阁。廊腰缦回，檐牙高啄。各抱地势，钩心斗角。"大意是：六国灭亡，秦始皇统一了天下。蜀山的树木被砍尽，阿房宫建造出来了。阿房宫占地三百多里，把太阳都隔离了。它从骊山北边建起，再往西转弯，一直通到咸阳。渭水、樊川浩浩荡荡地流进宫墙里边。五步一座楼，十步一座阁。走廊如绸带般曲折，牙齿般排列的飞檐像鸟嘴向高处啄着。楼阁各依地势的高低倾斜而建，低处的屋角钩住高处的屋心，并排相向的屋角彼此相斗。

通过《阿房宫赋》的描写，秦始皇劳民伤财、生活奢靡的罪状算是被坐实了。一直以来，大家对杜牧描写的阿房宫的景象深信不疑，甚至能够在脑海里想象出阿房宫的壮丽、宏伟。可惜，如此宏伟的建筑，毁于秦末的战火。据史料记载，这个纵火者就是项羽，他的一把火，将这座富有传奇色彩的宫殿彻底烧毁，使其消失于这个世界。

所以，阿房宫真的如传说中那样壮丽奢华吗？两千年以来，我们几乎没有对这座梦幻般的建筑群表示过一丝的怀疑。而这个在大诗人笔下如此宏伟壮丽的宫殿群为何而建？真实面目到底如何呢？为什么秦始皇要在统一全国后，花费如此大的人力、物力、财力来建造这样一座宏伟壮观的宫殿呢？

《史记·秦始皇本纪》中记载："始皇以为咸阳人多，先王之宫廷小，吾闻周文王都丰，武王都镐，丰镐之间，帝王之都也。乃营作朝宫渭南上林苑中。先作前殿阿房，东西五百步，南北五十丈，上可以坐万人，下可以建五丈旗，周驰为阁道，自殿下直抵南山。表南山之颠以为阙。为复道，自阿房渡渭，属之咸阳，以象天极阁道绝汉抵营室也。"

原来是秦始皇认为咸阳城人口太多，显得宫廷太小，这可不符合他高贵的身份。秦国自公元前 350 年，就开始在咸阳营造宫室，到秦始皇继位的时候，前后已经营造了百余年，当时的咸阳城已然逐渐成为全国最大的都会。然而随着时间的推移，咸阳的人口急剧增加，城市的发展也受到泾水和渭水这两条河流的阻碍，在这里很难再修建更大规模的宫殿。如此庞大的帝国都城慢慢有了人满为患的感觉。

于是，摆在秦始皇面前的首件大事便是选择合适的地点，修建一座能与秦帝国相匹配的宫殿。而咸阳城对面的渭水以南，具有很大的发展空间，这片区域本就是战国时期所修建的上林苑，秦惠文王就曾在上林苑营建新宫。所以，这片区域便成了营造宫殿的最好选择，以此作为举行朝会、庆典、议决国家大事的场所。那么，首先建造的便是阿房的前殿。

前殿就是皇帝举行重大仪式的宫殿，它"东西五百步，南北五十丈，上可以坐万人，下可以建五丈旗"。如果按现在的度量单位算，大概就是东西长约 693 米，南北宽约 116 米，面积约达 8 万平方米，层高约为 11.6 米，也就是说建成后的阿房宫前殿高度有四五层楼那么高。而这只是秦始皇设想的阿房宫的一小部分，他理想中的阿房宫是四周架有天桥可供驰走，从宫殿之下一直通到南山，在南山的顶峰修建门阙作为标志，为了从阿房横跨渭水，还要修建天桥，与咸阳连接起来，以此象征天上的北极星、阁道跨过银河抵达室宿。这是何等的规模，何等的壮丽，何等的气魄。

那么，这座传说中的宫殿的遗址在哪儿？现状如何？可曾剩下残渣碎片？

考古资料显示，在 2002 年，由中国社科院考古研究所和西安市文物保护考古所组成的阿房宫考古队，对阿房宫遗址展开了考古工作。但是，经过五年的努力，考古勘探却意外呈现了很多与历史记载截然不同的结论，这是为什么呢？

经过考古学者对阿房宫遗址详尽的调查、勘探和发掘后，得到的考古研究成果令人十分意外。原来，气势磅礴的阿房宫从未存在过，当年阿房宫并没有建成，仅仅是做了夯土基础而已。

当时，这项考古成果引起了极大的震动，不仅在学术界产生了巨大的影响，在社会上也引起了广泛的关注。

似乎人们对于阿房宫根本没有建成这件事，是难以相信、难以接受的，在大多数人的心里，都有阿房宫宏伟壮观、绚丽夺目的身影。

自汉代以来，人们都想当然地认为阿房宫已经建成了，只是"楚人一炬，可怜焦土"。项羽打败秦军，攻克咸阳之后，以一把大火，将咸阳城的宫室全都烧毁了，火烧了三个月都没有熄灭，阿房宫也在项羽的那把大火中化为灰烬，成了一个美丽的传说。

《史记·秦始皇本纪》中对阿房宫规模的记载那么清晰，难道这些都是司马迁的臆想吗？当然不是。太史公的治学态度是严谨的，毋庸置疑的。那为什么会出现这种乌龙的状况呢？

我们可以根据考古工作者的考古发掘过程，了解一下其中的"奥秘"。

资料显示，阿房宫是一座整体建造在巨大体量夯土台上的宫区，考古确定的阿房宫的夯土台基东西长 1270 米，南北宽 426 米，现存最大高度达 12 米，夯土层的厚度一般为 5—15 厘米，夯窝的直径为 5—8 厘米，总面积达 54.102 万平方米，可以说是迄今所知中国乃至世界古代史上规模最宏大的夯土基址。可想而知，若阿房宫真的建成，会是怎样的场景。

按照《史记·秦始皇本纪》中对阿房宫前殿的描述，这座大殿面积为 8 万平方米。所以说，可供秦始皇举行重大仪式的前殿面积，几乎占到阿房宫总面积的七分之一。

通过对几条探沟的试掘，考古工作者发现巨大的夯土台基北边缘由三段组成。中间一段长 323 米，由两层台面构成，其中第二台面南侧有夯筑土墙遗迹，墙宽 15 米，现残存高度 2.3 米。同时，该墙南侧有大量建筑倒塌堆积，以板瓦和筒瓦残片为主。东段和西段的长度，分别为 286 米与 661 米，皆由三个台面构成，夯墙南北两侧均有大量建筑倒塌的瓦片堆积。在遗址南部边缘，没有修建南墙，台基南侧是呈斜坡状的踩踏路面，其南沿现存高度 2.8 米。

看到这些数据，很多人会认为这么大面积的夯土台基清清楚楚地摆在那里，甚至比文献记载的还要大，阿房宫怎么可能没有建成呢？

首先，我们要相信严谨的考古工作者。其次，我们要明白考古学是尊重历史的，不是胡乱编造，更不是妄加揣测，而是每一位考古工作者辛辛苦苦、详尽调查、认真勘探、仔细发掘得出来的结果。

自古以来，中国古代的宫殿建筑，大多是高台建筑，正所谓"非壮丽无以重威"，只有恢宏高大的建筑才能彰显皇家的气势和威严。秦朝自然也不例外。

从现存的这一片夯土台基可以推断出，其总面积应该是设计建造的前殿面积的七倍，同时也说明了这一片夯土台基上除了前殿，还设计有其他附属性的宫殿建筑，如同秦始皇所想，他是要将阿房宫和咸阳连接起来的。前殿作为整个宫殿最重要的部分，自然是要高于其他附属建筑的。按常理推断，在这个基础夯土台上应该还要再起一个夯土台，想象一下，秦始皇站在上面接见文武百官，多么神气，帝王的崇高将会展现得淋漓尽致。但是，考古工作者在勘探过程中，并没有发现高于阿房宫基础夯土台的其他夯土台，因此推断，前殿应该还没有开始动工建设。

所以，阿房宫遗址展现出的夯土，应该仅仅是整个宫区的夯土基础，相当于现在盖房子的时候打的地基。在考古勘探的过程中，没有发现宫殿建筑中必不可少的建筑材料，例如瓦当；也没有发现秦代宫殿建筑中的柱础石、廊道、窖穴、排水设施；更没有发现经过大火焚烧后遗存下来的红烧土、木炭遗迹等。

从考古资料来看，阿房宫应该是没有建成的。而且，根据当时的历史背景，想要建成阿房宫基本是不可能的事情。

秦始皇在统一六国后，并没有立刻建造阿房宫，而是过了几年之后才开始建造的。《史记·秦始皇本纪》中记载："三十五年，除道，道九原抵云阳，堑山堙谷，直通之。于是始皇以为咸阳人多，先王之宫廷小，吾闻周文王都丰，武王都镐，丰镐之间，帝王之都也。……隐宫徒刑者七十馀万人，乃分作阿房宫，或作丽山。"

就是说，秦始皇在公元前212年，即秦始皇三十五年，调集了70余万人来到关中，分别修建秦始皇陵和阿房宫。其中具体的人数分配比例我们不得而知，只能从人数上判断出当时工程之浩大，若真的建成了，可谓是奇观。

也许秦始皇自己也没料到，直到生命结束的那刻，理想中的宫殿还只是存在于理想之中，离建成遥遥无期。

在公元前210年，即秦始皇三十七年，秦始皇在最后一次东巡的途中，因为舟车劳顿，染病不治，于沙丘平台逝世，九月被葬于始皇陵。

秦始皇的病逝，让人措手不及，于是如何安葬这位帝王成为全国上下的头等大事，其他一切事情都要给这件事情让路。阿房宫的建设理所当然地要停下。

虽然秦二世即位后，为了彰显对父亲的尊重和孝心，决定继续营建阿房宫，但好景不长，大秦帝国的江山随着创始人的离世，很快就变得风雨飘摇，岌岌可危。随着秦二世被逼自杀，阿房宫工程自然就彻底结束了。

所以，在这样的历史背景之下，若要建成如此规模的阿房宫，恐怕真的是天方夜谭了。而且《史记·秦始皇本纪》中也说："阿房宫未成；成，欲更择令名名之。"意思就是说，阿房宫并没有建成，如果建成了，这座宫殿便会出现一个新的名字。可是新名字在《史记》中一直没有出现，也就说明了阿房宫自始至终都没有建成。《汉书·五行志》中也有关于阿房宫未建成的记载，"复起阿房，未成而亡"，更是明明白白地告诉了我们，直到秦亡，阿房宫都没有建成。

《史记·秦始皇本纪》和《阿房宫赋》中对阿房宫绘声绘色的描写已经深入人心，结果却令人大跌眼镜，竟然根本没有建成。但是，秦始皇却因为阿房宫，被画上了大兴土木的符号，以至于两千多年来，人们仍对他的此番作为耿耿于怀。不知道秦始皇的心里是不是也会感到一丝丝的委屈。

文献中所说的有关秦始皇大兴土木的那些事，如果我们细品一下，会发现一个值得思考的问题。这些事情都是在秦始皇统一六国之后的六七年才开始的，而后人所说的秦始皇骄奢、残暴等负面形象，包括开发两广、福建的岭南和修建长城，这些都发生在他执政的后期，此时距秦始皇去世只有五六年的时间了。所以，我们不得不深思，已经年迈的秦始皇为何会在晚年决定营建这些大型的工程项目。

反观那些绝大多数出自汉初儒生之手的，对秦始皇作出负面评价的论著，为何要这般强烈地妖魔化秦始皇呢？无非就是为了争取民心，让百姓觉得自己所处的朝代、所拥有的统治者才是最好的。

汉高祖刘邦即位后，在面对宫室中的各种诱惑时，难道就不曾心动过吗？至高无上的皇权、唾手可得的荣华，饶是草根出身、经历苦难的刘邦，也会忘掉曾经的疾苦，抑或是牢牢记在心里，告诉自己不能再过那样的日子。樊哙、张良曾力劝刘邦不要走秦始皇的老路:"今始入秦,即安其乐,此所谓'助桀为虐'。"

还有汉武帝也曾多次求仙,沉迷于长生不老之事,遣方士出海,广建宫室。因秦始皇和汉武帝求仙的故事有着太多的相似性,所以,不排除以司马迁为首的儒生们,批判秦政,反思秦亡的教训,通过妖魔化秦始皇求仙东巡之事来警醒汉武帝不要重蹈秦始皇的覆辙。

儒生们的想法是主观的,甚至现在的我们,也是从个人角度主观地看待秦始皇这个人。但是,秦始皇给我们带来的客观事实,是令人惊叹的。且不说他死后给后人留下了什么,单凭他统一了六国,就足以说明他是一位真正有抱负的帝王。

五、成就霸业的艰难之路

大多数人在批判秦始皇的同时,是否注意到了,结束战火纷飞、动荡不安时代的人,是一直被众人丑化的秦始皇?在争霸天下、横扫六国的道路上,秦始皇又付出了怎样的努力呢?统一六国不是纸上谈兵,不是坐而论道,是真真切切的实战,是秦国军队中每一位将士洒的热血,是秦国将领绞尽脑汁想出的一个个战略计划,是秦始皇殚精竭虑的突破,是一场长达十年的持久战。

秦始皇刚刚继位时,秦国的版图已经大面积地扩张:吞并巴、蜀、汉中,越过宛城到达郢都,设置了南郡;北面收上郡以东,有河东、太原、上党郡;东至荥阳,并且吞灭了二周,在其故地设置三川郡。秦始皇亲政后,更是积极推行统一战略,以秋风扫落叶之势,横扫六国。

继长平之战、邯郸之战后,赵国的国力大减,燕国想趁此机会攻下赵国。赵国好歹是一军事大国，实力不容小觑，燕国的挑衅没有得到什么好果子吃，但是，赵国反击燕国的举动，成功引起了秦始皇的注意。秦始皇决定要将赵国再次崛起的势头断于萌芽之时，于公元前236年发动对赵国的进攻。

秦国攻克赵国可分为两个阶段，第一个阶段是在公元前236年，以援燕的名义，向赵国发起进攻，虽然取得一些成果，但是没有消灭赵国。就在秦军攻赵受阻的时候，秦始皇改变战略计划，以原定的中央突破、由近及远、逐个歼灭的方针，将主攻方向改为韩国。

秦始皇派兵接收了韩国的南阳邑，这无疑是给秦始皇拿下韩国打开了一扇门。公元前230年，秦始皇派内史腾率军南下，渡过黄河，向韩国发动进攻，一举攻克韩都新郑，俘虏了韩王安，继而占领韩国全境，于韩地设置颍川郡，建郡制于阳翟。至此，韩国灭亡，成为东方六国中第一个灭亡的国家。

韩国灭亡后，秦国立刻把矛头指向赵国，这便是秦国攻打赵国的第二阶段。公元前229年，秦军大举进攻赵国，由秦将王翦亲自率军，直下井陉，杨端和率领河内兵卒，分由南北进围赵都邯郸。仅仅过了三个月，王翦以虎狼之势，大败赵军，平定东阳地区。随后，秦军一鼓作气，攻下邯郸，俘获赵王迁。邯郸的沦陷，意味着赵国的时代已经结束。

秦国的版图急剧扩张，已然成为实力派的秦国，继续对东方其他几国的鲸吞蚕食。而下一个目标，就是燕国。公元前227年，秦始皇派大将王翦、辛胜攻打燕国，并于次年，一举歼灭燕国。从此，燕国退出历史舞台。

早在公元前234年，秦始皇就已经派兵向魏国发起进攻，一直打到渤海湾，魏军溃败，无力再战。经此一战，秦国直接将六国斩为南北两段。此前，秦军在攻占燕国首都蓟，取得北方决定性胜利的同时，开始将主攻方向转向南方。

公元前 225 年，秦始皇派王贲率领军队突然南下奇袭魏国，绕过楚国三十八座城池，包围了魏国首都大梁（今河南开封）和安阳邑。

秦军率先攻破了魏国都城安阳邑，接着攻下陈城（今河南陈县）、北定邑（今安徽北部），此时的大梁几乎被秦军围困。魏国援军被阻挡在黄河以北，无法南下实施救援。

大梁城面积很大，且城墙高深，不易攻破。周围还有纵横交错的水网，不单是补给的大动脉，更是有效抵御敌人攻势的防护网，是魏国这数百年来动静平衡、刚柔并济的防御体系，被侵略者视为畏途。

秦军在屡攻不下的情况下，将夺取目标转向大梁的周边地区，如此一来，大梁就成为孤城，正所谓孤掌难鸣，破城指日可待。令人没有想到的是，秦军利用周围的水网，水淹大梁。大梁城被大水包围，整整三月有余，城墙轰然倒塌，秦军一拥而上，魏军投降的投降，战死的战死，结局惨烈。至此，魏国灭亡。

此时，秦国已经蚕食四国，秦军可谓是越战越勇。继续向东，王贲率军一鼓作气，在平阴歼灭魏国从黄河以北赶来的四十万援军，占领了魏国的全部土地，秦始皇在魏国的东部地区建立了砀郡。

秦始皇一边派王贲征魏，另一边正筹划着伐楚的事宜。秦将李信，年轻气盛，曾在伐燕战争中大败燕军，活捉太子丹，表现得十分果敢。于是秦始皇把李信召唤来，问他："吾欲攻取荆，于将军度用几何人而足？"李信自信满满地答道："不过用二十万人。"秦始皇又把大将王翦找来，熟料王翦答道："非六十万人不可。"秦始皇一脸不可思议地看着王翦："王将军老矣，何怯也！李将军果势壮勇，其言是也。"遂任用李信及蒙武率领二十万人南伐荆。

荆就是楚国。秦始皇任用李信为主帅，作为伐楚的首发部队，向楚国进发。李信的盲目自信，导致部下七名主要将领被杀，秦军大败而归。李信的出师不利，惹来秦始皇的震怒，于是秦始皇不得不亲自前往频阳，请还乡养老的王翦出山。

纵使王翦心里有百般的不愿，也只能识时务地领兵出征。公元前224年，王翦被任命为主帅，全军上下，纷纷响应，六十万秦军从各地征发，陆续开赴前线。

秦国大军出征这一天，秦始皇亲自带领百官前来送行，一直送至咸阳东郊的灞上。此时的王翦，恩宠荣耀至极，而秦始皇那满怀期待又充满忧虑的心，无以言表。王翦不愧是一位老臣，他怎会不明白秦始皇此时此刻所想之事，便开口向秦始皇讨了恩赏，秦始皇也是满口答应。

在大军抵达函谷关之后，王翦又派人回到咸阳城，向秦始皇表示感谢，同时又再次讨要了赏赐。王翦的部下对此举看不下去了，没想到王翦变得这么世俗。王翦解释，如果不这么做，怎么消除秦始皇心中的疑虑呢？

很多人不明白，秦始皇有什么可疑虑的。试想一下，全国之军，都在王翦之手，他现在拥有绝对的指挥权，换作任何一位帝王，心中都会有所顾忌。前车之鉴，昌平君的事情，还历历在目。军队临阵倒戈，导致王位更替的事情，在历史上屡见不鲜。由此可见，在集权专制的国家，不管什么人，一旦具备了颠覆现状的可能条件，就必然要面临被怀疑的境地，自古皆是。

于秦始皇而言，当初是自己的失策，导致昌平君在郢陈反秦叛乱，也是自己的用人不当，导致二十万秦军惨败，若是此时再出现什么意外，后果将不堪设想，恐怕秦帝国就要江山易主了。

可以想象得到，此时秦始皇的处境十分艰难，内心也在承受着非一般人能承受的压力。"欲戴王冠，必承其重"大概就是这般，并不是什么人都能登上皇帝的宝座的。秦始皇的果敢，还是值得点赞的。

《史记·白起王翦列传》中记载："王翦至，坚壁而守之，不肯战。荆兵数出挑战，终不出。王翦日休士洗沐，而善饮食抚循之，亲与士卒同食。"王翦在抵达前线之后，并没有立刻与楚军开战，而是加固营垒，与士兵们同吃同喝。不管楚将项燕怎么挑衅，王翦都坚守不出。

殊不知，这是王翦的战术。楚将项燕以为王翦是来驻守的，便慢慢地放松警惕，就在这时，王翦趁着项燕毫无防备，率军突袭楚军大本营。六十万秦军，势如破竹。

处在发蒙状态的楚军根本没有抵抗能力，没过多时，便败下阵来。秦军乘胜，直接打到楚国首都寿春（今安徽寿县西），俘虏了楚王负刍。至此，楚国灭亡。

公元前 222 年，王翦平定了楚国的江南之地，降伏了越国之君，秦国占领了楚国所有领土，楚国正式退出历史舞台。

王翦在灭掉楚国之后，正式退出秦国政坛。太史公曰："鄙语云'尺有所短，寸有所长'。白起料敌合变，出奇无穷，声震天下，然不能救患于应侯。王翦为秦将，夷六国，当是时，翦为宿将，始皇师之，然不能辅秦建德，固其根本，偷合取容，以至笭身。"王翦作为秦将，平定了六国，功绩卓著，在当时已是元老将军，秦王政都尊他为师，然而他却不能辅佐秦王政建立德政，以巩固秦国的根本，苟且迎合，以求容身，直至死去。一代名将，从此销声匿迹。

此时，秦国离统一东方六国只差一步之遥。

在秦国大肆吞并东方各国之时，齐国以不支援任何一个国家来向秦国示好，加上齐国离秦国很远，齐王以为这样，秦始皇便会放过齐国，只能说齐王的想法太天真了。就在秦国灭掉楚国之后，齐国成为六国中仅存的一国，直到这时，齐王建才有了危机感，慌忙部署，抵御秦军。只是，为时晚矣。

公元前 221 年，秦军避开了齐国的西部主力军，以王贲率领的秦军为先锋，从原燕国南部（今河北北部）南下，进攻齐都临淄（今山东淄博临淄北）。面对突如其来的秦军，齐军措手不及，结局惨败，齐王建被俘。至此，齐国灭亡。

以上，便是秦始皇亲政后，对东方六国从蚕食到吞并的过程，这一路的艰难肉眼可见。

自公元前230年起，秦始皇全面发动了兼并六国的统一战争，到公元前221年，随着齐国的灭亡，秦始皇正式完成了统一大业，耗时十年。至此，中国进入了帝国时代。

秦国在统一六国的这条路上，亦很艰辛。而秦始皇统一六国，始于偶然，终于必然。

像秦始皇这样一位在中国古代史上有如此影响力的帝王，在完成统一大业之后，本可以安逸逍遥地生活，然而，秦始皇并没有那么做。他不但一天要批阅一石（约今60斤）重的奏折，还在国政方面进行了一系列的改革，完成了一系列的统一。

秦始皇式的统一，让人眼花缭乱，惊叹折服。统一帝国、统一文字、统一度量衡、统一币制，他创造出的统一理念，以及依法治国、郡县制等制度文明，深刻地影响了中国古代的发展。他建立了中国版图的雏形，在交通、土地方面作出了相应的改革，以完备的法治建立了一套当时世界上最有效的社会治理体系，成为两千多年中国古代社会运行的基础。所谓"百代行秦政"，即使到了今时今日，秦国的制度对我们的生活也有着巨大的影响。

不仅如此，为了巡守帝国的政治，秦始皇马不停蹄地开启了东巡之旅。他坐在马车里，望着跪伏于两侧的百姓，在"万岁"声的包围中离开了咸阳，不遗余力地继续巩固自己的帝国体制，视察各地的民情和建筑工程。

为了保证秦国政权体制的正常运行，秦始皇的每次出巡，都要有阵容豪华的随同人员一起出行。不只有照顾他日常起居的侍从、保护他人身安全的武将，随行的文职官员数量也是多得惊人，他恨不得把百官都带着。

每逢巡游车队到达大小都邑，百姓都会立即拥到队列两侧，纷纷朝皇帝下跪，聆听着马蹄和銮铃此起彼伏的声音，然后再目送秦始皇离开。

有一名出生在楚地的小吏，就曾在咸阳城的大街上亲眼见过秦始皇。当时他正在秦始皇的建筑工程里服劳役。有一天，他极为偶然地看到天下最高权威者正安详肃穆地从宽敞的街道上缓缓经过，不禁为其壮观的场面所打动，他长长地叹了一口气，自言自语道："大丈夫当如是也！"

谁能想到，这个楚地小吏，就是后来的汉高祖刘邦。当时，他还只是一个平平无奇的在服劳役的小吏，还没有起兵反秦的念头。面对这样一位勤于政务、无时无刻不思考帝国命运、颇有"大丈夫"风范的千古一帝，我们还能把残暴、骄奢、手段毒辣和他联系到一起吗？是不是也会觉得这样的想法太过主观呢？

事实证明，秦始皇的努力、果断、敢于打破常规，都与秦国的传统息息相关。如果细细地翻阅秦国的发展史，不难发现，大秦一直都是魄力十足、急流勇进、奋发图强的一个国家。从被东方六国视为"蛮夷"的偏隅方国，到秦孝公变法改制，裂变崛起，再到秦惠文王称王，傲视群雄，直至秦始皇称帝，一统华夏，与同时期的东方六国相比，只有秦国完成了从王国到帝国的转变。

我们都知道，秦始皇是在赵国出生的，但是这并不影响他骨子里继续秉承着秦人开拓进取的精神。在秦始皇统治的 37 年间，秦人几百年的追求和愿望，在短短的十年间成为现实。"皇帝"这一称号，不仅赋予了秦王朝最高统治者以无穷的魔力，还让他成为一个不受任何社会力量约束、可以自由支配任何力量的一国之主；同时，也极大地膨胀了他千秋万代的帝国梦。

正因为要打造一个符合秦始皇千古一帝身份的帝国，秦国上下开展了各项大型工程。伴随着大型工程的陆续开展，加上后期所出现的一系列不祥之兆，可能已经有人意识到帝国政体建设中出现了问题。但独裁专制的统治制度，以及秦始皇气势恢宏的王者之风，使得没有人敢妄加进言，更不用说抨击诞生于秦始皇手中的国家体制和治国之策了。

此时的秦始皇处于极度亢奋的状态，他在执政后期不惜以举国之力，大搞国防建设、土木工程，迫不及待地想改变国家的面貌，为自己所期盼的千秋基业打下永固的基础。也许是因为秦始皇想要建成宏大帝国的心太急切，正所谓"欲速则不达"，过于心急的他，有些脱离了实际。他没有想过，刚刚进入稳定初期的天下，也许还跟不上他激进的步伐，如此急政的心态最终导致了他决策失误。

在秦始皇强大的皇帝集权体制和个人权威之下，帝国既定的法治理念被他置之不理，他还过于独断专行，加上秦国晚期广征徭役，无疑成为激化社会矛盾的导火索。在这样的背景下，曾经不可一世的大秦帝国很快土崩瓦解，结局着实令人唏嘘。可以说秦始皇的期望是丰满的，但是在那个从王国转变为帝国的时代，现实却是骨感的。

即便秦始皇无比留恋那气壮山河、叱咤风云的英雄时代，不甘愿离开亲手打造的帝国，舍不得尘世间的荣华富贵，他仍然无法抗拒死亡的召唤。千秋基业、万世帝国梦伴随着他的突然离世，成为泡影，令人叹惜。

这位曾被刘邦慨叹有"大丈夫"风范的千古一帝，无论如何也不会想到，他一生为之奋斗、传之万世的千秋帝国，在人类历史上仅仅存在了十五年。

同样是沙丘宫，这座昔日赵国国王的行宫，在不到九十年的时间里见证了赵武灵王与秦始皇这两位战国时代最伟大帝王的生命的终结。在昏暗的灯光中，一个惊天的大阴谋正在悄然策划中，这是天下大乱的前夜，也是秦王朝难逃的劫数。于大秦帝国而言，沙丘可以说是一个宿命之地。在之后三年的时间里，秦军将士无论怎样浴血奋战，也无法挽回秦朝灭亡的命运了。

纵使秦国的结局让人唏嘘，秦朝的结束令人怅然，这终究磨灭不了秦始皇生前给中国历史带来的积极的一面、创造奇迹的一面，我们不能否认他的功绩，也不能否定他身上的闪光点。即便是死后，秦始皇所创造的地下王国也给后人留下了无限的遐想，留下了数不尽的瑰宝，留下了闻名于世的世界文化遗产——秦始皇陵。

幸运如我们，可以通过考古资料和网络媒体，对秦始皇的理想和情怀，对秦帝国时期的文化面貌，拥有不同于两千年以来文献记载的认识。

在五千年文明演进过程中最辉煌的这十多年，被考古研究"复活"了。当进入考古工作者为我们搭建的时空隧道时，我们会发现另一个浩瀚的世界，一座秦始皇亲手打造的地下王国，一座最接近秦代历史的古城，一个个神秘的传说，一个个尚未解开的谜题，一个让我们可以重新认识秦始皇的奇迹，一个人人向往身临其境的帝国世界。

第二章

一场设计盛宴

一、骊山，风水宝地

据文献记载，在公元前 247 年，13 岁的秦始皇刚刚登上王位时，秦始皇陵的营建工程就随之开始了，可以说陵园工程的修建伴随着秦始皇一生的政治生涯。《史记·秦始皇本纪》中记载，"始皇初即位，穿治郦山"，这很符合古代帝王即位之初，便为自己寻找合适的地点作陵寝的传统。

尚且年幼的秦始皇也许是在旁人的提示下，也许是自己踏遍山河，为自己寻得了一块位置绝佳的风水宝地。从秦始皇陵的选址来看，不得不说，秦始皇的眼光还是不错的。

秦岭，被尊为华夏文明的龙脉，主峰太白山海拔 3771.2 米，位于陕西省宝鸡市境内。狭义上的秦岭，仅限于陕西省南部、渭河与汉江之间的山地，东以灞河与丹江河谷为界，西止于嘉陵江。若是从空中俯瞰秦岭，便能领略其风采，它西起昆仑，中经陇南、陕南，东至鄂豫皖大别山以及蚌埠附近的张八岭，是长江和黄河流域的分水岭。由于秦岭南北的温度、气候、地形均呈现差异性变化，因而秦岭—淮河一线成为中国地理上最重要的南北分界线。

《葬经》里有这样一句话："葬者，藏也，乘生气也。夫阳阳之气，噫而为风，升而为云，降而为雨，行乎地中，谓之生气。生气行乎地中，发而生乎万物。"所谓葬，就是藏。所谓生气，是指阴阳气。风、云、雨都是由气变化而成，气在地中发生、发展、变化，发出地面而生万物。中国传统的风水学，提出龙真、穴的、砂环、水抱四个准则来推定土地生气凝聚之处。因为水抱可使穴地的生气凝聚集结，而砂环则可使穴地凝聚的生气不被风吹散，两者为吉穴的条件，所以《葬经》中才会有

"得水为上"的说法。

山是龙的势，水是龙的血，因而，龙脉离不开山与水。自古以来，山环水抱之地都是风水宝地。即便抛开风水学、龙脉说的观念不谈，任何人在这种山奇水秀的环境中成长、生活都未尝不是一种和谐、和乐的享受。单独看秦岭，已经让人惊叹，再看看秦始皇陵的具体位置，便能知道秦始皇确实挑选了一块风水宝地。

秦始皇陵南依骊山，北临渭水之滨。骊山是秦岭北麓的一条支脉，东西绵延约 25 千米，南北宽约 7 千米，海拔约 1300 米。它由东西绣岭组成，是秦岭晚期上升形成的突兀在渭河裂陷带内的一个孤立的地垒式断块山，山势逶迤，森木葱郁，远望宛如一匹苍黛色的骏马，因而得名骊山。秦始皇陵便位于骊山北麓由河流形成的洪积扇上。这一带的自然环境优美，左右对称，树木葱茏，谷峰相间，山体在陵南略作弧形展布，从高处远望状似盛开的莲花。皇陵位于骊山峰峦环抱之中，与整个骊山浑然一体，犹如居于正中的莲蕊。

皇陵的地址已经选好，接下来就是设计、营建了。从资料上看，秦始皇陵工程前后可分为三个阶段。初期阶段，自秦始皇即位开始，到统一全国，共 26 年，这一阶段先后进行了陵园工程的设计和主体工程的施工，初步奠定了陵园工程的规模和基本格局。中期阶段，从统一全国到公元前 212 年，即秦始皇三十五年，历时 9 年，为陵园工程的大规模修建时期，应该算是基本完成了陵园的主体工程。最后阶段，是公元前 212 年到公元前 208 年，即秦始皇三十五年到秦二世二年，历时 3 年多，这一阶段主要是陵园的收尾工程与覆土任务。然而，秦始皇陵的修建时间，未必如记载的这般，后面会详细地讲述。

具体的施工过程，我们没办法参与，更没有办法亲眼得见，但是，秦始皇陵留下的遗迹，会一点一点揭开秦始皇帝陵的神秘面纱，让我们可以更加了解秦始皇，接近那个充满传奇色彩的时代。

二、不封不树，封土

仔细阅读考古资料，我们可以从中得知关于秦始皇陵封土的一些信息。何为封土？封土，就是坟丘、坟堆，指人死后埋在土里，在上面堆起的那个土包，它能起到保护墓室、标明墓葬位置的作用。如果是普通人的坟墓，坟丘便不能被称作封土，封土是帝王陵墓的专用词。秦汉时期，帝陵起封土的葬制是经过了长期的发展、演变而来的。

《周易·系辞下》中记载："古之葬者，厚衣之以薪，葬之中野，不封不树。"古时候，人们一度实行"不封不树"的做法，就是将墓主人下葬，填埋墓圹后，在地表不堆土，称为不封；不树就是不在墓葬上竖立什么标志。这就是说，在很久很久以前，人死了之后，尸体直接被放入墓坑里，坑上面不立封土，也不为死者竖立任何标志。

"不封不树"这种情况一直持续到了春秋晚期，在孔子时代才发生了巨大的变化。

那时，孔子的父母去世了，他想将父母亲合葬在一起。但是，孔子要四处游学，担心回乡的时候找不到父母的坟墓，说道："古也墓而不坟。"于是"封之，崇四尺"，他筑起了四尺高的坟丘，以便于日后回到家乡时，可以找到父母亲的墓地来祭拜，以表孝心。

随着时间的推移，到了战国时代，在墓葬上堆造坟丘，慢慢地成为一种风尚，甚至成为对尊贵死者的一种尊重、礼遇。而在帝陵上建造高大的封土，也随之演变而来。

在战国之前，黄河流域的墓葬是没有封土的，而长江流域因为地下水位比较高，从原始社会开始，就流行在地面上堆土建造墓葬的做法，称为土墩墓。这种土墩墓一直流行至汉代。

到了春秋时期，和土墩墓相似的高台建筑开始流行了起来。所谓高台建筑，就是将房屋一类的建筑基础做成高大的夯土台，矮的有三四米高，高的有七八米高，目的是要给人一种威严、壮观的感觉。直到春秋晚期，土墩墓的形式和高台建筑形式，开始从南向北、从东向西慢慢地传播开。在黄河流域，最早出现的陵墓封土是田齐王陵，接着由此向西逐渐传播，燕国、赵国、韩国等国家的高等级别的墓葬，在这一风尚的影响下，也都相继出现封土。而当时的秦国，由于地理位置处于各国的最西边，所以是列国中最晚出现封土的国家。从文献中可以看出，秦国陵墓出现封土的时间大约是在战国后期。

随着封土的演变，"陵"这一名称，在战国中期以后，似乎也就只有皇室贵族才能使用了。各个国家的君主都着力于营建陵墓，这就意味着他们的坟墓将高大如山，以此来显示他们至高的王权和君王的威严。

所以，到了战国晚期，封土的高低就成了墓主生前地位高低的一个显著标志。从而，我们可以得出一个结论，秦始皇陵的封土，一定是非常高大的。

秦始皇陵封土，从外观上看，大体呈覆斗形，高 51 米，底部长 350 米，宽 345 米，周长 1390 米，总面积达 12 万平方米，相当于 17 个足球场那么大。

关于秦始皇陵封土高度的记载，最早出现在东汉班固的《汉书·楚元王传》里："秦始皇帝葬于骊山之阿，下锢三泉，上崇山坟，其高五十余丈，周回五里有余。"班固记载这段话的时候，距离秦国灭亡已有 200 多年，之后在不同时期的历史文献中，对秦始皇陵封土高度的描述大多是从《汉书·楚元王传》中转录下来的，他们都认为是"五十余丈"。五十丈，大概是多高呢？秦汉时期的一丈，差不多相当于现在的 2.31 米，五十丈，大约折合现在的 116 米。

　　这跟我们现在得出的结论大相径庭，难道是《汉书·楚元王传》的记载有误？众所周知，秦始皇陵园处在骊山北麓的山前地带，地势呈南高北低、东高西低状，所以，测量陵墓封土为116米高度的测点位置，很有可能就是我们找出秦陵封土实际的高度与文献中的高度不同的关键所在。

　　我们都知道，测量同一个物体的高度，需要在一个水平面，若是不在一个水平面的情况下，测量位置就显得尤为重要，在综合考虑各种因素的前提下，选择不能距离目标物太远的位置是合理的。经过考古学者实地测量，得出的数据仍与文献中的数据有较大的差异，这让我们不得不从其他方面分析。

　　首先，来看文献《汉书·楚元王传》，其中记载的内容是汉高祖刘邦的异母弟、楚元王刘交及其子孙的事情，文中关于秦陵封土高度的话，出自西汉著名的经学家、文学家，楚元王的四世孙刘向之口。

　　刘向是西汉两百年间有名的大学问家，也是《战国策》的整理和编辑者。这样一位大学问家，怎么会出现这种差错呢？其中，有一种可能性，就是他可能阅览过秦朝的档案，他所说的秦陵封土高度是根据档案来写的。当然，还有其他的可能性，比如刘向看到的档案里的高度只是秦陵的设计规划高度而不是实际建成的高度。这只是关于文献记载的看法。

　　也会有人认为，是大自然的力量改变了秦陵封土的高度。毕竟秦始皇陵距今已经有两千多年了，经过了岁月的洗礼，怎么可能一成不变呢？长期的水土流失很有可能造成秦陵封土高度的大幅度降低，再加上秦国灭亡之后，秦始皇陵处于无人看管的状态，慢慢地趋于荒芜。长时间的人为破坏和自然灾害导致的水土流失，使得封土高度降低的可能性太大了。这种想法合情合理，只是，经过考古学者们多年的研究发现，即便是秦陵封土因自然原因或客观原因降低了高度，差距也不会这么大。

说了这么多，既不能否认历史文献中的"陵高五十余丈"的记载，但又出现了测量的数据与文献不合的现象，总不会是历史跟我们开了个玩笑吧？答案当然是否定的。

若是仔细梳理文献，会发现其中有一句话值得注意，似乎可以说明这个问题。《汉书·楚元王传》中记载："天下苦其役而反之，骊山之作未成，而周章百万之师至其下矣。"应该是说秦始皇陵并没有完工。也就是说，文献中记载的"五十余丈"，只是当年的设计高度。而它之所以和实际高度存在巨大的差异，是因为当年秦末战争的爆发，导致了持续多年的工程戛然而止。这些，在历史资料里都有记载。

如果是按照设计的高度建造封土，那么秦始皇陵的封土差不多就是116米，大概有40层楼那么高。就是在高楼大厦遍地都是的今时今日，40层楼的高度，也会傲然其中，不容小觑。更何况是在建筑技术不发达的古代呢，五六层的高度已经是天花板了，40层的高度对当时的人们来说，可直抵天上了。

即便是没有最后完工，在秦汉四百多年间，秦始皇陵封土的高度依然是最高的，无人能及的。西汉的11座帝陵，除了霸陵外，茂陵最高，为46米，其余的多数为30米左右。东汉的11座帝陵，所有封土的高度都不及西汉的帝陵封土高度，都是不足20米。

所以，秦始皇陵封土的高度，绝对是前无古人、后无来者的，这很符合秦始皇千古一帝的身份和气质，处处彰显着帝王的尊贵与崇高，更表现出他统一六国的功绩和作为"始"皇帝的自信。

经过两千多年的岁月洗礼，秦始皇陵高大的封土依然矗立在骊山脚下，引发了世人对这位千古一帝和这座神秘帝陵的无限遐想。很多人会说，不就是一层层黄土夯筑起来的东西吗，有什么值得遐想的。其实不然，秦始皇陵墓封土看似结构简单，但实际上却一点也不简单，内里大有乾坤，不然怎么配得上一代雄主呢。

资料显示，2002 年，国家启动了"秦陵遥感与地球物理综合探查技术"的"863"项目，主要任务之一，就是用已有的物探、化探技术方法，探查验证秦陵的地宫位置、大小、结构、埋藏物，以及陵园等建筑的相关问题。

"863"计划，是"国家高技术研究发展计划"的简称，是科学家的战略眼光与政治家的高瞻远瞩结合的产物，体现了我国发展高科技的战略需求。1986 年，国务院组织了全国 200 多位科学家对计划建议进行了大半年的论证，在我国科学技术需要奋起直追的年代，"863"计划的实施有力推动了我国高技术的进步。而"秦陵遥感与地球物理综合探查技术"项目的启动，让我们对秦始皇陵有了更加深刻的认识。

考古资料显示，在项目进行的过程中，考古工作者在封土里边发现了异常，其中可能存在大体量的不属于封土的建筑。这个消息令人震惊，古代陵墓封土中有大体量的建筑，这简直是闻所未闻。

这个惊人的发现，也让考古专家十分震惊。考古工作者经过仔细勘探，将取出来的土样，根据颜色、包含物、颗粒结构等区别，对土层的成分进行了分析，结果显示，这些是没有经过人为扰动的原始土。然而，让人意想不到的是，在封土的下面，竟然发现有明显的人为的痕迹，就是夯层在 6—7 厘米的夯土，这种夯土是秦汉高等级建筑的标配，而现在所发现的现象，说明在结构粗糙的封土里边，还有一组紧致的夯土建筑，也表明物探考古的结果是正确的。

经过考古工作者多年的考古勘探，成果表明，在秦始皇陵封土之下，确实有一组高出地面 30 米的夯土建筑，覆压在长方形墓坑的周边。这组建筑上窄下宽，呈九层台阶状，高度大约为现在的 10 层楼那么高，体量非常大。也就是说，在秦始皇陵的封土里面，掩埋着一座呈台阶状的九层高楼，并且这九层台阶上还有木质结构的、屋面上覆盖着瓦的建筑。这的确是令人震惊的一项考古发现。

自从有了封土的概念之后，从未出现过帝王陵墓封土的里面还有建筑的现象。而秦始皇陵墓封土里边的九层台及其上的木构建筑，体量庞大，形制磅礴，若不是埋在封土里面，而是建造在地表之上，那么从远处看，视觉效果就会宛如九级高台建筑，层层盘旋，仿佛天梯一般，直抵云霄。这绝对是中国古代陵墓制度上的又一创举，秦始皇真的是时时刻刻在带给我们惊喜啊。

可是他为什么要在封土里给自己修建一个九层高台呢？有什么用途呢？会不会只是一种关于祭祀的建筑呢？

三、九层高台

通过翻阅资料我们可以知道，在中国历史上确实有在坟墓上修建房屋一类建筑的记载。直到战国时期，这个建筑有了一个名字，叫"堂"，后来又被称为"享堂"。自战国后期开始，人们除了定期在都城里的宗庙中祭祀逝去的亲人，还会在陵园祭祀亲人，而这些堂，就是用于定期祭祀祖先的。

1974 年，考古工作者在河北省平山县发现了一座战国时期的中山国陵墓。中山国是春秋战国时鲜虞仿照东周各诸侯国建立的国家，一直被赵国挤压，墓主就是中山国的国王。

中山王墓中的文物与战国晚期的赵国、魏国的文物相近，但还有许多反映游牧民族特色的帐幕构件、明显具有北方少数民族文化风格的青铜饰品，其中就有一件在铜版上刻制的"兆域图"尤其值得关注。这张"兆域图"是以陵墓为主体的陵园的总平面图，图上清晰地绘制了陵园各个部位的尺寸大小，在同一座陵园的五座陵墓的封土上面，分别标明了

"王堂""王后堂""哀后堂"等的位置和大小，而这些建筑，应该就是用作祭祀的墓上建筑。全版长度约94厘米，宽度约48厘米，厚度约1厘米。该铜版图是中国最早的缩尺制图，是至今为止我国发现的最早的建筑平面设计图实物，也是世界上发现的最早的铜质建筑平面设计图，这在当时引起了不小的轰动。

战国晚期已经形成了像中山王陵"兆域图"那样的陵园规划设计。比如说河南辉县的魏王陵、河北赵国都城邯郸的西北王陵群、河北易县燕下都的燕王室陵墓群，也都在陵墓上发现了"享堂"一类的建筑。

众所周知，春秋战国时期，是一个列国纷争、动荡不安的时期，尤其到了战国后期，天下一统可以说是人心所向。秦始皇奋六世之余烈，不仅实现了秦国历代祖先的理想，更实现了当时所有人的愿望。

从此，"德兼三皇，功过五帝"的皇帝，便不只是一个称号，更成了开辟未来两千多年古代社会发展模式的政治体制的代表。帝国皇帝的情怀、视野，肯定与王国时期的国王有所不同，所以，秦始皇陵封土的高度远远超出了他的祖先陵墓封土的高度，更是帝国所有皇帝陵墓中封土最高的。那么，曾经作为"战国七雄"之一的秦国，国君陵墓封土上是否也有建筑呢？

考古工作者在今天的陇东地区甘肃礼县发现了两座秦公大墓，是秦先祖的陵区，在墓上并没有发现高等级的礼制建筑。直到春秋中晚期，墓葬上才陆续出现了一些建筑遗迹，或许和"享堂"有关。

到了战国中晚期，秦公、秦王的陵墓被移到了现在的咸阳和临潼一带，在这些王公陵墓的封土上，也没有发现过建筑遗存。由此判断，当时秦国王公陵墓用于祭祀的礼制建筑并不在封土之上。查阅一些考古资料的相关记载可知，战国晚期秦陵的祭祀建筑应该是修建在墓葬附近。

2014年，考古工作者在陕西临潼的秦东陵四号陵园的一座"中"字形大墓南侧，发现了一座"凹"字形的建筑基址，它东西长55米，南北宽 40 米，总面积达 2200 平方米，并出土了大量的建筑用瓦和瓦当。有研究者认为，该建筑应该就是这座"中"字形墓葬的祭祀性礼制建筑。

而秦始皇陵无论是规模，还是形制，都完全不同于早期秦国王公的陵墓。经过考古工作者长期的勘探，在秦始皇陵的封土之上并没有发现建筑的遗迹。由此可以断定，秦陵封土内的九层台阶建筑不是用来祭祀的礼制建筑。

秦始皇陵高大的封土之下，就是埋葬秦始皇遗体的地宫所在。建造墓圹时，施工人员会按照设计好的图纸来进行施工，在地宫建好并完成墓室回填后，才能在墓室之上修建九层高台和封土。

我们可以试想一下，若这个九层高台是祭奠秦始皇的"享堂"，那么，后人在为秦始皇举行祭祀典礼的时候，便要挖开封土才能举行，而且是每祭祀一次，就要挖开封土一次。若真是这样，那秦始皇的后人着实不怎么聪明啊。这么费时费力的事，的确不是聪明人能干出来的，所以，九层高台不可能是用来祭祀的礼制建筑。

如果九层高台不是用来祭祀的，那么它的用途是什么呢？设计者的想法又是什么呢？当人们对一个事件充满了好奇时，这个事件本身就会被赋予一层神秘的色彩。

《汉书·贾山传》记载："死葬乎骊山，吏徒数十万人，旷日十年。下彻三泉，合采金石，冶铜锢其内，漆涂其外，被以珠玉，饰以翡翠，中成观游，上成山林。"大意是，秦始皇死后葬在骊山，而这座陵园是耗费了几十万受官吏监督的刑徒的劳动成果，历时十年才建成。陵墓之深，下通泉水，采集矿石，炼铜浇铸内壁，使之密封，又在外面涂上生漆，以珠玉、翡翠为装饰，墓内建有宫殿等游乐场所，墓上种植郁郁葱葱的林木，如同山林。《汉书·贾山传》和《史记·秦始皇本纪》中的记载基本一样，除了最后一句"中成观游，上成山林"是《史记·秦始皇本纪》中所没有的。

　　如果仔细阅读文献，会发现一个很有意思的现象。《礼记》中记载："尊者丘高而树多，卑者封下而树少。"意为：身份尊贵的人的墓地在高处，树也种在高处，并且树种得多；身份卑微的人的墓地封土必须要低，自然树也种在低处，且数量很少。而《周礼·春官·冢人》中记载："以爵等为丘封之度。"《白虎通·崩薨》记载："天子坟高三仞，树以松；诸侯半之，树以柏；大夫八尺，树以栾；士四尺，树以槐。"

　　这些文献中的记载，都在表达一种思想：身份高贵的人，封土就会高大，树木就种得多，身份低微的人相对就会低些、少些。除了关于封土高度的分化，在封土上面种什么树也是有区别的。天子的封土上种松树，诸侯种柏树，士大夫种栾树，等等，级别不同，树木种类也不一样。没想到，一棵树也能代表一个身份、一种权势。

　　《汉书·贾山传》中提到："中成观游，上成山林。""上成山林"我们已经知道是什么意思，那"中成观游"是何意呢？指的是什么呢？《释名·释宫室》中记载："观，观也，周置两观，以表宫门，其上可居，登之可以远观，故谓之观。"观，是一种高台建筑，可以用来登高远望。若我们把九层高台看作观，似乎很符合它的设定，而且九层也恰好符合秦始皇"九五之尊"的身份。

　　"九"为阳数的极数，即单数最大的数，所以在中国古代具有一定的特殊含义。古人多用"九"来附会帝王，与帝王相关的事物也多半与"九"有关。就像帝王被称为"九五之尊"，西周制定了"天子九鼎"这样的用鼎制度，都是用到了"九"。像秦始皇这样一位"德兼三皇，功盖五帝"的君主，为自己建造一个九层高台的建筑，也在情理之中。只是，高台建在封土之下，终不见天日，到底是何意呢？突然想到一个词，"事死如生"。

　　自商代开始，到春秋时期陵墓上单一的"享堂"，再到战国晚期以来陵墓旁边的"寝殿"建筑群，祭祀建筑的规模、作用都在不断地完善革新。从陵墓制度的发展背后，我们可以看出古人对生与死的认知，就是我们常说的灵魂观，可能跟现在的我们大不相同，但是，通过祭祀祭奠亡人，对生的那份渴望，还是本同末离的，只是古人对灵魂观念的表达更为强烈。

万物有灵，最早出自春秋时期的道家思想，古人认为人和世间万物一样，也是由肉体和灵魂两部分结合而成的。《论语·为政》中孔子曾经提到，"生，事之以礼；死，葬之以礼，祭之以礼"为孝，就是说父母在世时，要按礼侍奉他们，父母去世后，要按礼埋葬他们，祭祀他们。诚意祭祀祖先，重视丧事礼仪。那时的人们的基本信念之一就是"不死其亲"，就是说不把死去的亲人当成亡故的人，而是把他视作灵魂仍存的活人，以礼接受后人的祭祀和供奉。在这种"不死其亲"的观念的支配下，"事死如生"的丧葬礼仪便在中国的传统丧葬礼俗中得到了充分的反映。

秦始皇便是将"事死如生"展现得淋漓尽致，从他为死后做的安排及陵墓的设计就能体会出，他的理念贯穿了整个帝陵的建设历程，而秦始皇陵的设计也确确实实地做到了"事死如生"。

纵观秦国发展史，我们可以了解到，秦国自商鞅变法之后，国力日益发展壮大，经过多位君主的不懈努力、坚持奋战，最后由秦始皇完成了统一大业，并创立了一套以皇帝为核心的中央集权制。

秦始皇的政绩，是他自视"德兼三皇，功过五帝"的资本和底气。为了彰显权威，他不惜以国家的财力、人力、物力大规模地进行都城建设，而咸阳城作为秦始皇统一全国和治国的大本营，它的建设必须为皇帝本人服务，气势磅礴的宫城建筑是秦始皇意志的体现，是皇权至上的产物。那么，在秦始皇死后，必然要将这些与他日常生活、灵魂世界有关的高级建筑物"宫观"以及他亲手创立的"百官"政治系统一同带入地下。秦始皇对皇权的渴望已经深入骨髓，他要在地下继续自己皇帝的使命，继续统治秦国，而作为陵园附属部分的寝殿建筑群，也正是为了方便秦始皇的灵魂接受祭祀、供奉而设计的。

说到这里，我的脑海里突然出现了这样的画面：秦始皇迈着威严的步伐，缓缓地登上了九层高台，巍峨的骊山、咸阳的百姓、东流的渭水尽收眼底，守卫秦陵的帝国卫士，还有为国家服务的"三公九卿"都在他的脚下。那是怎样的场景？那是秦始皇希望永存的场景，那是他希望能够千世万世守护的亲手开创的帝国，那是他哪怕到了"阴间"仍放不下的皇权。

封土里尚且有乾坤，那么在九层高台之下，等待我们的又会是什么呢？这个在合理的情况下，可自行脑补。

第三章

神秘的地下宫殿

一、层层地宫

关于秦陵地宫，坊间一直流传着这样那样的传说，其丰富程度堪比一本让人着迷的悬疑小说。

甲悄悄对乙说："你知道吗？秦陵的地宫根本不在那个坟包的下面。"

乙一脸震惊："哎哟，真的假的？！那在哪里啊？！"

甲一脸神秘："在那个大坟包的南边，骊山里头。我跟你说，坟包下面和秦始皇陵的地宫之间有一条连着的地下通道，每到阴雨天的时候，地道里就会有一些由阴间厉鬼组成的兵团，就是'阴兵'，从那儿走过，人欢马叫的，哎哟，那个热闹啊。"

此时，乙的内心独白："不应该是吓人吗？！"

正在田里做农活的丙对旁边的丁说："听说了吗？秦始皇的地宫就在封土的下面，那地宫，可老大了！地宫上面悬挂着一口巨大的金钟，大殿的四角上挂着四个可大的金铃了，秦始皇的棺椁在水银上面，从骊山到大殿来回流动，只要到了大殿，撞击大殿的金钟，就能发出悦耳的金玉之声。"

丁一脸震惊："这么神奇？！"

当然，这只是一些民间传说，并没有什么科学依据，更不是考古结论。自从秦始皇陵被人们发现的那天起，关于皇陵的传说纷纷四起，大抵是人们都被这座神秘的皇陵所吸引，所以才会出现各种各样的传说。人们的好奇心也被秦陵深深地勾起，大家都想知道秦始皇陵的里面到底是什么样的，它越是神秘，越容易激发人们的好奇心。不只是老百姓对秦陵充满了好奇，它也深深地吸引了考古学界，更是国家的重大发现。

秦始皇作为第一位统一中国的皇帝，他对自己百年之后的安排必然会非同寻常。的确如此，长期以来，关于秦陵地官的诸多认识，几乎全是猜测出来的，甚至是考古学者也不能给出一个肯定的答案。因为他们也在不断地调查、勘探、发掘，每个人都在努力还原历史的真相，却又在每次接近真相的同时，出现无法预判的现象。地官里到底有什么秘密，在秦陵彻底被打开之前，都将是人们不断追寻的一个问题。

在 2002 年底，国家科技部实施了秦陵物探遥感考古的"863"科研计划，考古学者们使用了遥感考古、物探考古、考古勘探相结合的手段，对以秦陵封土为中心的区域进行了全方位的勘察，先后参加这个项目研究的科技人员有近百人。通过大家的努力，终于对陵墓本身有了不少的收获和新的发现。

文献《汉旧仪》中记载了很多在秦和西汉时期发生的事情。书里曾提到，当时任丞相一职的李斯向秦始皇汇报陵墓建设进展时说道："臣所将隶徒七十二万人，治骊山者已深已极，凿之不入，烧之不燃，叩之空空，如下天状。"就是说，李斯带了 72 万人修建骊山陵墓，墓穴已经挖得很深了，深到挖也挖不动了，在地下烧东西，也烧不着了，在这种情况下怎么办呢？

这事儿确实挺闹心的，但是难不倒秦始皇啊。既然在这个地方无法继续施工了，那就改道而行，于是秦始皇下令："旁行三百丈乃止。"也就是将地官的位置向旁边移了三百丈，折合现在的距离约为 693 米。也许是因为这段文献的记载，也许是地官的位置旁移了，所以才有了秦陵地官不在封土之下，地下有通道连接墓室和骊山等这些传说。

在"863"项目开展之前，考古学者曾对秦始皇陵封土做过一些初步的考古勘探工作，用一种被称为"洛阳铲"的工具，来探查地下文物遗存的大小、深度和形态。由于秦陵封土地表以上高达 50 多米，体量大，埋藏深，而且里面夹杂了非常多的大小石块，所以考古工作很难开展。

"863" 计划启动后，考古学者决定对秦陵开展物探工作。物探，是 "地球物理勘探" 的简称，是指通过研究和观测各种地球物理场的变化来探测地层岩性、地质构造等地质条件。由于组成地壳的不同岩层介质往往在密度、弹性、导电性、磁性、放射性以及导热性等方面存在差异，这些差异将会引起相应的地球物理场的局部变化。通过测量这些物理场的分布和变化特征，结合已知地质资料进行分析研究，就可以达到推断地质性状的目的。简而言之，就是用地球物理技术，对秦始皇陵墓进行了全方位的勘察。

勘察的内容包括结构形态、埋葬物大小等。通过先进的考古技术和考古学者的不懈努力，终于有了让人意想不到的发现。躺在棺椁里的秦始皇若是知道后人正在用高科技手段一点一点地探究他留下的神秘，会不会为后人的先进技术点赞呢？

通过这次科学探查，得出的结果是地宫的底部在地下 30 米处，这个深度相当于 10 层楼的高度。难以想象，谁会在地下建造一座 10 层高的楼？谁会有如此的气魄、财力、人力、物力来建造这样一座高楼？谁又会想到在地下打造一个帝国？当然也只有秦始皇了。这很符合他 "德兼三皇，功盖五帝" 的人设。当我们知道这个深度的时候，只能用 "惊叹" 两字来形容了。

为什么这个深度会让人惊叹不已呢？我们可以先了解一下关于秦始皇祖陵的信息。

1976 年，考古学者对位于今陕西省宝鸡市凤翔区的秦公一号大墓正式发掘，这是迄今中国发掘的最大的先秦墓葬。墓内 186 具殉人，是中国自西周以来发现的殉人最多的墓葬。椁室（亦称墓穴）的柏木 "黄肠题凑"（题凑，是一种葬式，始于上古，多见于周代和汉代，汉代之后很少再用。黄肠题凑，是西汉帝王陵寝椁室，四周用柏木堆垒成的框型结构）椁具，是中国迄今发掘的周、秦时代最高等级的葬具。椁室两壁外侧的木碑是中国墓葬史上最早的木碑实物。尤其是大墓中出土的石磬是中国发现的最早的刻有铭文的石磬。

而最珍贵的当数石磬上的文字，多达180多个，字数甚至没有现在的一篇小作文的字数多，但是，在文物中，这180多个字显得弥足珍贵。铭文字体为籀文，酷似石鼓文（先秦时期的刻石文字，因其刻石外形和鼓相似而得名）。依据文字内容推断，此墓主人为秦景公（春秋时期秦国国君，公元前576—公元前537年在位）。

秦公一号大墓已经占据了中国考古史上五个“之最”，但是深度只有24米，比照秦始皇陵地宫的深度稍微差点儿。

再看一下葬着秦始皇祖父、祖母、父亲、母亲的秦东陵，位于今陕西省西安市临潼区西部，地处骊山西麓的山坡地带，南起洪庆沟，北至武家沟，陵园面积达27平方公里，于1986年被发现。

经考古调查表明，其中最高级别的“亚”字形墓葬（中国古代墓葬形制之一。其形制规模宏大、气势非凡）3座，“中”字形墓葬（一个大型的长方形竖穴式土坑，南北两面各有一条墓道）2座，历年来出土了大量的铜器、铁器、陶器及筒瓦、板瓦等建筑材料，而它的深度是26米。这么一看，秦陵地宫深30米，好像就不那么令人惊讶了，似乎这是秦国墓葬的一个传统。

虽然秦陵地宫的深度跟秦始皇祖陵的深度相差无几，但实质差别是相当大的，作为千古一帝的秦始皇，始终是特立独行的。

随着考古工作的深入，让人意想不到的事情出现在大家眼前。秦始皇并没有使用常规建筑材料来建造自己的陵寝。之前我们了解到秦祖陵的地宫是用木头搭建起来的“黄肠题凑”式地宫，而秦陵地宫是用石块砌成的，也就是石室墓，这是先秦时期所没有的一种墓葬形式。

而地宫的规模更是令人叹为观止。经过考古学者们的勘探，墓室开口，也就是最上层的尺寸，长170米，宽145米，远远地超过了今天的一个足球场的尺寸。墓室底部东西长 80 米，南北宽 50 米，面积达 4000 平方米，相当于 10 个标准的篮球场那么大。地宫的空间高度是 15 米，相当于 5 层楼高。

除此之外，考古学者们经过仔细勘探，发现地宫不仅没有进水，也没有坍塌，地宫的准确位置确实在封土的正下方，从封土顶部到墓底足足有 80 多米深。而在封土的南侧，考古学者利用物探考古勘察后，发现由东到西并没有所谓的地下通道。这一发现也澄清了"阴兵"在通道里来回穿梭的传说了。

即便是考古学者已经用科学事实告诉我们，"阴兵"不存在，但是由于人们对秦陵的好奇，科学解释并不能打消人们的好奇心，也许我们还需要大量的科学发现，才能澄清人们对秦始皇陵的以讹传讹。

二、下锢三泉

在中国古代，墓葬等级越高的陵寝，墓道就会越大，数量也会越多，相反，等级越低的陵寝，墓道就会相应缩小，数量也会减少。像秦始皇这样一位千古一帝，他的墓道数量，按照礼制来讲，至少是四条，也就是墓室的东西南北各有一条墓道。

但是令人意外的是，经过物探和考古勘探确认，秦陵只在东西两侧各有一条墓道，东墓道比西墓道要长一些，宽一些，从而显示出东墓道就是主墓道，而南北两侧没有发现墓道的遗迹。至于为什么秦始皇陵只有两条墓道，是客观原因还是秦始皇的主观意思，我们无从知晓。我们也只能根据现有的一些考古数据来推测，但仅仅是我们的个人猜想，真实原因也只有秦始皇自己知道了。

　　我们已经知道秦陵地宫中有两条墓道了，那么墓道里有什么呢？《史记·秦始皇本纪》中记载："大事毕，已臧，闭中羡，下外羡门。"（羡，就是墓道。）文献中表示，当隆重的丧礼举行完之后，宝物都已藏好，就把墓道中间的一道门先行关闭，接着又将外门关闭。可见，墓道里是有门的。

　　一般来说，带有墓道的墓葬都会在墓道和墓室连接处修建墓门，用来建造墓门的材料一般是石块、木头、土坯或者砖。秦始皇陵的东墓道有三道门，就像文献中所说埋葬秦始皇时"闭中羡，下外羡门"，既然提到了中门和外门，那肯定还有内门。根据一个"闭"，一个"下"，大概可以推断出门的样子，很可能类似于现在的商铺所用的防盗门的样子。

　　想象一下，我们现在身处在秦陵的东墓道中。好不容易打开墓道的外门，顺利进入墓道中，周围漆黑一片，我们只能借着手电筒微弱的光摸索着前进。突然，前方被一堵墙堵住，原来是墓道的中门，我们借着微光找到了打开中门的机关，伴随着按钮按下的声音，中门随即打开，此时出现在我们眼前的应该就是秦始皇的棺椁和主要随葬物品了吧。当然，这只是遐想。

　　我们都知道，地宫的作用就是放置秦始皇的棺椁和主要随葬物品，而有关秦陵地宫的记载，《史记·秦始皇本纪》中有详细的记录："始皇初即位，穿治郦山，及并天下，天下徒送诣七十馀万人，穿三泉，下铜而致椁，宫观百官奇器珍怪徙藏满之。令匠作机弩矢，有所穿近者辄射之。以水银为百川江河大海，机相灌输，上具天文，下具地理。以人鱼膏为烛，度不灭者久之。"短短的几句话，信息量却非常大。

　　文献中说到，秦始皇刚刚即位时，就已经开始建造骊山陵墓。（这个前章已经提到过。）秦始皇在统一天下后，从全国各地征集了七十多万徒役，凿地三重泉水那么深，灌注铜水，填塞缝隙，再把外棺一一放进去；又在墓中修建宫观，设置百官位次，把珍奇器物、珍宝怪石等，都搬了进去，将地宫里放得满满的；还命令工匠制造了由机关操控的弓箭安装在地宫里，若是有人走近，就会自动发射，击杀来人；地宫里有用水银灌注成的百川、江河、大海，用机器递相灌注输送使之不停地流动；顶壁装有天文图像，下面置有地理图形；秦始皇还命人用娃娃鱼的油脂做成火炬，估计很久都不会熄灭。

不得不说，精简的文字高度概括了秦陵地宫里所有的情况，我们也不得不再次为秦始皇竖起大拇指，真是只有我们想不到的，没有秦始皇做不到的。如果地宫里的情景真的如司马迁所描绘的那般，那秦陵就没有再发掘的必要了，因为里面的样子我们已经清楚了。但实际情况真如这般吗？相信时间会给我们答案。

文献中提到，关于修建地宫的第一件事就是"穿三泉"。（穿，就是挖的意思。）考古学者在秦陵封土的南侧进行了考古勘探，发现在距地表约40米深的地方分布着多达6层的砂层。其中3层比较厚，相当于滤水层，来自骊山方向的地下水就是通过这三层砂层来到这里，这三层滤水层应该就是文献中所说的"三泉"。要想继续修建地宫，首先就要解决地下水的问题。这对两千多年前生产力和建筑技术并不发达的秦代来说，无疑是一道难题。

《汉书·楚元王列传》中记载的"下锢三泉"，《汉旧仪》中说的"锢水泉绝之"，都是解决地下来水问题的意思。秦代的科学家和工匠们秉持着"遇到问题，不要慌，总会有解决的办法"这个信念，建造出了一套非常完整的地下阻排水系统。这个地下阻排水系统工程，让世人为之震惊，就连国外的工程专家都纷纷竖起了大拇指。

工匠们在地宫来水方位，挖出了一条比地宫还深的人工沟渠，囊括了秦陵的南部和东西两侧。这条沟渠是先于秦陵动工的，目的是让各层的潜水汇聚于此，以达到阻拦水流进入墓葬的效果。随后，又修建了排水渠道，将地下来水引导到陵墓附近排出去，然后再将地下水渠严密地封堵起来，这个阻排水工程长度超过 1 千米。

考古学者在地宫的东侧、南侧、西侧，发现了这个阻排水渠，它可以将来自地宫东南侧的地下水连续不断地排走，当水渠的深度超过地宫的深度，能保证外围来水不再进入地宫时，便将水渠用青膏泥填埋起来，这就是文献中所说的"下锢三泉"。

水渠的下部由厚度达 17 米的青膏泥（又称白膏泥，学名微晶高岭土，是秦汉时期墓葬常用的土，特点是质地细腻）夯筑起来，上部由 21 米厚的黄土夯成，也就是说，工匠们在地宫的东、南、西侧，也正是地下水的来水方向上修建了一道高度接近 40 米的水泥大坝。不但如此，秦陵内部的墙角楼旁、封土附近都修建有纵横交错的防水管道，可将地表的水流引流到低洼处，排出秦陵。

两千年前的秦代，竟能修建出如此惊艳的阻排水系统工程，的确令人叹为观止！

经过物探考古发现，秦陵地宫尚处在相对干燥的环境中，而同样深度的地宫外部却处于饱水的状态。正因为有了"穿三泉""下锢三泉"这前后相接的两道工序，才有力地保证了秦陵地宫的安全。

斗转星移，随着时间的流逝，这个阻排水系统工程直到今天仍然在使用着，依然在顽强地保护着秦陵地宫。我们的祖先在两千多年前就掌握了如此惊艳的建筑工艺，给现代的我们在排水系统工程方面带来了技术上和理念上的深刻影响，着实令人惊叹。

当然，秦始皇带给我们的惊喜不会只有这一点。经考古学者勘探发现，秦陵的东西跨度约 50 米的地宫顶部，是用一块块青石板搭建而成的。用一块块的青石，使用拱券技术（后文会介绍），形成不同跨度的梁桥，解决跨度问题，在现代并不是什么难事。令人难以置信的是在两千多年前的秦代，就有同样精湛的造桥技术，让我们不得不发出一声感叹，秦陵 50 米的地宫顶部的跨度问题到底是怎么解决的？这一块块的青石又是从哪里搬来的呢？怎么搬得动呢？

在后续的考古勘探工作中，考古学者在秦陵封土中心正下方 60 米左右的深处，还发现了一些青石板，这些青石板覆盖在墓室的上面。另外在东墓道上，也发现了青石板。大多数人会认为，这些青石板应该就是就地取材，出自骊山。如果真的如大多数人所想，那秦始皇还是秦始皇吗？

考古学者对在秦陵地区发现的青石板进行了检测，检测结果让人意想不到，这些青石板的石质与骊山的石质并不一样，反而与离秦陵六七十千米之外的渭北一带的石灰岩相同。虽然很意外，却跟文献里的记载对应上了。

《太平御览》记载："秦始皇陵上骊山之北，高数十丈，周回六七里，今在阴盘界。此陵虽高大，不足以销六十万人积年之功也。其用功力，或隐之不见。隐而不见者。骊山泉本北流者，皆陂障使西流。又此无大石，运取于渭北诸山。故其歌曰：'运石甘泉口，渭水为不流。千人一唱，万人相钩。'"

按照文献中的记载，骊山并没有能用来修建地宫的石头，而地宫顶部的石材都是从渭北的山里开采的。以秦始皇陵如此气势磅礴的规模来看，当时的采石工程量肯定是非常巨大的。

有了石材，接下来就是如何将这些青石板安置在东西跨度约为 50 米的地宫顶部了。为什么一再强调东西跨度呢？因为在有跨度的顶部搭建拱形顶（拱形屋顶，无梁拱，本身无梁无檩，空间开阔，跨越能力强），那是需要先进的建筑技术的。而拱形顶的修建离不开错缝铺砌的拱券（一种建筑结构，又称券洞、法圈、法券。它除了竖向荷重时具有良好的承重特性外，还起着装饰美化的作用）技术。

但是，考古学者经过对兵马俑坑（后章会详细介绍）的勘探，发现铺在坑底的青砖全部都是平缝铺砌的，没有出现错缝的情况，这就说明，当时的工匠很有可能还没掌握错缝这一关键技术。根据当时的历史背景推断，错缝技术到西汉晚期才得以成熟，运用在一些跨度较小的墓葬里面，而对于秦陵地宫这样一个庞大的工程，是很难做到的。到目前为止，秦陵地宫顶部的青石板是如何搭建的，我们无从知晓，对于无法知道答案的问题，人们的心常常会被牵引，这就跟秦始皇陵一样，一点一滴地牵引着大众的心。

三、长明灯

在古埃及、古希腊和古罗马等地，都流传着这样一个传说：死亡的人也需要灯光来驱逐黑暗，以此来照亮道路。所以，在坟墓被密封前，当地的人习惯放一盏灯在里面。富贵之家相比穷苦人家会奢侈一点，在坟墓里放上一盏不会熄灭的灯，永远为死者照亮道路。直到千百年以后，当这些坟墓的拱顶被打开时，挖掘者发现里面的灯还在燃烧着，人们称之为不熄之火。据说不熄的火光是天宫之火，是普罗米修斯把它偷偷地带给了人类，经过时间的渲染，慢慢地被称为长明灯。

在我们中国，也有关于长明灯的传说。长明灯，双层结构，里面的一个容器内装灯油，灯芯用醋泡制，外层装水，用以冷却灯油。

相传，世间的诸神会在除夕的夜里上天。这时，游离在人间的众鬼怪就会趁着诸神上天这个机会出来觅食，特别是那些魑魅魍魉（原为古代传说中的鬼怪，指各种各样的坏人）之类在过年过节未能得到奉敬的散鬼，尤其喜爱除夕夜，因为可以吃到人们供奉的各种糕点。人们在供奉食物的同时，会点上一盏长明灯，以防鬼怪看不到路，会顺声抓人。渐渐地，就演变为除夕夜家家户户所点燃的灯火，只要燃上，就不能吹灭,直到油尽烛终,自行熄灭,这成为一项古老的传统风俗。

寻常百姓家尚且如此,更不用说帝王之家了,我国古代君王的陵墓中也会放置长明灯。考古学家曾经在北京定陵的发掘中,就发现陵墓正殿有一口青瓷大缸,缸内盛有蜡质灯油,还有一个灯芯,这就是长明灯了。但是,这盏长明灯并没有为明朝第十三位君主照亮前方的路,在陵墓封闭不久后便熄灭了。长明灯熄灭的原因很可能是密闭的陵墓中缺少燃烧所需要的氧气。

由此可见,古人有强烈的"事死如生"的传统观念,尤其是君王,格外重视陵墓的修建。陵墓作为死后的居所,他们当然也希望其像生前的宫殿一样灯火辉煌。

所以,秦始皇没有例外,秦陵地宫里也是有长明灯的。前面已经提到过,《史记·秦始皇本纪》中记载的"以人鱼膏为烛,度不灭者久之"便是后人为秦始皇点燃的长明灯。不过,在地宫缺少氧气的情况下,要想蜡烛长期不灭,基本上是不可能的事情。不知道秦始皇会不会感到些许的失望,毕竟他看不到灯火长明的宫殿了,也看不到自己亲手打造的帝国,更看不到他想带到地宫中的世界。哪怕是"上具天文,下具地理",哪怕是"百川江河大海",似乎对秦始皇来说,都显得毫无意义。

但是,地宫中的一切,对于现在的我们来说却意义非凡,它是我们通往秦代的时空隧道。

四、水银百川

虽然我们现在还无法走进秦陵地宫,但是,从文献的记载中,我们可以大概地了解秦陵地宫的内部。地宫的顶部,装饰有模拟的"天文星宿之象"，地面上有"以水银为百川江河大海"的地图模型。在这里，我们不得不说一下地宫顶部的二十八星宿图。很多人会怀疑二十八星宿说法的真实性，认为在秦代，不会有这么流行的叫法，甚至野蛮的秦人根本不会懂天文方面的知识。

其实，在战国初期就已经有了四象与二十八宿相配，在《吕氏春秋》的记载中，也有"二十八宿"的具体名称和方位。

四象，是指天空中东南西北四大星区。我国古代把天空中的恒星划分为"三垣"和"四象"七大星区。在三垣外围分布着四象，分别是东苍龙、西白虎、南朱雀、北玄武。从名称上看，东方的星象如一条龙，西方的星象如一只虎，南方的星象如一只大鸟，北方的星象如龟和蛇。青龙、白虎、朱雀、玄武又分别代表了二十八宿。

在我国古代，人们为了观测日、月、五大行星（金、木、水、火、土）的运转，便将黄道和赤道附近的星座选出二十八个作为标志，称之为二十八星宿。二十八星宿分为四组，每组七宿，分别与四个地平方位（东、南、西、北）、四种颜色（青、黑、白、红）、四组动物形象即四象（青龙、白虎、朱雀、玄武）相对应，以是"天之四灵，以正四方"。

所以，在修建秦始皇陵的时候，将比较精准的天文星宿图像置于地宫顶部，是完全有可能的。

考古学者于 1987 年，在西安交通大学附属小学院内发现了一座西汉晚期的砖室墓葬，经专家鉴定，距今约有两千年。这座墓葬内最重要的发现是绘满了墓室内壁的彩色壁画。

壁画可分为上下两大部分，中间用朱红色菱形几何纹隔开。壁画的上半部分，就绘制了星象图。墓室正顶中线南侧画着一轮朱红色的太阳，太阳中间有一只飞翔的黑金色的鸟；中线北侧画着一轮白色的月亮，月亮中间有一只蟾蜍和一只奔跑的兔子。一个环状的圆带将太阳和月亮围在中间，二十八宿天文星象图就画在这个环带之中。这个星象图非常形象生动，各个星宿融合于人物、动物形象之中，小圆圈代表恒星，用直线连接起来就是星官。

西汉与秦代相去不远，不管是在政治、经济，还是在文化方面，西汉都与秦代有着高度的相似性，毕竟"汉承秦制"。即使我们现在无法知道秦陵地宫中的星宿图是什么样子的，但是应该与西汉时期的差别不大，以秦始皇对陵墓的要求，只能说秦陵地宫中的星宿图也许会更加壮观。

秦陵地宫顶部的星宿图，我们已经了解了个大概，接下来就是"以水银为百川江河大海"了。水银，一般指汞，银白色，是常温常压下唯一以液态形式存在的金属。汞在常温下即可蒸发，汞蒸气和汞的化合物多有剧毒（慢性），它是从硫化汞中提炼出来的。

关于秦陵地宫中有水银的说法，五花八门、各式各样。

路人甲："秦始皇陵的地宫里有大量的水银，就像江河一样，流动不息。"

路人乙："知道吗？正是因为地宫中有大量的水银，所以秦始皇死了两千多年了，尸体仍保存得十分完好，一点样儿没变，跟真人似的躺在棺椁中。"

路人丙："你们知道的都不算啥重要的事儿，知道为什么秦始皇在地宫里用那么多水银吗？为了防盗！水银有剧毒，谁敢去随便盗秦始皇的墓，不怕被毒死啊？"

路人丁："你们说的都不对。秦始皇陵地宫里存放的大量水银，是秦始皇为了在地下能够炼制长生不老的灵丹妙药而储备的。"

不管真相究竟如何，在没有确切的答案之前，合理的想象没有问题，但大多数人都会将自己主观的想法作为事实的依据，就是"我说的，就是千真万确"，以此来显示自己的"博学多才"。有天马行空的想法并不是件坏事，但如果是自己的凭空捏造反而不好。

所以，秦陵地宫中是不是真的有大量的水银存在呢？如果有，它的作用又是什么呢？秦始皇又为什么要在地宫中放置水银？我们只能到文献中去寻找答案了。

最早对秦陵地宫中的水银有相关记载的是司马迁，他在《史记·秦始皇本纪》中说道："以水银为百川江河大海，机相灌输，上具天文，下具地理。"也就是说，水银是用来模拟百川江河湖海的，并且它们相互间还可以流动。

西汉以后，人们在《史记》的基础上，不断地对秦陵地宫中的水银进行了或详或略的描述。

班固在《汉书·楚元王传》中记载："水银为江海，黄金为凫雁。"

刘劭在《皇览》中记载："关东贼发始皇墓，中有水银。"

从文献的记载来看，随着时间的推移，关于地宫中水银的描述变得更加详尽，这无疑让后人更加相信了秦陵地宫中有大量的水银存在。那么，在没有先进的探测技术的情况下，古人是怎么知道秦陵地宫中有大量水银的呢？而且他们对水银的描述仿佛亲眼所见一般，难道他们的记载是根据其他史料杜撰的？还是他们采用了我们不知道的探测手段已经勘探过秦陵地宫？

20世纪80年代初，科学家们第一次对秦始皇陵进行了土壤汞量测量。测量结果表明，在秦陵封土的中心区域，有一个面积约1.2万平方米的强汞异常区。也就是说，这个区域里水银的含量极高，高出周边土壤含量数十倍。水银含量这么高，让研究人员不禁思考，秦陵封土上的强汞异常区，是来自地宫的水银所致，还是构成封土的土壤本身就携带水银呢？

随着探测技术越来越发达，考古学者再一次用氡气测量法对封土做了一次测试。结果表明，封土中强汞异常是地宫中的水银挥发后，沿着封土的裂隙上升到封土表面所致，并不是土壤本身所携带的。

这也就是说，秦陵地宫中确实有大量的水银。那么，到底有多大的量呢？

有学者推测，按照秦陵地宫 345 米 × 350 米的大小来计算，在地宫中平铺 10 厘米厚的水银，秦陵地宫中的水银大约有 100 吨。人们看到这个数字，再次惊掉下巴。

100 吨水银是什么概念呢？一个标准的足球场长 105 米，宽 68 米，面积大约 7000 平方米，如果将 100 吨的水银倒进去，它的厚度能达到 1 米甚至还多。一名男性成年人的身高大约在一米八，如果是一名成年男性站在一米多深的水银池子里，基本已经被淹没多半个身子。试想一下，便被 100 吨的概念给震撼到，这简直就是天文数字。这时，又要再为秦始皇竖起大拇指，不愧是千古一帝，水银都能用得如此豪气。

纵使把这个数字放在现代，也是难以想象的。以我国目前现代化方式生产水银的工艺水平，年产量在 900 吨左右。谁能想到，在两千多年前的秦代，在科技并不发达的情况下，竟然能生产出 100 吨甚至更多的水银放置在地宫中，这是怎么办到的呢？

《史记·货殖列传》中记载："巴寡妇清，其先得丹穴，而擅其利数世，家亦不訾。清，寡妇也，能守其业，用财自卫，不见侵犯。秦皇帝以为贞妇而客之，为筑女怀清台。"意思是说，秦始皇时期，在巴蜀一带有一个寡妇名"清"，她的祖先自得到朱砂矿，竟达好几代人独揽其利，家产也多得不计其数。清不仅能守住先人留下的家业，甚至组建了一支武装力量来保卫家族。秦始皇认为她是个贞妇，对她甚是礼遇，并且还为她建造了怀清台。

而巴寡妇清，是除了秦始皇母亲之外，唯一一个被文献记载的与秦始皇有过交集的女性。秦始皇在其死后，还专门为她修建纪念碑，纪念她的贞妇行为，实属罕见。

当然，也可能是秦始皇看中了她身上的哪个点吧，比如她所经营的丹砂产业。

丹砂，是硫化汞矿物，是炼汞最主要的矿物原料，即生产水银的原材料。巴山一带汞的储量是比较丰富的，占全国汞矿储量很大的比例。也许，这就是秦始皇看重巴寡妇清的真正原因，因为按照秦始皇对陵寝的要求，他的确需要大量的水银，而这些水银，只有巴寡妇清能够提供给他。即便是巴寡妇清手里的水银量达不到秦始皇的需求，巴蜀之交的旬阳也是能够提供水银的源头之一。

旬阳，位于秦岭成矿带山柞镇旬成矿区南部，成矿地质条件有利，矿产资源丰富，目前已经探明的汞储量达 1.47 万吨左右。在一些地方史料中，也有关于此地汞矿储量丰富的文字。再加上旬阳离秦陵很近，所以旬阳应该也是秦陵地宫水银的来源之一。

有了丰富的原料，接下来就要解决提炼问题了。

根据科学史的相关研究，秦代的水银炼制方法，应该是低温焙烧法，也可以叫作火法炼汞（指在高温下从汞矿石或汞精矿中提取金属汞的过程）。这种方法是将矿石加热至近 500℃，使矿石中的硫化汞变成汞蒸气挥发出来，再将汞蒸气用湿布收集起来，是一种极其不先进的冶炼方法，生产效率很低，大量的水银在变成汞蒸气时会挥发消失。所以，用这种方法去生产水银，产量非常低。加上我国汞矿贫矿多、富矿少，这就决定了当时水银的产量不会高。

从文献中收集的资料，加上当时的历史背景，可想而知，秦陵地宫的水银储量虽然丰富，但是由于生产力的问题，应该没有想象中那么多。而秦始皇用了这么多水银，到底是何意呢？真的是为了防止尸身腐烂？还是如传说中说的那样，防盗？或许只是单纯地用水银来制作水系，也说不定。

春秋早期，水银被作为可以治疗恶疮、疥癣的药物使用；到了春秋晚期，水银还可以用来制作鎏金鎏银器物；再到战国时期，出现了一些贵族在墓葬中放置水银的现象，以此来象征财富。秦陵地宫中已经有很多奇珍异宝了，并不需要借助水银来象征财富，所以，水银一定还有其他的用途。那么，会是用来防止尸身腐烂吗？

自宋代开始，才出现用水银来防止尸体腐烂的做法。根据史料记载，在宋代，一些达官贵族会用水银来浸泡尸体，特别是当时的大臣，以死后能得到皇帝赐予的水银为荣。相传，大臣们将御赐的水银灌进腹腔后，尸体在很长的时间内面如生人，像是活着一样。而宋朝的一位皇帝，也曾用水银来防止尸身腐败，那就是宋理宗赵昀。

赵昀是宋朝的第十四位、南宋的第五位皇帝，于景定五年，即 1264 年在临安去世，在位 41 年，享年 60 岁。

元朝时，藏传佛教僧人杨琏真迦盗掘南宋皇陵，赵昀的尸体因为入殓时被水银浸泡过，所以被盗掘时还未腐烂，盗墓者随即将赵昀的尸体从陵墓中拖出，倒悬于陵前树林中，沥取注入腹中的水银。随后，将其头颅割下，并制作成饮器，奉给了元朝统治者，然后又将赵昀的躯干焚毁。直到朱元璋攻占大都后，才在元大都的皇宫中找到赵昀的头颅。明太祖得知此事，"叹息久之"，派人找回赵昀的头颅，于洪武二年，即 1369 年，以帝王礼将其葬于应天府（今江苏南京）。次年，又将赵昀的头骨归葬到绍兴永穆陵旧址。

可见秦始皇陵地宫中的水银，应该不是用来防止尸体腐烂的。若真的是用来防腐的，大可不必用那么大量的水银，何况秦代还没有出现用水银来防止尸体腐烂的做法。关于水银的用途，还有一种说法，就是防盗。

在实际应用中，人们意识到水银具有强毒性，是在汉代之后，因为炼丹术大规模地盛行。因此，利用水银具有强毒这一特性来防盗，在秦代及其之前，应该是不可能的。而且，没有史料记载。

但是，有一点是经常出现在文献中的，就是春秋时期的高等级墓葬中有放置水银的现象。

据《吴越春秋》记载，吴王阖闾"以水银为池"，当时的人们还不知道水银的强毒性，估计是将其作为其他的必备原料来使用的。

《史记·秦始皇本纪》中描述地宫时说道："以水银为百川江河大海，机相灌输，上具天文，下具地理。"

《水经注·渭水》中曾记载秦陵地宫："以水银为四渎、百川、五岳、九州，具地理之势。"

《拾遗记》中也提到地宫中的水银："为江海川渎及列山岳之形。"

这些文献中都提到了一件相同的事，便是以水银为百川江河大海，这是不是从侧面说明了一个问题，秦陵地宫中的水银，其实就是大秦帝国的地理版图再现。

我国古代的帝王墓葬中，是存在有地理版图的情况的。

1986年，考古学者在甘肃天水一个叫放马滩的地方，发现墓葬120余座，发掘14座。其中，战国墓13座，西汉墓1座，均为土坑竖穴墓（古代墓葬构造形式之一，由地面向下掘一较规整的长方形或方形土穴作墓。新石器时代开始流行，为后代沿用），出土了近千件各种器物。其中重要文物有竹简460枚，木版地图7幅，西汉纸地图残片1件。

放马滩墓群是一处战国晚期至西汉初期的公共墓地，其中秦墓发现较多且集中，出土物十分丰富。竹简是继云梦睡虎地秦墓竹简之后的第二次重要发现，也是甘肃省首次发现的秦文化典籍。在这些文物中，值得注意的7幅木版地图，是迄今为止发现的最早的地图实物。

这时要隆重地介绍一下，入选全国"百年百大考古发现"的马王堆汉墓。

马王堆汉墓，位于湖南省长沙市芙蓉区东郊4千米处的浏阳河旁的马王堆街道，是西汉初期长沙国丞相、轪侯利苍的家族墓地。

考古学家于1972—1974年，对其进行了先后3次考古发掘。马王堆汉墓墓葬结构宏伟且复杂，3座都是北侧有墓道的长方形竖穴墓，椁室构筑在墓坑底部，墓底和椁室周围都塞满木炭和白膏泥，然后层层填土，夯实封固。二号墓是汉初长沙丞相轪侯利苍之墓，一号墓是利苍的妻子之墓，三号墓是利苍之子之墓。

墓葬共计出土1具保存完好的女尸，以及棺椁、丝织品、帛书、帛画、漆器、中草药等文物3000余件。马王堆汉墓的发现，为研究汉代初期的埋葬制度，以及手工业和科技的发展提供了重要资料，也让我们更加地了解了长沙国的历史、文化和社会生活等。

考古人员在出土的帛书中发现了帛图，在帛图之中又发现了几幅地图，研究者将其中3幅地图分别命名为《长沙南部地形图》《驻军图》《城邑和园寝图》，是我国乃至世界上现存的最早且具有一定科学水准的大比例实用彩色地图。

也就是说，即便精准度不那么高，科学性、实用性不那么强，但是，秦朝已经完全有能力在陵墓中模拟出以帝国水系为骨架的版图。相信只有帝国版图在脚下，秦始皇才能安然长眠于地下。这应该就是秦始皇的一种精神追求，一种千代万世的美好理想，一种心灵上的寄托。

地宫相当于秦始皇在另外一个世界的卧室，而以水银为百川、江河、大海，无疑是在卧室里放置了一幅大秦帝国的版图。在卧室里放地图，非常符合秦始皇的为人，毕竟那是他亲手打下的江山。千古一帝的所思所想所需，并不是我们能理解的，但是，他绝对允许我们对他抱有敬仰之情，而且最好是滔滔不绝。

秦始皇，还是有值得被大家赞赏的地方的。前面我们已经说过，虽然在很多人眼里，他的负面形象居多，但终不能将他这个人全盘否定。在他统治期间，秦国的发展是大家有目共睹的，这与秦始皇的勤政绝对分不开。

据《史记·秦始皇本纪》记载，术士侯生、卢生在一起议论秦始皇说道："天下之事无小大皆决于上，上至以衡石量书，日夜有呈，不中呈不得休息。"讽刺之味，不言而喻。他们认为秦始皇贪恋权势，不相信其他人，天下的大小事情都一定要亲自处理，真是一个刚愎自用、专政擅权的暴君。

衡就是秤，石是古代的一个重量单位，120 斤为一石。古时文书用竹简木札，以衡石来计算文书的重量。"以衡石量书"，说明秦始皇每天要批阅重达 120 斤的奏章。秦代时期的 1 斤相当于现在的半斤，折合现在的斤数差不多有 60 斤。虽然当时奏章以竹简的形式呈现，但是 60 斤的奏章，估算一下起码得有十来万的字数，而且秦始皇每日的工作不只是阅读这些奏章，他还需要批阅和思考。我们每天就算是读感兴趣的小说、故事，也未必能做到一天读十来万字，就算是一天读到了，也不可能每天都读这么多文字，而秦始皇却做到了！

责任越大，承载的事情就越多。异常辛苦的政事，已然成为他日理万机的一部分。这份坚持，这份毅力，这份勤政，在以后的历代帝王中，都是极为罕见的。有人一定会说，"欲戴王冠，必承其重"。历数各代帝王，哪个不是拥有至高无上的皇权、享受着无尽的荣华，真正能做到如此勤政的又有几人？不能否认，一定会有比秦始皇更加勤政的皇帝，但是，不能为此就忽略秦始皇的努力。

秦始皇统一六国后，本可以安逸地待在咸阳，享受帝王无忧的生活，但是他没有，而是进行了五次全国性的巡行视察。

第一次出巡，是在公元前 220 年，也就是统一六国的第二年。《史记·秦始皇本纪》中记载："始皇巡陇西、北地，出鸡头山，过回中。"这是秦始皇巡游的开始，以此来巩固后方。车队行至宁夏西部、甘肃东部，经甘肃陇西，到达秦人祖先故地天水、礼县，再沿祖先东进线路回辇宝鸡、岐山、凤翔，再回到咸阳。

第二次出巡，是在公元前 219 年。《史记·秦始皇本纪》记载："始皇东行郡县，上邹峄山。立石，与鲁诸儒生议，刻石颂秦德，议封禅望祭山川之事。乃遂上泰山，立石，封，祠祀。"秦始皇这次主要是巡行东方郡县，登上峄山，在山上立了石碑，并跟鲁地的儒生们商议，如何在刻石上写下颂扬秦国德业的文字。随后，他又登上泰山，立石刻碑，筑坛，祭天。然后去了烟台、胶南，沿东海到江苏的海州、徐州，又南下安徽，渡淮河，到河南，车辙又碾过湖南长沙等地，从陕西商县返回咸阳。

第三次出巡，是在公元前218年。《史记·秦始皇本纪》记载："始皇东游。至阳武博浪沙中，为盗所惊。求弗得，乃令天下大索十日。"秦始皇到东方巡游，抵达阳武县博浪沙的时候，遭遇刺客，惊吓过度，当即下令捉拿刺客。由于刺客的惊扰，秦始皇这次巡游的时间不长，很快便返回了咸阳。

第四次出巡，是在公元前215年，休养了两年之后，秦始皇第一次出巡北方。《史记·秦始皇本纪》记载："始皇巡北边，从上郡入。"秦始皇向北而去，出潼关过黄河去山西，到了河北邯郸，东抵秦皇岛。随后，出了山海关，到达辽宁绥中海滨。之后，又从内蒙古经陕西榆林、延安，回到了咸阳。

第五次出巡，是在公元前210年。《史记·秦始皇本纪》记载："始皇出游。左丞相（李）斯从，右丞相（冯）去疾守。少子胡亥爱慕请从，上许之。"秦始皇先后到达了湖北、湖南、安徽、江苏、浙江、山东、河北。只是谁也没想到，这是秦始皇的最后一次出巡。

很多人认为，巡游多好，可以游山玩水，相当于现今的自驾游，是多少人梦寐以求的事情，哪怕不是自驾游，跟团游也是好的，可以看不同的风景，享受各式各样的美食。那我们有没有想过，每次出游回到家后感到的疲惫是真实的。在出游的过程中，我们需要坐汽车、火车、飞机等交通工具，甚是奔波，现在很多人就连转机都要抱怨一番，为什么不买直飞的机票。何况秦代还没有这些发达的交通工具，只有马车。

由此可见，巡游并不是想象中那么悠闲的差事。秦始皇虽然贵为帝国皇帝，也只能坐在木轮的马车上日复一日地长途跋涉，即使是再舒服的木轮车，坐上几个月，一路颠簸，估计人也会感到疲惫不堪。况且那个时候的道路状况并不好，即使有通往全国各地的直道、驰道，但肯定没有现在的高速公路、国道修得那么平整，就更不要提那些没有修好的道路了。

这时，一定会有"他是为了求仙""他是为了寻找长生不老之药"才出巡的说法，总之，在一些人的眼中，秦始皇不会是如此勤勉的帝王。

秦始皇的确是在第二次出巡的途中，行至琅琊，被那里的依山傍水、碧海蓝天深深地吸引住了，也是在琅琊台，秦始皇第一次见到了方士徐福，从此便开始踏上寻仙之路。这也说明，秦始皇在决定出巡的时候，并不是为了求仙，只是单纯地为了巡行视察。

不管是每日批阅的奏章数量，还是五次全国性的巡行视察，都展现出了一个勤勉、鲜活的帝王形象。

秦始皇以水银模拟了大秦帝国的地理版图，并放置于地宫中，埋入地下，这说明秦始皇始终惦念着自己亲手打造的帝国。所以，秦始皇陵地宫中的水银，用途不同于历史上其他墓葬中的水银，它既不是财富的象征，也不是用于防腐，更不是用于防盗，而是彰显秦始皇对霸业的追求。他是将帝国最辉煌的历史以水银制造的百川江河大海记录下来，表现的不仅仅是秦始皇个人史诗般的英雄经历，更是秦始皇心系天下的象征，也是他作为帝国皇帝在另外一个世界对国家长久传承的期盼。

五、秦始皇的情怀

在考古学家不断的勘探、发掘下，我们知道了秦始皇陵的地宫就在封土之下，并没有旁行三百丈。地宫的结构、深度、大小，我们也有所了解，甚至还被秦陵地宫的阻排水系统惊艳到了。当然，秦始皇陵带给我们的惊喜不止一点点，随着考古的深入，人们的惊喜向往之情也一点点地加深，非常想知道、看到地宫里到底是什么样子的。

由于秦始皇陵地宫尚未开启，我们对埋藏在这座保存完好的地宫里的东西就无法知晓。因为现在没办法揭开谜底，人们就会更加好奇里面到底埋藏着什么样的珍宝，慢慢地形成了一个思想上的循环。不仅是老百姓对秦陵地宫中有哪些随葬器物好奇，社会各界人士、专家也都好奇，时时刻刻关注着，都希望自己是最先知道答案的那个人。

虽然现在我们还无法找到答案，但是可以先从文献以及一些帝王陵墓的考古资料入手，起码能有个大概的了解。

众所周知，皇帝，是拥有至高无上的权力和地位的人。所以他的衣食住行无不体现着皇权的威严，他所拥有的一切物品，理所当然是最精美、最好的。天下的能工巧匠、优秀的设计师都被召到都城来为皇帝服务，所制造的物品是不需要考虑成本的，只需要考虑皇帝喜欢与否便可。

由此推断，帝王陵墓中的随葬品，所体现的科技水平当然是其他等级的墓葬无法媲美的。在史料的记载中，对秦陵地宫里究竟埋藏了什么，有很多种说法。

《史记·秦始皇本纪》中记载："宫观百官奇器珍怪徙臧满之。"在墓中修建宫观，设置百官位次，把珍奇器物、珍宝怪石等都搬了进去，将地宫放得满满的。稀有的、珍奇的随葬品，着实容易引起人们的好奇。

《汉书·楚元王传》中记载："黄金为凫雁。珍宝之臧，机械之变，棺椁之丽，宫馆之盛，不可胜原。"这里也详细地描述了秦陵地宫里的情况，用黄金做成凫雁，珍宝的埋藏，机械的巧变，棺椁的富丽，宫馆的盛美，不能尽数。

《史记·秦始皇本纪》的记载比照《汉书·楚元王传》的记载稍微精练一些，只是说地宫里埋藏了数不胜数的奇珍异宝，而《汉书·楚元王传》里对秦陵地宫中随葬品的描述进一步地细化。

我国古代的丧葬观念，说一千道一万，其中心思想就是"事死如生，事亡如存"，所以将陵墓里的一切仿照生前的模式、种类、规格、位置进行设计建造。"奇器珍怪徙臧满之"，明显地说明了秦陵地宫中的随葬品是极其丰富、极其多彩的。与千古一帝身份相匹配的各类珍奇器物自不在话下，金银、青铜、玉石，其他的陶、木、竹、漆器以及各种丝织品肯定是必不可少的；装载秦始皇尸体的棺椁肯定是华丽奢侈的；秦始皇那么喜欢读书，应该也会有大量的书籍随葬。在秦始皇统治时期，中西文化交流已有一定的规模，所以地宫里应该也会有来自异域的奇器怪珍。

《史记·秦始皇本纪》中记载，"下铜而致椁"，意思是秦始皇的棺椁是用青铜制造的。经考古发现，我国古代的棺椁材质一般都是木质的、石质的，还没有发现青铜质的。

但是从秦始皇陵发掘的铜车马（之后会做详细的讲述）来看，秦始皇使用青铜制作棺椁，也不是没有可能的。我们可以先了解一下与秦始皇时期相差不远的陵墓，也许会给我们带来一些提示。

我们都知道，汉武帝是西汉时期一位非常了不起的皇帝，他是杰出的政治家、战略家、文学家。汉武帝在位 54 年，而修建皇陵却花了 53 年的时间，所以他的茂陵，也是一个埋藏了很多奇珍异宝的地下珍宝库。

据说，汉武帝以天下贡赋的三分之一"充山陵"，来营造他的坟墓。

相传，赤眉起义军在盗掘茂陵时，盗掘了几十天，陵墓中的宝贝还没有减少一半。如果这个传说是真的，那真叫人大开眼界，想必汉武帝也是一位"事死如生"的皇帝。

茂陵位于陕西省咸阳市兴平市东北，东西为横亘百里的五陵塬。其北面远依九嵕山，南面遥屏终南山，是汉代帝王陵墓中规模最大、建造时间最长、陪葬品最丰富的一座帝王陵墓，被称为"中国的金字塔"。

相传，汉武帝在一次打猎的过程中，因在茂乡附近发现了一只麒麟状的动物和一棵长生果树，认定茂乡是一块风水宝地，于是下诏将此地圈禁起来，开始营造陵墓。

茂陵形制，是汉兴厚葬的典型。陕西省考古研究院汉陵考古队就对茂陵周边进行了大面积密集的考古勘探，发现茂陵的外藏坑有 400 座。

关于茂陵地宫内的随葬品，文献中有些许的记载。《汉书·贡禹传》中记载："及（武帝）弃天下，昭帝幼弱，霍光专事，妄多藏金钱财物，鸟兽鱼鳖牛马虎豹生禽，凡百九十物，尽瘗臧之。"《新唐书·虞世南传》中也有相关记载："武帝历年长久，比葬，陵中不复容物。"

从文献中记载的内容看，因为汉武帝在位年久，当时的汉朝又处在经济繁荣的鼎盛时期，所以随葬品很多。除了 190 多种随葬品外，连活的牛马、虎豹、鱼鳖、飞禽等，也一并从葬。另据记载，康渠国国王赠送给汉武帝的玉箱、玉杖，以及汉武帝生前阅读的 30 卷杂经，也盛以金箱，埋入陵内。

茂陵并被没有发掘，我们只是根据文献的记载，对汉武帝的随葬品有了大致的了解。

1981 年在平阳公主（汉武帝的姐姐阳信长公主）墓南，出土了汗血宝马形态的鎏金铜马。这个鎏金铜马，高 62 厘米，长 76 厘米，通体铜铸鎏金，昂首、翘尾，四腿直立，气势轩昂，体态矫健。头部造型尤其生动，粉鼻亮眼，双耳竖起。

此外，还出土了一件鎏金鎏银铜竹节熏炉。鎏金熏炉高58厘米，底径13.3厘米，口径9厘米，盖高6厘米。造型精致，设计巧妙，柄上端有蟠龙3条，承托着炉盘，炉盖口外侧刻铭文一周35字："内者未央尚卧，金黄涂竹节熏炉一具，并重十斤十二两，四年内宫造，五年十月输，第初三。"底座圈足外侧刻铭文一周33字："内者未央尚卧，黄金涂竹节熏炉一具，并重十一斤，四年寺工造，五年十月输，第初四。"

出土的文物中，有11件器物上都有"阳信家"的铭文，这也侧面证明了它的主人就是汉武帝的姐姐平阳公主。

这仅仅是一个公主的墓葬，就出土了如此精美的鎏金文物。可想而知，汉武帝的茂陵地宫中的随葬品，只会更精美。那么，与之时代相近的秦陵内的随葬品，应该不会逊色于汉武帝吧。

众所周知，秦国以养马、爱马起家，除了已经发现的铜车马之外，像这样精美或者更甚的金马，会不会也埋在秦始皇陵的地宫中？

西汉帝王的陵寝中，还有一样东西很有趣。《西京杂记》中曾记载："汉帝送死，皆珠襦玉匣。匣形如铠甲，连以金缕。武帝匣上皆镂为蛟、龙、鸾、凤、龟、麟之象，世谓为蛟龙玉匣。"汉代皇帝下葬时，都以用珠玉装饰的金缕玉衣为殓服。玉衣的形状像铠甲，一片片用金丝线连接起来。武帝的玉衣上面，都刻有蛟龙鸾凤等图案。世人称此为蛟龙玉匣。也就是说，西汉帝王死后穿金缕玉衣下葬。

金缕玉衣，就是汉代皇帝和高级贵族死后穿的殓服，外观与人体形状相同，是用玉片连缀而成，用金银铜线编缀的。玉衣是穿戴者身份等级的象征，不是随便穿的，是有制度规定的。皇帝及部分近臣的玉衣以金线缕结，称为"金缕玉衣"，其他贵族则使用银线、铜线编造，称为"银缕玉衣""铜缕玉衣"。

1968年，位于河北省保定市满城区陵山之上的满城汉墓，又名"中山靖王墓"被发现。经考古工作者考证，墓主是西汉中山靖王刘胜及其妻子窦绾。

满城汉墓属于横穴式的崖墓，采用以山为陵的营建方式，墓道及墓室凿山而成，呈弧形。平面布局大同小异，均由墓道、甬道、北耳室、南耳室、中室、后室六个部分组成，墓中还设有构思巧妙的防盗和排水系统。墓室庞大，随葬品豪华奢侈，共出土金器、银器、铜器、铁器、玉器、石器、陶器、漆器、丝织品等遗物1万余件，其中就包括文献中所记载的"金缕玉衣"。

中山靖王刘胜的玉衣全长1.88米，共用玉片2498片，金丝重约1100克。玉衣外貌和男子体型一样，体躯肥大，腹部突鼓，头枕鎏金镶玉铜枕，两手握璜形玉器。全身可分为头、上衣、裤筒、手套和鞋5个部分，包括脸盖、头罩、上衣前片、上衣后片、左袖筒、右袖筒、左手套、右手套、左裤筒、右裤筒、左鞋、右鞋等12个部件。袖筒、裤筒、手套和鞋都有开缝。脸盖上刻画出眼、鼻和嘴的形象。手作握拳状，足部呈方头平底高勒靴状。在玉衣内还发现玉璧18块，以及饭含（古代丧仪之一，把珠、玉、谷物或钱放入死者口中的习俗）等佩戴之物。

其妻子窦绾的玉衣全长1.72米，共用玉片2160片，金丝重约600克，头下枕一鎏金镶玉铜枕。在玉衣内，放置玉璧15块。

金缕玉衣的制作，所需的人力和物力是难以想象的，可以说是一项庞大细致的工程。由于它的烦琐、精致、奢华，所以，我们不禁想象，秦始皇是不是也穿着一件金缕玉衣躺在华丽的棺椁里？毕竟汉承秦制，这是极有可能的。虽然，我们现在还没有办法清楚地了解秦陵地宫的情形，但是，很多文献的记载、被发掘的帝王墓葬和出土的文物总会带给我们一些提示。

事死如生，一心想要长生不老的秦始皇，定会做到极致。古时，人们对死后的世界基本是按照生前的一切来安排的。而地宫是皇帝尸体和灵魂居住的地方，帝王一般会将生前的世界、生活状态一并复制到地宫中，可以说是把现实宫廷的生活复制粘贴到了地宫。将已故皇帝生前认为最宝贵的物品，一起埋葬到坟墓中，以便他在冥界能够继续使用，这就是古人事亡如存的观念。

也正是因为厚葬之风的影响，像秦始皇这样一位一统天下的帝王，他生前所在意的东西，地宫里面必然也会有。

前面提到过，秦始皇并不是一位只知享乐、安于现状的皇帝，他是一个有理想、有抱负、有情怀的皇帝，他不希望自己亲手打造的天下就这样在他死后灰飞烟灭，他希望他的帝国世界可以千世万世地传下去。

如果说秦始皇陵地宫中的水银百川，是秦始皇对帝国的一种寄托、一种牵挂，那么，天象图在地宫中便不仅仅是一种装饰，更是将天圆地方的宇宙观模拟在墓室里，其目的是为他所创立的中央集权郡县制提供合理、合法的支撑。这种设计理念在很长的一段时期内，影响了后代的帝王陵墓设计。

古代陵墓的规模宏大，营建花费的时间都很长，按照《史记》的记载，秦始皇陵修建了39年，但是经过考古学家的分析，司马迁的记载可能并不精确。考古研究结果表明，秦始皇陵修建的时长应该是前后不到10年。这个结果让人不由得发出惊叹："啊？！怎么会是十年呢？怎么可能呢？"大家更多的是对这个结果不敢相信，在我们的心里，39年已经根深蒂固。

如果营建时间真的是10年，那么陵墓墓室建造好以后，就一直空置吗？毕竟那个时候秦始皇还没有死。而且，在那个时期，秦人怎么可能建造出一个有那么大跨度的棚子来防止墓室被日晒雨淋？在秦始皇死后，他的棺椁，又是从哪个通道进入墓室的呢？

按照礼制来讲，像秦始皇这样一位千古一帝，他的陵墓墓道数量至少是4条，也就是墓室的东西南北各有一条斜坡墓道。

在此之前，被发现的商代晚期安阳殷墟遗址，分为东西两区。东区有5座大墓，考古工作者在其中发掘了一座有4条墓道的大墓。这些大型墓葬均为南北向，墓形呈"亚"字形、"中"字形、"甲"字形等，被学者认定为殷商后期的王陵。

考古工作者在陕西岐山县凤凰山南麓发现的周公庙遗址，经过多年的发掘，至今已经发现了7处近千座先周、西周时期不同等级的墓葬，其中最高等级的墓葬也是4条墓道形制。

战国晚期的周王陵在洛阳被发现，也是4条墓道。西汉11座皇帝皇后陵，全是4条墓道。

由此可以看出，早于秦始皇陵的帝王陵有4条墓道，晚于秦始皇陵的帝王陵也有4条墓道，就是秦始皇的父亲、祖父的陵墓，也都是4条墓道。

但是，考古工作者在对秦陵地宫的勘探过程中，发现了一个令人十分费解的现象。秦始皇陵并不是4条墓道的结构，而是东西两侧各有一条墓道的"中"字形结构。东墓道比西墓道长，也比西墓道宽，东墓道的顶部是用石板封顶的，从而显示出东墓道是主墓道。

为什么秦始皇陵只有东西两条墓道，我们不得而知，也许是秦始皇有自己的考量吧。

从公元前335年，战国晚期的赵肃侯开始，中国古代陵墓建设进入预作寿陵的阶段。就是说，陵墓的设计建造不是在人死后才开始的，而是在即位后不久，主人还健在时就开始建造陵墓。这样做的好处是，当主人去世后安葬时，就不会太匆忙。

《礼记·王制》中记载："天子七日而殡，七月而葬。诸侯五日而殡，五月而葬。大夫、士、庶人三日而殡，三月而葬。"先秦时期，周朝的制度是，天子死后七天乃停棺正寝堂西，开始为陵墓选址，然后建造，在七个月内完成葬礼。诸侯是死后五天乃停棺正寝堂西，五个月之内完成葬礼。等而下之的低级贵族，大夫、士、平民则是殡三日，三个月之内完成葬礼。从文献资料来看，大家都严格地按照周礼来安排丧葬活动。

根据当时的墓葬制度，最高等级的陵墓，是竖穴土圹木椁墓。竖穴木椁墓的基本结构与先秦木椁墓相同，就是由地面垂直向下开掘一长方形土圹，到一定深度后，建造木结构的墓室。从墓室建好到墓主人辞世下葬，由于时间的长度不确定，所以，墓室应该不会露天放置在那里。应该是在建造好之后，马上就将多条墓道的其他墓道回填，墓室也回填直至地表，但一定会留下一条主墓道，将主墓道建设成有顶的隧道式，一直通到地面，地面上还建造有能将墓道出口遮挡住的建筑。这样的话，就可以高枕无忧了。即使墓主人一直很健康地活着，也不怕已经建好的墓室受到风吹日晒雨淋的伤害，出现坍塌现象。等到需要的时候，就把死者下葬，将墓道封闭起来，地面建筑拆除掉，建造封土，然后再完成其他陵园工程项目。当然，这也只是我们出于常理的推断。

然而，秦始皇陵留给我们的猜想空间，远远不止于此。正因为有无比的好奇、无限的热情，才会让我们更加期待秦始皇陵考古的未来。

六、火烧秦陵地宫

现在有很多影视剧、小说，都是在讲挖掘墓葬的故事，故事情节跌宕起伏、惊心动魄、曲折离奇，充满了神秘感，让人看得欲罢不能。所以在很长的一段时间里，关于秦始皇陵地宫是否被盗的问题，一直萦绕在我们的脑海里。关于这个问题，众说纷纭。

历史资料中的记载，是说秦陵地宫早就被洗劫一空了。

现代比较流行的说法是，秦陵地宫里机关重重，盗墓贼很难进去。

甚至还有人说，考古队到现在都没有对秦陵地宫进行考古发掘，就是因为秦陵的防盗措施太严密了。因为无法预知，遇到不可控的情况不能及时作出判断，所以迟迟没有进行发掘。其中，认为秦陵地宫早就被盗墓贼偷得干干净净的说法居多。

秦始皇是我国古代最伟大的帝王之一，他的陵墓自然备受世人关注。两千多年来，不断地流传着秦陵地宫遭到盗掘或破坏的传说和记载。

关于秦陵地宫被盗，《史记·高祖本纪》是最早记载的："怀王约入秦无暴掠，项羽烧秦宫室，掘始皇帝冢，私收其财物。"

意思是，怀王当初约定入关后不准烧杀掳掠，而项羽却焚毁秦朝宫室，挖了始皇帝的坟墓，私自收取秦地的财物。

这是楚汉战争期间两军在广武战场上交战时，刘邦当众控诉项羽的十大罪状之一。不管在哪个年代，挖人家祖坟，都会被当作十恶不赦的罪行，刘邦的这一说，被大家深深地相信了。至于事实如何，时间总会给我们答案的。

而《谏成帝营陵寝疏》中又提到了另一种说法："项籍燔其宫室营宇，往者咸见发掘。其后牧儿亡羊，羊入其凿，牧者持火照求羊，失火烧其臧椁。自古至今，葬未有盛如始皇者也。"

意思是说，西楚霸王项羽入关后，对帝国首都咸阳的皇宫进行大规模焚烧，又对陵墓进行了大肆盗掘。后来，一个在秦陵附近放羊的小孩儿因为几只羊掉进了盗洞中，便举着火把进洞找羊，结果一不小心把秦始皇的棺椁烧着了。美轮美奂、宏伟壮观的地宫，无数的奇珍异宝，就这样被焚烧得一干二净。

在之后的《水经注·渭水》中又这样记载："项羽入关发之，以三十万人，三十日运物不能穷。关东盗贼，销椁取铜。牧人寻羊，烧之，火延九十日不能灭。"

意思是，项羽入关，掘开陵墓，发动了三十万人搬运墓内的随葬品，接连三十日都没有把地宫中的珍宝运完。关东盗贼熔化铜棺来取铜，牧羊人寻羊放火烧陵墓，大火竟然连续烧了九十天。

再后来的文献就更加神奇了，《太平广记》中记载了这样的故事："时有凫雁，色如金，群飞戏于沙濑。罗者得之，乃真金凫也。昔秦破骊山之坟，行野者见金凫，向南而飞至淫泉。宝鼎元年，张善为日南太守。郡民有得金凫，以献太守张善。善博识多通，考其年月，即是秦始皇墓金凫也。"

话说秦末动乱时期，有人看见一群金雁从秦始皇陵地宫中飞出，越过秦岭一直朝南飞去。这群金雁一直飞到了四百年后的三国时期的日南郡（今越南中部一带），有人将金雁送给了日南郡的太守张善，见多识广的张善从金雁身上的文字判断出金雁是出自秦始皇陵。

以上种种传闻，把秦陵地宫被盗掘描述得生动具体，仿佛作者亲临现场，眼睁睁地看着秦陵地宫被盗一般。这导致现在的我们都有所怀疑，秦陵地宫是不是真的被盗掘了，里面的随葬品是不是真的被洗劫一空了，如此华丽的地宫是不是被破坏得一塌糊涂。我们可以从一些考古资料中，寻找一些蛛丝马迹。

考古资料显示，秦始皇帝陵园地面建筑遗址上残瓦横布，遍地都是木炭和红烧土。绝大多数埋藏在地下的陪葬坑都经过人为的破坏，陶俑几乎没有完整的，陪葬坑中全是经过人为破坏的碎块，木炭、红烧土随处可见，大火焚烧的痕迹比比皆是。这是真实存在的，现场令人触目惊心。

也就是说，秦始皇陵地上、地下的遗存确实经过有组织、有目的的人为破坏和焚烧，再结合文献中的记载，这很有可能就是楚霸王项羽所为。这时，我们都为封土之下的地宫捏了把汗，若同样遭到如此的摧残，真的是令人痛惜。

《史记·项羽本纪》中记载："项羽引兵西屠咸阳，杀秦降王子婴，烧秦宫室，火三月不灭；收其货宝妇女而东。"项羽带兵西进，屠戮咸阳城。秦降王子婴被杀，秦朝的宫室也被烧了，大火整整烧了三个月。不只如此，项羽劫掠了秦朝的财宝、妇女后，便拍拍屁股走人了。

虽然项羽只在关中待了几个月的时间，但这短短的几个月，却让秦始皇打造的帝国、修建的宫室付之一炬。在各路豪杰明争暗斗，相互争夺地盘期间，项羽还要忙里偷闲，派人到咸阳以及周边的离宫别馆，去抢夺宝货、财物、美女，还要焚烧关内的三百座离宫别馆，属实是够忙的。

在分身乏术的情况下，项羽仍不忘组织三十万的兵力，浩浩荡荡地去秦始皇陵，焚烧地面建筑，将一些容易下手的陪葬坑破坏了，以此来发泄心中的怨气，似乎也是合情合理的。但若此时还要再派人去盗掘秦始皇陵地宫，恐怕是有心无力了。纵使项羽真的派人对秦始皇陵进行了大规模盗掘，正常情况下也应该从陵墓封土所在的地方下手，只有这样才可以迅速地抵达地宫。

但是考古工作人员经过多年的勘探发掘，只发现陵墓周边的陪葬坑，比如铜车马、石铠甲坑等被人为地破坏过，而秦陵封土上并没有发现大规模的盗掘痕迹。

退一万步讲，若是真如文献中所记载的那样，秦陵地宫中的珍宝搬了一个月还没有完全搬完，那得有多少珍宝流落在外啊。可是，时至今日，在市面上，怎么可能没有出现过一件出自秦陵地宫的珍宝呢？而且，从汉代到现在这么长的时间里，也没有哪个文献记载了从秦陵地宫中流落出来的珍宝。除了上述文献中记载的飞出的金雁，这个完全可以当作传说故事听一听，不必太当真。

以上种种，都在告诉我们项羽盗掘秦陵的故事并不成立，没有事实根据，所以，这些年，我们都误会项羽了。幸运的是，秦陵地宫没有被破坏，秦始皇的地下王国还在。

《汉旧仪》上记载，丞相李斯向秦始皇汇报陵墓的修建进展时曾说：

"臣所将隶徒七十二万人，治骊山者已深已极，凿之不入，烧之不燃，叩之空空，如下天状。"也就是说，秦陵地宫挖得很深，深到挖不动了，深到火也烧不着了。

考古工作者经过科学探测后，发现深达30米的地宫是由石板建造的。试想一下，一个牧羊人掉进30米深的地宫中，即便没有摔死，在缺氧的环境中，火把能不能燃烧都是个问题，更不用说大火连续烧了几个月，那简直就是不可能的事情。

传说就是传说，没有真实性可言。

我们不能否认，秦始皇陵也许真的存在被盗掘过的事实，毕竟是一座知名度这么高的陵墓，没有哪个盗墓贼是不惦记的。但是，惦记是一回事，行动就是另外一回事了。

2002年，中国地质调查局与陕西省考古研究所合作，对秦始皇陵区进行了物理探测，主要的目标区就是封土以及地宫。物探专家用仪器进行探测，考古工作者在厚达四五十米的封土堆上用洛阳铲对物探结果进行考古勘探验证。

这次物探过程中，使用了20多种方法，前后有上百人参与了探测活动。结果表明，封土本身的结构没有大的变化，在封土上没有发现大规模盗洞和盗掘后封土地层变化的迹象。

但是，在封土的东北侧和西侧各发现了一个盗洞。值得庆幸的是，这两个盗洞直径还不到1米，深度也只有9米，盗洞位置距秦陵地宫的中心还有200多米。据判断，这两个盗洞是个体盗墓贼所为。

幸运的是，迄今为止，并没有发现有力的证据证明秦陵地宫遭遇过大规模的盗掘。当然，在没有对秦陵地宫彻底发掘之前，也不可能绝对地说秦陵地宫没有被盗。被盗与否，相信随着考古工作的深入，慢慢地会有一个明确的答案。

盗墓活动在春秋战国时期开始盛行。历代帝王陵的随葬品都十分丰厚，皇陵自然成了盗墓贼最向往的地方。为了保障自己的陵墓不被盗掘，帝王们都出台了严刑峻法来惩处盗墓者，希望以此来警戒那些蠢蠢欲动的盗墓贼。

汉代时期，对盗墓贼也有一套严刑峻法。但凡盗伐陵园内的一棵柏树，就要被判弃市之刑，就是在闹市处死盗墓贼。如果盗掘普通墓葬也会被处以磔刑，就是分裂肢体，和五马分尸很相似。

明代《大明律》则规定，凡盗掘陵墓者，一律以谋反之罪论处，不管是首犯还是从犯，统统凌迟处死。凌迟是极其残忍的刑罚，就是千刀万剐后死亡。

尽管每个朝代对于盗墓贼都采取了严刑峻法，但是，铤而走险的大有人在，总有一些贼心不死的盗墓贼，抱着侥幸的心理，希望从墓葬中能获得一些稀世珍宝。各个朝代除了严刑峻法，还利用道德思想进行宣传教育。帝王们为了保障陵墓不被盗掘，也是想尽办法，其中最重要的应该就是防盗技术了。

以秦始皇精明、多疑的性格来看，在陵墓的设计建造方面，他肯定会考虑防盗问题。而秦始皇陵经历了几次盗墓狂潮，依然以比较完整的姿态存留至今，想必它的防盗措施还是很完善的。我们可以从以下几个重要防盗因素，大概了解一下秦始皇陵的防盗系统。

其一，大作丘陇，就是修筑相当高度的坟丘。根据文献记载，秦始皇陵设计之初的封土高度是 116 米，虽然最后没有完成这个目标，但是，也修建了足足 51 米高。如此高大的封土，着实能够让一些盗墓贼望而却步。

其二，前面已经提到过，秦始皇陵的地宫深度达到了 30 米，且地宫的周壁是石结构的。如此深度，如此坚硬，足以防范想要盗掘的人。盗墓贼如果想要到达如此深的地宫中，需要相当大的精力和体力，仅靠个人行动，是完全不可能完成的。

其三，文献中记载的暗器。《史记·秦始皇本纪》中记载："令匠作机弩矢，有所穿近者辄射之。"意思是说，秦陵地宫里安装了工匠制造的由机关操控的弓箭，一旦有人走近，弓箭就会自动发射，击杀来人。所以，即便有盗墓贼进入了地宫，还没等搬运随葬品，便会被事先安装好的弓箭射杀。

其四，大量的水银。我们都知道，水银是有毒的。人一旦吸入高浓度的汞气，轻则肌肉瘫痪、精神失常，重则呼吸困难、失去性命。虽然秦朝时期的人们并不了解水银的作用，但如果盗墓贼进入秦陵地宫，必然会吸入大量的汞气，怎么可能会全身而退？

其五，文献中记载的杀人灭口。《史记·秦始皇本纪》记载："葬既已下，或言工匠为机，臧皆知之，臧重即泄。大事毕，已臧，闭中羡，下外羡门，尽闭工匠臧者，无复出者。"将秦始皇埋葬后，秦二世害怕参与修陵的工匠泄露地宫中的秘密，便在秦始皇下葬之后，宝物藏好之后，下令把墓道中间的一道门先行关闭，接着又将外门关闭，当时还在忙碌的工匠们全部被封闭在里边，再也没有一个人能活着出来。秦陵地宫的秘密，也随之永远被埋葬了。当然，文献中记载的这段文字，我们尚不能证实其真实性，只能当作是秦陵防盗因素中可能存在的。

秦始皇陵经历了两千多年的风雨沧桑，却以独特的方式，相对完整地保存了下来，其中必然有过人之处。虽然很多文献中都说秦陵地宫已经被洗劫一空，而且的确在秦陵发现过盗洞，但值得庆幸的是，没有给秦陵地宫造成实质性的破坏。而秦始皇陵得以保存完整的奥秘，还有待我们慢慢发现。还是那句话，时间会给我们答案。

七、数十万亡灵的汗水

每每提到秦始皇陵，大家最先想到的一定是尚未发掘的神秘地宫，庞大的兵马俑坑，高大的秦陵封土，而秦始皇陵所拥有的远不止这些。它还有庞大的外藏系统，鳞次栉比的地面礼制建筑，巍峨高耸的内外两重围墙，等等。

总面积为 56.25 平方千米的秦始皇陵，除了规模前无古人后无来者之外，其设计和工程技术同样令人折服。例如之前提到的秦陵地宫的阻排水系统，直到今时今日仍在发挥作用。我们一直想象，在科学技术、生产工艺并不发达的两千多年前，究竟是哪些人，耗时多久，才修建了规模如此庞大的秦始皇陵呢？

根据史料的记载，秦始皇即位就开始修建自己的陵墓，也就是说这座陵墓修建了 39 年，但是考古工作者经过勘探研究后，发现这个时间可能有误。史料和民间也都有这样的传说，说是很多修陵的工匠，在建造完陵墓后遭到了活埋，被永远地困在了秦陵地宫中。事实果真如此吗？

2003 年，考古工作者在秦始皇陵东侧的山任村秦代窑址附近发现了一处乱葬坑。

在里面，没有发现棺木，也没有发现墓志，从上至下，一层压一层，非常凌乱地堆放了 121 具人骨，个别骨架旁边还发现了铁质刑具和铁锤等。在骨架周围还发现了大量的筒瓦、板瓦残片，瓦的大小、纹饰显示出秦始皇时期的特征。

考古工作者对骨骼进行了鉴定，他们都是男性，青壮年，年龄在 13 岁到 55 岁。

其中有些骨骼发生了病变，可以推断出，他们生前曾长期从事非常繁重的体力劳动。那么，他们究竟是谁？会是当年的修陵人吗？

《史记·秦始皇本纪》曾记载，"及并天下，天下徒送诣七十馀万人"，其他的一些史料中也称这些修陵人为"徒"或"天下徒"，这在当时是对从事徭役劳动者的一种泛称。这么看，修建秦始皇陵的人都是犯了罪的刑徒，当然是不一定的。

根据史料记载，有 72 万人参与修建秦陵，刑徒应该只是其中的一部分。据考古发现和文献记载，当时修建秦陵的人应该有刑徒、居赀、官府和民间手工业作坊的工匠、战俘和奴隶。

刑徒，就是触犯了国家法律，以劳役的形式接受处罚的罪犯。在我国古代，国家修建大型工程时获得无偿劳动力的手段之一，就是使用刑徒。《史记·秦始皇本纪》就曾记载，"使刑徒三千人，皆伐湘山树"。利用刑徒修筑陵墓和其他大型的艰巨工程，可以说是秦汉时代一项比较流行的措施。考古工作者在乱葬坑里发现的那堆尸骨身边有铁刑具和铁锤等工具，由此可以看出，这些被草草埋葬的尸骨应该就是当年修筑秦陵的刑徒。

居赀（赀，就是钱财），是一种刑名，因为犯法而被罚款，但本人无力缴纳罚款，便用服劳役来代替。《睡虎地秦墓竹简·秦律十八种·司空》中规定，有些罪责能以钱赎罪，欠官府债务的如果无力偿还，也可以以劳役形式偿还债务，就是"居赀赎债"。在修陵人墓地中，考古工作者发现了一些覆盖在死者尸骨上的残瓦片，其中有刻有文字的，如"东武居赀上造庆忌"等，这些瓦文除了记载死者的个人信息，还表明了他们的身份是"居赀"。由此可见，通过提供劳役来抵偿债务的人也是修陵人的一部分。

官府和民间手工业作坊的工匠，建造帝王陵墓是多工种、多门类的综合性工程，当然需要众多掌握各种专门技艺的设计师、工人，例如木工、陶工、彩画工、金银细工和油漆工等。除了来自官府的手工业作坊的工匠外，其他则以徭役的形式征发自各郡县。在发掘的一些器物上发现的"下邦""芷阳""临晋""安邑"等地名印记，更是清楚地表明了制造者是来自各郡县官府作坊和民间私营作坊的工匠。

战俘和奴隶，政府把战俘、重罪犯及其家属充作官方奴隶，从而使其成为繁重劳役中劳动力的来源之一。作为奴隶，需要终生从事劳役，而这些奴隶的后代也逃不开悲惨的命运，同样要编入劳动大军内，从此丧失人权。

这大概就是72万修陵人的主要身份。难以想象，72万人每天吃穿住行都在一起，再加上要面对如此浩大的工程，修陵人的工作环境、心理压力和生存状态有多令人担忧。

俗话说"民以食为天"，关于修陵人的饮食，我们从《睡虎地秦墓竹简·秦律十八种·仓律》中可以简单地了解一点："城旦之垣及它事而劳与垣等者，旦半夕参……免隶臣妾、隶臣妾垣及为它事与垣等者，食男子旦半夕参，女子参。"（半就是半斗，参就是三分之一的意思。）

大概意思是，进行筑城这样强体力劳动的男工早餐半斗，晚餐三分之一斗，每日食物定量是六分之五斗（约合8.33升），每月定量是2.5石，约合现代37.5公斤，这与从事农业劳动的隶臣"月禀二石半石"相比，两者的月定量是相同的。从事守城门或其他轻体力劳动时的口粮是每餐三分之一斗，与同为官府服役的隶臣相同。基本上，这些修陵人和为官府服役的人的粮食供应量是一致的。这和我们现在的一日三餐不同，秦代人一般是一日两餐。

秦简上说这些修陵人"衣食公"，意思是说他们的衣食是由公家提供的。在《睡虎地秦墓竹简·秦律十八种·金布律》中提到过详细的规定，说修陵人的冬衣，人缴一百一十钱，夏衣五十五钱；个头小的人约三分之二。春奴和没有劳动能力的隶臣妾，冬衣人缴五十五钱，夏衣人缴四十四钱；个头小的人分别缴五分之四和四分之三。

大部分修陵人都是背井离乡，名义上，衣食都是由国家提供，实际上国家能够提供的数量极其有限。对于一个重体力劳动者来说，这几件衣服肯定是不够穿的，没有衣服穿的时候，他们还要自己拿钱到市场上去买衣服作为补充。修陵人的工钱本来就很少，基本不够他们再去购买其他的衣物，只能穿着国家发放的，哪怕已是破烂不堪。这就使服役者永远背着还不清的债，只能用劳役来偿还。

考古工作者发现在兵马俑坑的东南有一处面积很大的窝棚遗址，经过考古发掘，遗址内除了木炭灰烬和简单的陶器之外，没有其他的东西。专家们推断，这可能就是修陵人居住的生活区。所以，修陵人应该是集体居住，且居住条件非常简陋。

长期的野外劳作，加上生活条件极其艰苦，还有繁重的劳动，导致很多修陵人在修筑的时候病死在这里，甚至连他们的家人都不知道他们已经不在人世了。尤其是那些地位卑贱的奴隶、战俘和刑徒，也许不只是因病死在这里，有的很可能是因为反抗而死在这里。考古人员在离秦始皇陵不远的赵背户村西发现的刑徒墓地中，就发现有些尸骨的下肢残断，有的腰部残断，有的身首异处，显然，这些人是在修陵过程中被杀的。

当时的工程现场，由于人数众多，在管理方面肯定是非常严格的。按照规定，秦国征发的劳役，一旦被送到骊山修陵，就按军事组织的形式编制入籍，严加控制。由此可见，秦陵工程的劳动组织十分严密，随之工作效率就会很高，可以说这跟其军事化的编制有着很大关系。

秦国在当时实行的是物勒工名制度。物勒工名，是一种春秋时期开始出现的制度，指器物的制造者要把自己的名字刻在上面，以方便管理者检验产品质量。就是说，为了保证器物的质量，工匠们必须在制作的器物上刻上自己的名字，以便管理者追责到人，达不到标准或延误期限的，轻则要返工受责，重则还要延长服役期。

在这种严格的质量监督体系下，为了不受到责罚，不再增加服役期，工匠们也只能铆足了劲儿，认认真真、兢兢业业地制造每一件器物，以求达到管理者要求的标准。

八、修陵人的归处

既然秦始皇动用了如此庞大数量的修陵人，那么我们不得不说回之前提到过的问题，就是秦始皇陵的建造时间。

关于始皇帝陵修建的时间，最早出现在《史记·秦始皇本纪》的记载中，"始皇初即位，穿治郦山"。前面已经说过，根据文献的记载，我们知道了秦始皇在即位之初，就开始修建陵墓。正因为司马迁生活的时代距离秦国灭亡不过 70 余年的时间，对于他的记载，我们本不该有任何的怀疑。但是，经过考古发现，这个时间段确实有待考量。

为什么这么说呢？因为考古工作者在陵区内发现了一些带有文字的瓦，上面刻有制作工匠的籍贯，如邹（今山东邹县）、当阳（今湖北当阳）等，这些文字显示出这些工匠来自东方六国，并非秦国本地人。

而秦始皇是于公元前 221 年，即秦始皇二十六年，统一六国，完成大业的。如果秦始皇刚即位就修建陵墓，在没统一六国的情况下，修筑陵墓的工匠怎会有其他国家的呢？

当然，也许这些瓦文、陶文材料只是个例。

之后，考古工作者对陵园内外的其他遗存，进行综合考察，勘探结果显示绝大部分遗存都有来自东方六国的工匠留下的痕迹，这也从侧面说明了有东方六国的工匠参与了秦始皇陵建筑中瓦、陶俑的制作。

那么，司马迁所说的"始皇初即位，穿治郦山"究竟是怎么一回事儿呢？

像秦始皇陵如此庞大的工程项目，一定会有一个总负责人。在西汉时期，负责陵墓修建的官员有将作大匠（中国古代官名，掌管宫室修建之官。将作监的长官，战国时期设置，历代沿革，名称不一但职掌内容大致相同）、复土将军（武官名，汉置），而在秦代，没有非常明显地表示是谁来负责修筑陵墓一事。反正不会是秦始皇亲自掌管此事，他最多就是把自己的所思、所想、所需告诉负责人去执行。

在《汉旧仪》中有这样的记载："使丞相斯将天下刑人徒隶七十二万人作陵。凿以章程，三十七岁，锢水泉绝之，塞以文石，致以丹漆，深极不可入。奏之曰：'丞相斯昧死言：臣所将徒隶七十二万人，治骊山者，已深已极，凿之不入，烧之不然，叩之空空，如下天状。'制曰：'凿之不入，烧之不然，其旁行三百丈，乃止。'"

从这段文献的记载中可以得知，丞相李斯就是秦始皇陵工程的负责人，在一些资料中，也写到李斯是秦始皇陵的设计者。在秦国刚刚统一天下的时候，李斯的身份并不是丞相，他担任的是廷尉一职，管的是监狱和司法建设。很可能在李斯升任丞相之前，陵园就已经开始动工，只是进展缓慢。

李斯为了保住自己的丞相之位，在秦始皇去世后与赵高勾结，秘不发丧，假传密诏，害死公子扶苏的事情，尽人皆知。而李斯在晚年时期，也吞下了自己的恶果，被赵高囚禁。为了保住性命，李斯曾上书为自己申辩，说自己这么多年为秦国做了很多的贡献，是有功之臣。其中提到了他对秦国的七大贡献，分别是："立秦为天子""北逐胡貉，南定百越""立社稷，修宗庙""尊大臣，盛其爵位""平斗斛度量文章""治驰道，兴游观""缓刑罚，薄赋敛"。

在《史记》的记载中，我们可以详细地了解到，李斯在秦国政坛发挥作用的时间是在秦国统一六国前后，而他说的七大贡献也发生在统一之后。其中"治驰道，兴游观"的土木建设，很有可能包括修筑秦始皇帝陵。

由于李斯之前的职位是廷尉，秦始皇不可能将修筑皇陵这么重要的事情交给他去负责。所以，很可能是李斯在升任丞相一职后，被委以重任，负责修筑皇陵。

那么，李斯以丞相的身份率领72万人修建陵园的时间线就明朗了许多。开始修建的时间为秦始皇三十四年以前，即李斯担任丞相之后，因为地质原因，地宫建造遇到了困难，经请示，秦始皇同意后，工程做了"旁行三百丈"的变更。新修建的陵园地宫，按照设计规划蓝图，到秦始皇三十七年时，完成了地宫的一系列工程。

所以，秦始皇陵真正的修建时间，应该不是文献中记载的39年。

《后汉书·礼仪下》记载："天子即位，明年，将作大匠营陵地。"其他文献也明确地表示，汉武帝是在即位的第二年就开始修建自己的陵墓，他做皇帝54年，陵墓修建了53年。不仅如此，在营建陵墓之时，还开展了建造建章宫、开凿昆明池、修长城等大型工程，可谓是劳民伤财、耗费国力。

而汉武帝这个人的性格，有些喜怒无常。根据这样的情况推断一下，《史记》和《汉旧仪》中记载的关于秦始皇帝陵修建的时间，很有可能是以秦始皇为例来侧面劝谏汉武帝，不要走秦始皇的老路。

所以说，我们今天看到的秦始皇陵园内外的这些遗存，可能都是李斯做了丞相以后才建造的。由此推算，从开始动工，到秦二世下葬完秦始皇，陵园修建的时间前后不到10年。

根据文献的记载，秦始皇陵的修建者曾一度达到了72万人之多，那么，在陵墓修筑完成之后，这些人的结局是怎么样的呢？

"被活埋了！"这是最普遍的一种说法，但是一直都没有得到考古证实。从考古工作者在秦陵附近的修陵人墓地和乱葬坑中发现的人骨的出土状态及骨骼上的创伤来看，这些修陵人既有正常死亡的，也有意外死亡的，但是，活埋的可能性很小。

还有一种说法，是根据《史记·秦始皇本纪》中的记载："四月，二世还至咸阳，曰：'先帝为咸阳朝廷小，故营阿房宫为室堂。未就，会上崩，罢其作者，复土郦山。郦山事大毕，今释阿房宫弗就，则是章先帝举事过也。'复作阿房宫。"

意思是说，在秦二世元年四月，秦二世回到咸阳，说："先帝认为咸阳的宫殿不够宽广，所以修建阿房宫，宫殿尚未建成，始皇就去世了，只得让修建的人停下来，人员都调到骊山去修建陵墓。如今骊山修墓的工作已全部完毕，现在放下阿房宫不把它建成，就是表明先帝办事有所失误。"于是下令，又开始修建阿房宫。

也就是说，在修建完秦始皇陵的主体工程后，这些修陵人又被调遣去修建阿房宫了。然而，经考古发现证明，阿房宫只有一个基址，地面以上的主体建筑，尤其是前殿并没有开始建设。即便文献中记载重新开始建造阿房宫，但是在当时人力资源使用到了极限的历史背景下，被调遣去修建阿房宫的人也只能是一小部分了。

《汉书·楚元王传》曾记载："骊山之作未成，而周章百万之师至其下矣。"这句话的意思是，秦始皇陵并没有完工。

公元前209年，也就是秦始皇死后的第二年，周章率领起义军攻打到距秦始皇陵6千米的戏水一带，再往前打就是帝都咸阳了。此时，秦政府已经来不及从其他地方抽调军队应战，为了解燃眉之急，少府章邯奏请秦二世将帝陵的建设者们武装起来。他们在未完成修陵使命的情况下，去前线抵抗农民起义，很多人一去就再也没有回来。

72万修陵人，从他们踏入秦始皇陵工程现场的那一刻起，似乎就已经注定了悲惨的结局。他们可曾悔恨，为何要犯下罪行，受这等苦难？

他们可曾怨恨，政府的冷酷镇压，让他们失去人权？他们可曾期许，可以回到家乡，和家人团聚？纵使有万般的悔恨，他们在沉重的劳役面前也只剩无奈，只能感叹命运。就是这样一批人，在秦始皇陵的修筑现场洒下了汗水和血水，甚至以生命铸造了皇陵。

虽然秦始皇陵的封土没有完工，但其他工程项目基本上都已完成。秦始皇陵庞大的规模，颇具匠心的布局，精湛的制作工艺，让我们深深地叹服。而乱葬坑中的累累白骨，更是以其最后的存在向世人宣告其生前的惊世壮举。

可以说，秦始皇陵不仅仅是一座帝王陵墓，更是一份体现古代工匠最高技艺的珍贵文化遗产。

第四章

秦始皇的地下军队

一、横空出世的兵马俑

1974年，在陕西临潼骊山脚下，位于秦始皇陵园东侧1500米处的兵马俑坑被发现。由此，埋葬在地下2000多年的宝藏得以面世，引来世界各地的人们的关注。

秦始皇陵兵马俑陪葬坑坐西向东，到目前为止，已经出土的兵马俑坑共有三座，分别是一号坑、二号坑和三号坑，此编号是按照发现顺序编排的。三坑呈"品"字形排列，如果仔细观察研究，就会发现这不只是简单地陈列一些兵马俑的地方，每个坑的大小、规模，陶俑的数量、种类各不相同，排兵布阵也不尽相同，考古专家称之为"多兵种作战的集团军阵"。

最早发现的一号俑坑规模最大，呈长方形，东西长230米，南北宽62米，深约5米，总面积达14260平方米，是秦始皇陵园内外面积最大的陪葬坑。军阵的四周为步兵俑，各自面向外侧，中间的主体为战车与步兵相间排列，方向朝东；四面有斜坡门道，左右两侧又各有一个兵马俑坑，现称为二号坑和三号坑。

经考古发现，二号坑比较复杂，是多兵种集成的军阵，西北角是弩兵阵，四周为立式弩兵俑，中间为蹲跪式弩兵俑，南半部全部是战车，北部排列骑兵俑，而中部排列着由战车、步兵、骑兵组成的一个长方形军阵。三号坑很独特，平面像一个"凹"字形，由东侧廊道进去，迎面便是一间车马房，放置一辆驷马驾车。北侧部分为夹道排列的武士俑。这便是兵马俑坑的基本概况，后面再详细地说一下每座坑中的排兵布阵。

难以想象，数千件泥塑兵马俑横空出世，场面得是何等的波澜壮阔。

兵马俑，堪称秦始皇的地下军队，是被称为虎狼之师的秦军的象征，无论在数量上、质量上，还是在考古发现上，都是世所罕见的。兵马俑为深入研究公元前 3 世纪秦代的军事、政治、经济、文化、科学和艺术等提供了极为珍贵的实物资料。

兵马俑的发现，不仅在我国，在世界考古史上也是一次重大的发现，可以说是"世界第八大奇迹"，是公认的世界人类文化的宝贵财富。它既是中国人民的艺术珍品，又是世界人民的共同文化遗产。

震惊世界的考古发现就像一味催化剂，唤醒了人们尘封的记忆，也使秦帝国、秦始皇、秦文化成为当代著名的学说。热度本就很高的秦始皇，不管是在两千年前，还是两千年后，想低调都难，时时刻刻惹人关注，而他亲手打造的地下王国更是在世界文明史上留下了浓墨重彩的一笔。

慢慢地，秦俑已然成为秦始皇陵陪葬陶俑的专用词。兵马俑坑也成为秦始皇陵园陪葬坑的统称。作为陪葬品的兵马俑，可以说是秦始皇的御用品了。

前面已经提到过，我国古代的丧葬观念是事死如生。生者都是竭尽所能地为逝者打造一个地下世界，一个生前世界的翻版。而对作为千古一帝的秦始皇来说，这个仪式感当然必须要有，且规模一定不能小了。所以，秦始皇陵园自然就有了各种各样的陪葬坑，兵马俑坑作为陪葬坑中的一员，规模肯定是要配得上秦始皇的身份的。

兵马俑的作用，跟在葬礼上烧纸的作用多多少少有些相似。关于烧纸的起源有很多种说法，其中一种说法是烧纸起源于东汉时期，蔡伦的徒弟为了纸的销路，便想到了一个办法，那就是把纸做成铜币的样子，烧给死者，以此表示祭奠。生者为了让逝者在地下世界里可以拥有挥霍不尽的钱财，便烧纸质铜币给逝者。

还有一种说法是烧纸的习俗起源于南北朝时期，南齐废帝沉迷于鬼神之说，于是剪纸做钱来陪葬。不管哪一种说法是真实的，都是事死如生的一种表现形式。

"德兼三皇，功过五帝"的秦始皇更是将事死如生表现得淋漓尽致，不仅将生前的吃喝用度悉数搬进了地宫，更别出心裁地以三军集结的陶俑、陶马雕塑群作为陪葬。而兵马俑则作为秦始皇的兵马，被一并埋入地宫中。

尽管兵马俑坑被称为坑，但实际上它们是三座由不同房间组成的地下室建筑。而且每座兵马俑坑，都有斜坡式通道通向地面。

一号坑，门道共有 20 处，其中东西侧的为主门道，南北侧的为侧门道。二号坑，门道共有 11 处，东西侧的仍为主门道。三号坑，面积较小，只有东侧居中的一处门道。（门道，就是门对着的，通往坑内的过道。）根据考古资料我们可以发现，兵马俑坑的建筑结构和布局，应该是在营建之前就有明确的规划。修建之人将陶俑、陶马和兵器等所有物品摆放好后，以土或木柱封堵。

考古工作者还在俑坑内发现了很多面积不等的房室。按照建筑结构推断，应该是间断性挖出深沟，形成巷道式的室和走廊。巷道之间相互贯通，之后再用秦砖铺地，这便是陶俑待了两千多年的地方了。

而没有挖到的地方自然形成了一道道的墙，穿插在巷道中，使得陶俑只能安安静静、老老实实地待在自己的巷道中，无法翻墙越界。而这里的墙只是用来分隔兵马俑，并没有起到承重的作用。纵观整个兵马俑坑的建造过程与盖房子相似，沿墙根铺设如铁轨下枕木一般的地栿，再架立柱、横梁及棚木，形成"工"字形框，框上铺席，整体覆土掩盖。

前面提到过，三座俑坑堪称一个多兵种的集团军阵，我们可以从军阵的角度，去了解俑坑内的排兵布阵。

据考古资料记载，一号坑有步兵俑6000余件。最东端有三横排武士俑，身穿战袍，轻装上场，可视为前锋。南、北、西三侧各有一排披甲武士俑面朝外站立，头绾圆形发髻，一脸严肃，身穿交领右衽长衣，外披铠甲，下身穿短靴，腿扎裹腿。其中有的穿短靴，有的穿方口齐头翘尖履，双臂自然下垂，右手作提弓弩状，可视为侧翼和后卫。中心有指挥车和披甲武士纵队。前锋、后卫、左右翼及纵队组成了一个长方形阵型。方阵，是军队集结屯聚的常见形式，特点是前锋尖锐，内心稳固，四面八方，固若金汤。

二号坑有各类武士俑900余件、陶马470余匹、战车80余辆，涵盖步、骑、车三个兵种。东北部是弩弓步兵，或跪坐或站立，或披甲或轻装，横两纵六，列队分布在前后。廊道和通道内，是步兵。弩兵后接骑兵108骑，一马配一骑士，四骑并列为一组，骑士手挽马缰绳，站在马的左前方。中部由19乘车兵、264件步兵、8骑骑兵组成。南半部有64乘木质战车及跟随的陶俑3件，其首尾相接，排布于8条过洞内。

三号坑有披甲武士俑68件、木车1辆。车后随军吏4件，比一号坑和二号坑的搭车人数多了一个，附近还有难辨形状的腐朽物，估计是华盖（古代帝王坐的车子上的伞形遮蔽物）。南部有武士俑42件，分布在形似汉字"且"的室内；北部有武士俑22件，两纵队排列。考古工作者在这里还发现了腐朽的织物帷帐、鹿骨。在我国古代，凡是打仗之前，都有种习惯，就是要进行祷战（祈神佑助战时克敌制胜），也就是祈求神灵保佑，并召开动员大会。祷战之时需要用动物祭祀，所以有人认为这个坑应该是战前祈求神灵庇佑的场所。南、北两部分共有武士俑64件，均披甲，面对面列队，貌似是军中的仪仗队兼卫队。虽然三号坑面积小、陶俑少，地位却非常重要。

目前，除了三号坑以外，一号坑、二号坑并未被完全挖掘，只能按照已知的分布密度和布局大致推算出兵马俑的数量。而三座俑坑，从体量、兵种分析，大概是这样一个布局：一号坑是步兵，二号坑是多兵种混编，三号坑是指挥部。

　　我们现在已经详细地了解了三座俑坑内的兵马俑是怎样的阵型，由此可以看出，兵马俑坑的布局是非常科学的。地下的兵马俑，是秦国强大高效的军事制度的一种体现。众所周知，秦始皇只用了十几年的时间便横扫六国，统一天下。如果没有一支有战略布局意识、战斗力极强的军队作为支撑，那几乎是不可能完成的事情。事实也正是如此，秦军将士的战斗热情、勇猛程度，足以让六国军队闻风丧胆。

　　在三座兵马俑坑中，一号坑的面积最大，埋藏物最多，每当人们走进秦始皇兵马俑博物馆，一号坑往往会成为人们驻足的第一站。

　　考古工作者经过夜以继日的勘探、发掘，发现三座兵马俑坑中除了总数约8000件的兵马俑之外，还有披挂齐备的指挥车和冲锋车、寒光毕现的兵器，以及发布命令的指挥器具。总之，秦始皇生前的军队里有什么，三座坑里就有什么。所以，兵马俑坑就是秦始皇带到地下的军队，是虎狼之师在地下的翻版。

　　纵观整个兵马俑坑，仿佛可以看见两千多年前秦军的阵营。他们可能是整装待发，可能是严阵以待，也可能是胜利而归，究竟是哪一种呢？我们可以跟着考古工作者的脚步去看一看，听一听，因为三座俑坑里的兵马俑已经给了我们答案。

　　前面提到过，位于二号坑南部的是车兵，战车首尾相连，看上去军阵坚固密实。由此推断，此时的兵马俑应该已经从战斗状态进入防御阶段。防御，最基本的要求就是阵型不乱。

　　《司马法》中曾说："凡车以密固，徒以坐固，甲以重固，兵以轻胜。"意思是，兵车密集就能巩固，步兵用坐阵就能巩固，铠甲要厚重才能坚固，兵器要轻锐应手才能取胜。因为步兵一般都用坐姿，所以坐姿俑被摆在了二号坑东北部的突出位置上。虽然是跪坐的状态，实则是严阵以待。战斗进入冲锋阶段，需要四面出击搏杀敌军，当用立姿，因此作为陷阵之军的立姿俑被摆在了一号坑最外围。

《尉缭子》中记载："立阵，所以行也；坐阵，所以止也。立坐之阵，相参进止。"就是说立阵是准备进攻的，坐阵是用于驻止和防守的。采取立阵还是坐阵，应该根据军阵的攻守来决定。

也就是说，古代军队打仗的布阵一般分为立阵和坐阵两种，分别对应进攻和防守。从坐阵到立阵，步兵打仗不外乎五个动作：立、坐、跪、曲踊、踞跃。

立，就是站立，可以伴随有腿、臂的不同变化，从而摆出各种立的姿势。曲踊、踞跃是立和坐的中间环节，都是跳起来。踊是跳起，不离开当前位置。跃是跳起，且跳离当前位置。而坐和跪的具体形态为，上身挨脚跟的叫坐，上身离开脚跟直立的叫跪或踞，区别就在于臀部是否挨着脚跟。

1955年，考古工作者对位于山西侯马的晋城遗址进行了发掘。遗址内发现居住遗址、窖穴、水井、道路、陶窑、熔铜炉，以及铸铜工具、铜锭、陶范等遗物，共出土3万余块陶范，其中出土的佩剑坐姿俑陶范（亦称"印模"，模、范是制作器物的模具，有陶、石和金属等多种质地，多用于金属器物的铸造），属于春秋时期晋国的遗物，就是坐道卫士的形象。可见，坐阵、坐守，并不是干坐着无所事事。

关于兵马俑的用途，众说纷纭。有人说兵马俑是用于丧葬礼仪的，有人说它们模拟的是练兵场景，也有人说它们模拟的是实战排列。在我们无法确定它们的真实用途之前，不管哪一种说法，似乎都有道理。

秦始皇帝陵的建设，我们没有办法参与，更没办法到营建现场，就连秦始皇对秦陵的设计理念，也只能靠我们自己去感受。现在有关秦陵的一切，都只是我们对考古发现的结果进行推测，找出最合理的存在而已。秦始皇帝陵带给我们的惊喜，只能一点一点地去发现，一步一步地去探索。

根据考古资料的记载，我们得以知道三座兵马俑坑曾经遭遇过较为严重的破坏。

一号坑曾遭到烈火的焚烧，现场看到的黑炭，则是木材缺氧不完全燃烧的结果，不仅如此，曾经还有人在这里埋过墓，挖过洞，现场堪称千疮百孔、满目疮痍；二号坑被发现有局部的燃烧点，也有后代人挖的洞，经过勘探发现北部的一处门道有被两次开挖的迹象；三号坑顶部自然塌陷，虽然没有发现被烧过的痕迹，但是人为破坏较为严重，从现场的兵马俑就能看出，武士俑的头大量遗失。经研究结果证实，三座俑坑被破坏的时间很早，那时木材、车上挂的麻布织物和弓弩弦都尚未腐朽，地下室还未完全坍塌。

不得不说一下，在这三座俑坑中有一个重要发现，就是三座俑坑完工后的高度超过秦代地面 2 米左右。现在我们看到兵马俑坑低于视野，有两个原因，一是墙体下陷，二是两千多年后的今天，我们的站位高于秦代地面。

也就是说，在很长一段时间内，三座俑坑以三个 2 米高的土堆的形式存在于地面之上，可以说三座俑坑的位置暴露无遗。破坏者根本不需要费劲地寻找坑界。无论是谁，只要想进入坑内，想要破坏俑坑，可以说是轻而易举。

这时，心系兵马俑坑的人，心里不免有些叹惜。作为极其珍贵的古物，就这么被肆意破坏，任谁都会感到可惜，而盗掘者的行为，着实令人愤慨。

2009 年起，考古工作者对兵马俑坑进行了新一轮的发掘。他们经过长时间的发掘发现，对于我们已经知道的俑坑建筑方式、被毁时间和元凶、兵马俑的主人、陶俑制作水平等很多问题，都有了不同程度的修正和补充。而我们通过这些发现，对兵马俑坑又有了更深一层的了解。

研究结果认定，俑坑真不是坑。建筑是按照原定布局，挖出放置物品的空间，其余部分自动隔离成墙。由于自然土梁容易垮塌，所以不得不局部夯打或用砖进行修补。

　　研究还发现，陶俑有瑕疵。有些俑头面部左边大、右边小，鼻梁、嘴唇有歪斜的现象；还有同一件陶俑两腿粗细不一的现象；甚至有的陶俑上肢比例严重失调，有的少了小臂，而大臂直接安插于手腕上。还有一些兵马俑曾在搬运的过程中发生碰撞或是掉在地上。陶俑、陶马形体巨大，烧成之后要出窑、施彩、入坑摆放。在这个过程中，大量陶俑的手臂、脚踝处有断裂的痕迹，马腿断裂的比例甚至接近百分之百。

　　当时，秦国有着严格的质量监督体系，为了不受到责罚，为了达到管理者的要求，工匠们在面对质量参差不齐、各有瑕疵的陶俑时，也是努力地进行了纠正。他们将陶俑缠上麻布固定后又糊上了厚厚的膏状物，再涂抹彩绘遮盖起来，以此来掩饰陶俑的"伤口"。此时的秦始皇，也许还在憧憬他的地下军团栩栩如生、虎虎生威，可曾想到他的这些外表看起来非常健壮的武士，竟然早已是伤痕累累。

　　研究结果还显示，弓弩中有檠。檠，是矫正弓弩的器具，位于弦与弓干之间，是两个长方体木条，每个木条上均匀分布 3 个小圆孔。绳子通过小孔将檠与弓绑在一起，檠与弓之间再撑木条将弓固定。若是一直处于张弓状态，弓弦和弓干都会很累。而在平时不用弓时，如果保护不好，弓弩就很容易变形，从而影响弓的威力。檠不仅起到了纠正的作用，还有保护弓弩的作用。而绑有檠的弓弩是处于休战状态的。

　　当然，这只是目前能够确认的几方面问题，还有更多的未知秘密，等待考古工作者的探索与研究。而我们对秦始皇陵的猜想，会随着考古结果慢慢地明朗。

二、兵马俑的主人

关于兵马俑坑，存在的争议还有很多，有一部分人甚至怀疑它们的主人不是秦始皇，而怀疑的理由也是五花八门。

有人说陶俑的衣服颜色不对，跟秦始皇统治时期的衣服颜色有出入；有人说陶俑的发型有问题，并不是那时梳的发髻；还有人说一号坑内的一尊陶俑身上有个字，这个字足以表明，兵马俑跟秦始皇毫无关系，而它们的主人是宣太后。

它是什么字呢？经过考古发现，这个陶俑身上确实有个奇怪的刻字，由左右两半部分组成，左边是个"月"字，右边看起来像是个"卑"或者"半"字，当时的发掘者释读为"脾"。按照秦代物勒工名的制度，这个"脾"应该是制作这件陶俑的工匠的名字。将兵马俑跟宣太后联想到一起，应该是把这个字当作"芈"了，再加上个"月"字，很容易让人联想到"芈月"，但事实并非如此。通过文献的记载可知，史书中并没有明确宣太后的名字，所以，单凭"月""半"就断定兵马俑坑的主人是宣太后，过于武断，也没有任何依据。

经考古发现，陶俑身上出现刻画文字的现象并不是只有一号坑这一例，大多数陶俑身上的字都被刻画在不被人注意的隐蔽处，字数很少，一般就一两个字。其中的确有一件字数最多的，足足有 11 个字，除了数字编号外，都是来自官方、民营机构的工匠的名字。目前发现属于人名一类的有 250 多个，去掉重复的，有 80 个工匠的名字。

还有一点可以证明兵马俑坑跟宣太后毫无关系，就是兵马俑坑出土的有纪年文字的青铜兵器。

考古工作者在一号坑内发现了 23 件带有纪年铭文的兵器，这些带有铭文的兵器，有 6 件刻有"相邦吕不韦"，就是明确人名"吕不韦"的有 6 件。这 6 件兵器涉及的年号有秦王政三年、四年、五年、七年。此外，还发现十年寺工戈 1 件，十五年、十六年、十七年、十八年寺工铍 16 件。比如"相邦吕不韦"戟，上面写着"五年相邦吕不韦造，寺工詟，丞义，工成"。说的是秦王政五年，由相邦吕不韦负责，由兵器铸造局局长詟监制，由官营工厂厂长义负责组织，由工匠成制造。从这简短的文字中，我们也可以清楚地知道，兵马俑坑的主人不可能是宣太后。

考古工作者在一号坑里还发现了寺工矛等青铜器，虽然铭文上没有明确地标注兵器制造的时间，但从秦陵出土的这类兵器铭文看，"寺工"（寺工，官名。战国秦置，主造兵械等器物的工官）与"吕不韦造"，经常同时出现，也就是说，这些兵器主要是供给中央使用的。从铭文上的文字，更容易判断出这些兵马俑和吕不韦时期铸造的兵器属于秦始皇陵，这是毋庸置疑的。

即便考古证据已经明确地证实，兵马俑坑属于秦始皇，也会有其他质疑的声音出现。质疑者提出，秦始皇陵距离最近的俑坑也有 1.5 千米，是不是有点儿远啊？陵园的陪葬坑为什么会被安排在那么远的地方？不管提出任何质疑，考古工作者都会通过不懈的努力、仔细的发掘，以认真严谨的态度帮我们找出接近真相的线索。

我国古代帝王陵都有陵园，或者用壕沟，或者用围墙将陵墓围护起来。独独秦始皇陵是个例外，不仅在陵园内部，在陵园外也发现了大量的遗存。

考古勘探发现，秦始皇陵区范围近 60 平方千米，兵马俑坑虽然距离秦陵封土 1.5 千米，但仍在这个范围之内。

2000 年，秦陵陵园外东北陈王村发现了一些陶俑碎片，随后考古工作者对这处陪葬坑进行了调查发掘。

经考古发现，这个陪葬坑虽然被严重地盗掘焚烧过，但在坑内还是发现了 46 件青铜水禽、15 尊残碎陶俑，且陶俑的制作方式、彩绘的描绘方式、陪葬坑的构造方式和兵马俑坑完全一致，它模拟的是水禽栖息的环境。这个陪葬坑与秦始皇陵封土的直线距离有 3 千米，位置更远。

当然，我们并不能仅仅从一座陪葬坑或一件器物来判断兵马俑的归属，换个角度看这个问题，答案也是一样的。

众所周知，秦国是我国古代唯一一个完成了由方国到王国再到帝国的转变的国家，而在此过程中，秦国君王的陵墓位置，也随着都城的迁移不断地向东移动，且形态也发生了规律性的变化。在东迁的过程中，一共形成了 10 个陵区。

秦国君王的陵园从多代国君集中埋葬在一处墓地，转变到每位国君都有了自己独立的陵园；陵园的形态由壕沟转变为地面围墙；墓室由小逐渐变大；墓道从东西两条转变为东西南北四条；陵墓封土也从无到有再到高大；陪葬坑的数量慢慢地增加；而陪葬坑的体量则是慢慢地由单一的车马、器物坑，到数以百计、形成规模庞大的外藏系统。

这些演变规律的事实摆在眼前，再结合同处关中的 11 座西汉帝陵的特征分析，临潼的这座规模空前的陵墓遗存就是秦始皇的陵园。

那么一直被认成墓主的宣太后的陵墓在哪儿呢？《史记·秦本纪》中记载："四十二年，十月，宣太后薨，葬芷阳骊山。"也就是说，宣太后死后被埋葬在芷阳骊山一带。

芷阳，是秦国统一前后的一个县，在秦朝的时候被称为芷阳县，到了西汉时期，改名为霸城。这些年的考古调查成果显示，秦朝芷阳故城在临潼区韩峪乡油王村、洪庆堡村一带，这里曾经出土过大量的战国时期到西汉时期的遗物，也发现了"芷阳""芷亭"的陶文。

1986 年，这里发现了四座高等级的战国陵园，距离秦始皇陵有 7 千米。结合文献，考古学者们判断，这是战国晚期秦国的王陵，埋葬的有昭襄王、孝文王、庄襄王以及他们的王后，包括昭襄王母亲宣太后以及昭襄王长子、死在魏国的悼太子的陵园。这就是前章提到过的秦东陵。

宣太后是中国历史上第一位被称为"太后"的人，在秦国的历史上更是占有举足轻重的地位。秦昭襄王主政 56 年，他母亲以太后的身份掌握国政 41 年。

秦东陵的四座陵园，经过考古学者的发掘判断：一号陵园，埋葬的是昭襄王和他的夫人唐太后；二号陵园，有几座墓葬，只有一座是"中"字形，其他的是"甲"字形，这在战国晚期并非王的级别，因此可能是悼太子之墓，其他三座"甲"字形大墓或许为太子嫔妃之墓；四号陵园，与一号陵园隔河相望，相距约 2500 米，是只有一座"亚"字形竖穴墓葬的陵园，主墓道在东，陵园南侧有"甲"字形的附葬墓两座，小型陪葬墓群一处。从出土的陶器形态来看，四号陵园年代相对较早。

之前我们提到过，在我国古代墓葬中，墓道数量的多少代表墓主身份地位的高低，目前看，拥有四条墓道的"亚"字形墓等级最高，属于帝王级。由于四号陵园的"亚"字形大墓时代较早，再加上墓主人身份的因素，因此推测四号陵园很有可能是宣太后之墓。

虽然秦东陵各个陵园的墓主归属在学术界还存有争议，但可以肯定的是，宣太后就埋葬于秦东陵。

2010 年秋季，文物管理所的工作人员例行巡查时，在一号陵园 1 号墓的封土顶部发现一处盗洞，盗洞深达 30 米。经勘察，盗洞已经挖到了属于帝王级别的黄肠题凑墓室的侧回廊，距离墓室仅一步之遥。公安部门经过侦查，很快侦破了此案，并追回了被盗出来的文物。

在被盗掘的文物中，有一件"八年造"的漆木高足豆（豆是秦汉时期常用的一种小型球形盛器。高足豆就是高脚底座的豆，看起来就像现在的高脚雪糕杯），三件有"大官"刻铭的漆木高足豆座，七件长 48 厘米的螭龙纹竹筒（竹筒，用以盛放衣物或书籍等的竹制盛器）。

这些保存完好的漆（指用于木制品上的一类树脂漆）木器，在我国北方地区的墓葬中实属罕见。而漆木高足豆上面刻的"八年相邦薛君造，雍工师效，工大人申"，就是我们所说的物勒工名。文字中的薛君可是大有来头，他便是秦昭襄王在位时入秦为相的战国四公子之一的孟尝君。随着高足豆的发现，可以确定一号陵园就是秦昭襄王和他夫人的合葬陵园。

经过考古工作者的勘探测量发现，秦昭襄王的墓室为方形，面积3600平方米，已经是很大的一座墓室了。而千古一帝秦始皇的墓室，东西170米，南北145米，总面积将近2.5万平方米，是秦昭襄王墓室面积的近7倍，着实令人感叹秦始皇陵的庞大。就陵墓墓室面积而言，秦始皇陵就是秦始皇陵，不可能是宣太后之墓，一个太后，无论如何都不可能使用如此规模的墓葬。

抛开陵园墓室的面积不谈，就陪葬坑的规模、数量、内容而言，秦始皇陵的墓主身份也不可能是宣太后。

陪葬坑，作为我国古代陵墓的一种特殊埋葬内容，起源于殷商，一直流行到西汉末。

秦始皇统一六国之前，各个国家陵墓的陪葬坑数量并不多，而且埋葬的内容基本都是车马。一直到了秦始皇这里，才发生了翻天覆地的变化。考古工作者在秦始皇陵园发现了200多座陪葬坑，除了著名的兵马俑坑外，还发现了文官俑坑、百戏俑坑、青铜水禽坑、马厩坑等。考古学家称其为外藏系统。

秦始皇陵的外藏系统，是皇帝专制体制下中央政府管理机构在地下的模拟再现，是大秦帝国社会治理体系的呈现，是秦始皇对帝国情怀的寄托，是秦始皇对千世万代的渴望，是秦始皇对自己亲手打造的帝国的惦念。

而我们今天所看见的兵马俑坑，只是200多座陪葬坑中普通的一员，只是秦始皇陵庞大的外藏系统的冰山一角。我们不得不再次为秦始皇陵惊叹、欢呼、呐喊，它到底要带给我们多少惊喜，还有怎样的奇迹等着我们去发现。

以上种种，已经充分地说明了，秦始皇陵的主人是秦始皇，而那些陪葬坑的主人，自然也是秦始皇。如今我们可以大声地说出这个结论，这是经过考古工作者辛勤的努力和一点一滴的考古发掘，结合时代背景与文献记载，才追溯到的真相。透过文物追寻历史真相，这应该就是考古工作的意义。

三、两千年前的彩绘技术

考古资料显示，三座俑坑，共有八千多件陶俑、陶马。这些陶俑、陶马原本都是通体彩绘，由于经历了两千多年的岁月洗礼，残留下来的部分已经十分零散了。但即便只剩零星残余，也可以看出墓室里的陶器是通体彩绘的事实。

在秦始皇陵兵马俑的彩绘问题上，首先我们要了解的是三个关键词：大漆、调和剂、颜料。

大漆，一般称作生漆，俗称土漆，又称国漆。它是从漆树上采割的一种乳白色纯天然液体涂料，接触空气后逐步转为褐色，四小时左右表面干涸硬化而生成漆膜。大漆的经济价值很高，具有耐腐、耐磨、耐酸、耐溶剂、耐热、隔水和绝缘性好、富有光泽等特性，也是我国传统出口的重要物资之一。所以，大漆用来涂抹在陶俑彩绘的最底层。

《诗经·秦风·车邻》中说道："阪有漆，隰有栗。"阪是当时秦国的一个地名，漆树是当地一种常见树种。咸阳为秦国都城期间，从四川地区引进漆树十株，种植在渭河以南的皇家园林上林苑里。由此可见，秦国是有漆树的。

漆有了，还需要一点儿调和剂，这样才能使漆有更大的黏性。这里的调和剂自然不能用单纯的水，是需要掺入胶的。这个胶质怎么弄呢？大多以动物的皮、骨或筋为原料，将其中所含的胶原经过水解、萃取和干燥，形成蛋白质固形物，之后，混合到大漆里，就可以了。

接下来就是颜料了。陶俑颜料的颜色十分丰富，主要有红、绿、蓝、黄、紫、褐、白、黑八种。再加上复色，如朱红、粉红、枣红、中黄、粉紫、粉绿……如果悉数列举出来，怕是够编写一本颜色表了。

在这些颜料中，红色由朱砂、铅丹、赭石合成；绿色来自孔雀石；蓝色来自蓝铜矿；紫色由铅丹与蓝铜矿合成；褐色来自褐铁矿；白色由铅白、骨白和高岭土合成；黑色来自无定形碳。这些都是中国绘画中常见的颜料，像骨白，在咸阳城的宫殿壁画中就出现过。

陶俑彩绘的三种基本要素备齐了，下一步就是给陶俑上色。上色的过程很有意思，特别是陶俑的面部彩绘，跟现代的化妆有异曲同工之处。

第一步，先上"底妆"。用生漆给眼、鼻孔、唇作隔离，改善陶俑"肌肤"状态，提高亮度和柔软感。第二步，打一层白色的"粉底"遮瑕，而后刷上各种色度的红彩，宛如定妆。第三步，上"眼妆"。用棕色或红色颜料圈出眼珠，笔尖稍顿，画一个小黑点，表示瞳孔。最后一步，便是"唇妆"。先打底，再涂朱色。

待"上妆"完成，一件件陶俑便活灵活现地出现在人们眼前，仿佛真人一般。但是，陶俑就是陶俑，终归跟真人不一样。就是现在的我们，化完妆还会出现脱妆的情况，何况是人为制造的陶俑呢。

调和剂和生漆中的有机物成分随着时间的推移，慢慢地自然分解。颜料层丧失了黏合力，无论采取怎样的人工干预措施，终究是无果的。

从此，灰突突的陶俑不再光彩照人，而陶俑颜料的脱落，终成为千古憾事。

了解关注兵马俑的人都知道，这些兵马俑看似都一样，只是姿势有所不同，实则不然。陶俑千人千面，更是千人千色。

有的陶俑发色是漆黑的，有的发色则是棕褐色的；陶俑的肤色也不是整齐划一的，有粉红色的，有肉红色的，还有牙白色的；就连眼珠部分的颜色，不同个体也有暗红、漆黑、淡棕等诸多变化，有一例竟是红色的。可见，当时的工匠们是很注重细节的，甚至是陶俑的面部表情，都能入木三分、各具特色。

但是从给陶马上色的过程看，工匠们显然不再细致入微。陶马的涂色与陶俑类似，只是陶马的彩绘层很薄，脱落一点就所剩无几。考古工作者通过仔细发掘，发现了陶马彩绘层上残留的大量类似今日油漆工使用板刷的痕迹。也就是说，工匠们给陶马上色的时候，不再是描，而是刷。对比陶俑和陶马的彩绘效果，感觉陶俑有工笔画的细致，陶马则如泼墨山水画。在对陶俑面部进行彩绘时，工匠们用的应该是一支细细的毛笔，不然怎么勾勒出轮廓整齐、无晕染的眼珠呢？

对陶俑的面部我们已经有了清楚的了解，接下来还得看看陶俑的服饰能带给我们什么样的惊喜。

考古资料显示，陶俑服饰均有施色，以红、绿、蓝、紫为基本色，如绿色衣袖基本对应绿色裳摆，这说明陶俑服饰的衣料主色是绿色，袖口则以多种颜色包镶。

考古专家袁仲一先生曾在《秦兵马俑的考古发现与研究》中统计，277 件陶俑上衣中，有绿色 118 件（42.6%）、红色 88 件、粉紫色 52 件、天蓝色 16 件、白色 2 件、褐黑色 1 件。425 件下衣中，有绿色 223 件、红色 78 件、天蓝色 61 件、粉紫色 50 件、白色 13 件。177 件胫衣（指套裤）中，有粉绿色 102 件、粉紫色 29 件、红色 20 件、天蓝色 19 件、白色 7 件。

182 件壅颈中，有绿色 68 件（37.4%）、粉紫色 60 件、朱红色 26 件、白色 18 件、天蓝色 10 件。239 件袖口中，有绿色 99 件（41.4%）、粉紫色 80 件、朱红色 47 件、天蓝色 8 件、白色 5 件。

这么详细的统计，真的是令人叹服。事实上，给陶俑服色定名不是一件容易的事情，记录颜色是一件令人挠头的事儿。毕竟每个人对色彩的视觉感受不一样，所以是需要一个量化的标准的。不然，绿到什么程度是粉绿？何种蓝是天蓝？大家都各持己见，谁也说服不了谁。此外，颜料的涂抹薄厚、脱落程度，以及光线、时间等因素的不同，都会引起色差变化。

况且，还有多种颜料混合使用的情况。比如陶俑衣摆部位，有的灰白中掺杂黑，有的淡蓝中掺杂绿，还有的蓝中带紫，整体呈斑驳、混沌状，都不知如何去描述。

1975 年，湖北省云梦县睡虎地四号秦墓出土了两件家信，大概内容是黑夫和惊两兄弟在外当兵，写信管家里人要衣服和钱。这两封信清楚地表明了当时士兵的衣服由自己准备，也就是说，秦军服装并不都是统一配发的。自备服装不仅导致服色不统一，服装长短也不一致。所以，身高基本一样的陶俑，它们的外衣却是长长短短，有的近膝，有的刚遮臀。

由于陶俑的服色五彩缤纷，很多人都认为这并不符合当时秦国的制度。大家都知道，秦国尚黑，衣服、旗子、符节这些都是黑色的。所以，秦始皇再一次被质疑不是兵马俑的主人。秦始皇会不会很懊恼，总是有人质疑他？没办法，正所谓"人红是非多"，谁让秦始皇的热度这么高呢，想低调都难。

《史记·秦始皇本纪》中曾记载："始皇推终始五德之传，以为周得火德，秦代周德，从所不胜。方今水德之始，改年始，朝贺皆自十月朔。衣服旄旌节旗皆上黑。数以六为纪，符法冠皆六寸，而舆六尺，六尺为步，乘六马。"意思是说，秦始皇按照水、火、木、金、土五行相生相克、终始循环的原理进行推求，认为周朝占有火德的属性。秦德要取代周德，就必须取周朝的火德所抵不过的水德。当今是水德的开始，要更改岁首，朝贺都以十月初一为元旦。而阴阳五行学说中认为，德行与颜色有搭配关系，土德尚黄，火德尚赤，金德尚白，水德尚黑，木德尚青。所以衣服、符节和旗帜的装饰都以黑色为贵。数目以六为单位，符、法冠都定为六寸，车厢宽六尺，六尺为一步，一车驾六马。

而这条"尚黑"的规定，限定的对象应该是正式场合的高层人员。秦始皇如此注重权威，怎么可能允许在正式的场合上，有不庄重的穿戴存在呢？所以说，秦国尚黑，是在一定的条件下，并不是不允许有其他的颜色存在。

而兵马俑作为秦代军队的象征，当初在埋入地下时，个个都有彩绘，个个神采奕奕。

考古资料显示，除了陶俑之外，考古工作者还在兵马俑坑内发现了大量的指挥器、防御器和木车，这些遗物中也有很多是彩绘的。这些器具的质地为竹、木、皮，比陶质的兵马更容易腐朽，所以是十分脆弱的。经过了两千多年时光的侵蚀，刷漆形成的外壳只有薄薄的一层，由于太过脆弱，保护难度太大，所以几乎不可能公开展示。

目前我们只能通过考古资料来了解这些器具，无法目睹，或多或少还是有些遗憾的，毕竟是两千年前的古物，谁不想一睹真容呢？这也是在告诉我们，我们的瑰宝，不仅珍贵，有些还很脆弱，所以我们要更加珍惜这些古物的存在，它们需要的是更好的保护，更长久的传承，而不是破坏。

四、兵马俑坑带来的惊喜

既然兵马俑作为秦始皇的地下军团而存在，那么，总该有几件顺手的兵器，不然怎么称得上虎狼之师呢？

戈、矛、戟是古代士兵常用的兵器。它们尾部的长柄，在古代被称为柲，有三种材质。铜矛的柄是单独一根木棍，直刺时刚劲有力；铜戈的柄由多根细竹子捆在一起制成，钩杀时有弹性；铜戟本来就是矛、戈合体，柄是内有木芯外裹竹片，柔中带刚。而最值得注意的是柲的上下两端，有双重画饰，画饰分上下两段。木或竹柲的表面涂黑色或褐色漆，成为画饰的底色，再用鲜艳的红漆描绘出连续的图案。图案元素以大云朵为中心，两侧配以小小的水涡，形成的效果是云朵翻卷，勾连延续，上下左右相呼应。短短的一段画饰，就能如此精妙细致，实属不易。

在兵马俑坑出土的文物中，很多文物上面都有彩绘。比如在木车的舆（古车作为载车部分的车厢）板、桃木条上都能看到彩绘。

不只这些，还有长条状的彩绘带，满布枝叶、云朵和连续回旋的折线。其主体部分的线条细、硬、直，是铁线描的技法；主体的外观又用蓝色平涂渲染，而白色的折线，不过黄豆般大小，却无处不在。画者仅用了三个简单的彩绘因素，便描绘出云卷云舒的意境，可见，当时彩绘界的高手，都是为中央所用。

《韩非子·难一》中说，"以子之矛，攻子之盾"，字面意思非常明显，用你的矛来刺你的盾。可见，矛、盾是分不开的。上阵杀敌，既要有刚劲有力的进攻兵器，也要有无比坚固的防护用品，方能在战场上保全自己。

2010年，兵马俑坑内第一件皮盾出土。

经历了两千多年的风雨，盾已经腐朽，考古工作者根据出土位置判断此物应该是车上配备的皮质防护器具，髹漆（把漆涂在器物上）绘彩，被称为子盾（兵车上用的小盾）。之所以判定此盾为子盾，是因为其出现的位置、大小及外形。

考古资料显示，子盾的外缘一圈画了流云状的彩绘。经过研究分析，应该是先用宽约1.2厘米的淡绿色勾勒彩绘边框，框内用朱红色的细线延展出连续不间断的菱形或卷曲形骨架，再用天蓝色或白色围绕骨架向外平涂。弧圆齿状的垂蔓边缘起起伏伏，每齿的宽度不足0.4厘米，颜料拘于红线界外无一丁点漫溢。平涂之外，空隙间随意添加了大小不一的卷云状漩涡。

《释名·释兵》中记载："狭而长者曰步盾，步兵所持，与刀相配者也。狭而短者曰子盾，车上所持者也。子，小称也。"如果是步盾，就是步兵所用的盾，外形会狭长许多，坐阵打仗能覆盖全身。长可蔽身的大盾，在《周礼》中名橹，在《释名·释兵》中名鼓排。

可见，步盾要比子盾大很多，车上根本没地方搁，而且车兵腰以下的部分有车帮忙挡着，不需要用大盾。所以，这件子盾不能等同于一般意义上的盾牌。

考古资料显示，秦始皇陵出土的铜车上有一件铜盾，其外形如坎肩，被认为是在模拟真实的皮盾。而兵马俑坑出土的实物皮盾外形和铜盾相同，也从侧面证实了铜盾的确是在模拟皮盾。

考古工作者将两盾的各项数据进行了对比，结果显示两盾的大小约相差一倍，也就是说，铜车马的制作比例基本是原物的一半。虽然两个盾的外形相符，但是铜盾和俑坑出土的皮盾的彩绘纹样却大不相同。

铜车马，是皇帝銮驾的副车。铜盾通体上下、正反双面都有彩绘，纹样除了云纹之外，主体是至高无上的龙。而俑坑出土的皮盾只在正面局部绘图，纹样只有云纹，并没有龙的纹样，也不能有龙的纹样。就两盾的使用者而言，是尊卑有别的。尽管铜车马是副车，铜盾也只是以备不时之需，但其使用者级别甚高。而俑坑皮盾只供车兵使用，与铜盾相比自然难以望其项背。

1986 年，考古工作者对湖北省荆门市包山楚墓进行了发掘。包山楚墓是战国时期到西汉时期的古墓，考古工作者历时数月，共发掘 9 座墓葬，出土器物 3000 余件。其中国家一级文物 19 件套，最具有代表性的有错金银铜尊、错金银铜壶、铭文铜戈等。

在这些出土的文物中，也有皮盾，其彩绘远比秦始皇陵所见的精美许多，它的主人身份位于国君之下，是上大夫。考古资料显示，此件皮盾的盾面居中位置，有一首双身的卷龙，四角则分布舞凤。执盾的手握柄两端分别安置铜鼻钩住盾面，从而加强了手握柄与盾面结合的牢实程度。其做工之细致，彩绘之精美，比兵马俑坑出土的皮盾更胜一筹。

细数整个陕西地区，考古出土的秦盾实物属实不多。

究其原因，应该是环境的问题。竹、木、皮这几种材质，都是比较容易腐烂的，若是在西北地区，可以通过自然风干迅速脱水，若是在南方地区，可因水浸泡而隔绝空气，唯独陕西地区没有这两种保存环境。由此可见，如今我们能够见到的、发掘到的、保存完整的文物，是多么珍贵。

秦国自建立以来，从一个小小的附庸国，一步步地走向帝国，曾几经动荡，也曾刚一出场就差点儿退出历史的舞台。秦国得以从七雄争霸到秦始皇统一六国，这其中少不了秦国历代君王作出的贡献。秦始皇在一统天下后，更是完成了一系列的统一，在各种整齐划一的政策下，社会逐渐地进入稳定状态，各自为政的局面彻底消失，此前百花齐放的装饰图案或被融化糅合，或遭遗弃而消失。所谓大一统的局面，渗透在各个细节中。

从此以后，秦国的各个物件上的彩绘，所用因素大致相同，但其中免不了一些小方面的个性。因为画工的思想不可能完全一致，审美观念也不尽相同，所以陶俑千人千色，车、盾、鼓的彩绘也是如此。无论是几何纹还是云纹，每种纹饰都衍生出了各种各样的变异。折线有菱形、矩形、三角形；云朵或对卷，或外翻。总之是想办法进行变通，形成大同小异的各种彩绘。

在我们知道的出土的兵器柲、车、盾上，最常见的图案就是千变万化的云朵。有的起自红边线，云朵小，线条纤细，但因从边线分枝，好似生根；有的首段是白色平涂的直线，渐渐延展出曲卷的尾，原本规矩的折角由刚硬变得柔软；有的顺着云头回转，又骤然间不经意地添加了一些湖蓝色作为点衬，成为蓝天白云的缩版。可谓是多变却不离主题，随意却万变不离其宗。

考古工作者在兵马俑坑里发现的文物的彩绘纹样、颜色运用、构图方式都显示出了鲜明的一致性。构图都有边框；颜色以鲜艳的绿色、红色、蓝色、白色为主；纹饰元素集中于两类，一类是云纹，一类是几何纹；技法有平涂渲染、铁线细描。这些特点与陶俑服色、军吏铠甲四周包边的构图也是一致的。这种一致性与当时秦国统一的社会环境紧密相连，再一次说明了统一已经深入社会的骨髓。

在兵马俑坑出土的文物中，不只是兵马俑才有存在的意义，任何一样古物，都有它存在的意义，都是我们走进秦朝，接近秦帝国的桥梁。

考古工作者在兵马俑坑中，还发现了一定数量的麻织物，遗憾的是，很多麻织物已经腐朽。车上遮挡尘土的幕帘、弓韬、鼓环缝隙的填塞、陶俑断裂处的修补缠匝，都使用了织物。

弓韬，是装弓弩的袋子，由织物缝合而成，外形似一个狭长的河蚌。复原后全长150厘米，中段宽26.5厘米，两端为圆弧角。织物以平纹织成，外表髹漆，有白色缝合针脚，针脚长0.2厘米。从弓韬的存在，可以大概判断出，军阵是非战状态。非战状态这四个字关系到兵马俑坑属性的定位，应该就是葬俗而已，不能完全和实战的秦军画等号。

在兵马俑坑内出土的弓韬、悬挂在车上遮挡风尘的幕帘，均为粗布缝制，线丝粗疏，可能是因为这样的麻织物比较厚实、坚固、耐用。除了麻织物之外，在兵马俑坑中还有个让人惊叹的发现，就是俑坑中竟然有丝绸。

相比于较为常见的麻织物，丝绸织物仅发现于漆器夹层中，是十足的小众产品。蚕丝制品也是中国特产，起源于史前时期，直至今日仍是高端、大气、上档次的服装面料。

根据考古学相关知识，遗迹底层出土的东西对器物定性非常重要。上层遗物有可能是后期扰入，而底层遗物很可能就是原来容器内盛放的物品。2011年，考古学家清理出一个"箱子"，"箱子"底层摆放整齐的箭镞多件。考古专家袁仲一先生判断此箱为笼箙，木车上配备的容器，盛储武器之用。

笼箙胎质取样送检后，中国社会科学院考古研究所王树芝女士在发来的检测报告中写道："将表面漆皮轻轻剥离后，看到在炭块上贴着一层规则的纵横交叉织痕，织痕线丝有蚕丝的特点。通过金相显微镜观察其结构，发现纺织物由清晰交织的经线和纬线织成，每厘米约有30根经线和30根纬线。丝线平均直径约0.38毫米，几十根蚕丝合成一股丝线。炭迹夹层里的丝织物，推测为绉纱，是夹纻胎质的组成部分，器物的内壁还有丝织物作为里衬。"

几十根蚕丝合成一股线、绉纱夹层、丝织物里衬，这是兵马俑坑甚至整个秦始皇陵发掘30多年来，第一次得到有关蚕丝的信息。

也就是说，秦汉时期为了漆器的轻薄，广泛使用夹经胎体和夹纻胎体。夹经胎体可以是织物，也可以只是一根根的线，夹纻胎体则只是漆层、织物和起黏接作用的"浆糊"组成的漆灰。不管是夹经胎还是夹纻胎，有了一层层的织物，相当于胎壁有了筋骨，强度加大，漆器变得坚固结实。

考古资料表明，以往考古发掘所见的夹纻漆器都是盘、壶、杯之类，如此大型的夹纻漆器，既要保证结实又要做到轻薄，制作难度委实不小。直至今日，以绉纱为夹层的漆器在考古发现中还没有第二例，这种少见应该与科技考古手段的运用有关。

对于兵马俑坑，不仅仅要关注彩绘陶俑，也要关注彩绘木车、彩绘皮盾这些器物，还要关注无彩的糟朽不堪的织物。这些腐朽的痕迹本身并没有彩绘，但极有可能是我们要寻找的历史生活片段。随着考古发现的不断深入，秦始皇陵带给我们的惊喜也在不断地增加，现在我们不仅仅是对秦始皇陵的神秘心向往之，更多的是惊叹于秦始皇给我们留下了如此珍贵的文物。

五、不是将军的将军俑

2014 年 9 月，秦始皇陵兵马俑博物院举办了"真彩陶俑"展览。展览集合了 40 年来考古发现的彩绘研究成果，首次向公众展出了 37 件（组）"真彩陶俑"，包括了彩绘陶俑、俑头、陶片、遗迹等文物。

考古资料显示，到目前为止，考古工作者在兵马俑坑中共发掘了千余件陶俑。其中，包括 9 件高级军吏俑，俗称为将军俑，分别出土于一号坑和二号坑。

将军俑，头戴像两个犄角一样的冠帽，文献称其为"鹖冠"（鹖，一种禽类，勇猛，善斗），前额刻有缕缕抬头纹。体型略胖，腹部微挺，看上去应该就是人们常说的将军肚。其甲衣腹背之处的甲片很小巧，像鱼鳞一样，排列得密密麻麻，四周有一圈彩绘，前胸、肩膀、后背还有7到8个花结。

让人意想不到的是，所有陶俑都穿有内衣，或为裋褐或为长襦。而一般士兵俑的内衣只有一层，长度到膝盖或者更短；身份更高级的将军俑不仅内衣层数多，也更长，到了小腿部分。可见衣服的长短也是身份的象征，短衣服向来是劳动者的装扮，而长袍大褂基本都是高层人士的穿着打扮。

兵马俑坑中的细节远不止于此，不仅仅是陶俑穿有内衣，而且大部分陶俑都披甲，由于军种、职责、地位不同，铠甲样式较为繁杂。

将军俑的铠甲，中间是细小的甲片，像鱼鳞，因此被称为鱼鳞甲。鱼鳞甲中心位置的甲片材质是金属，其他款式的甲衣材质经推测应该是兽皮。当然，这些都只是推断，并不是验证后的结果，毕竟兵马俑属于雕塑品，其身上的铠甲不是真正意义上的秦代铠甲，肯定是有本质上的区别的。

考古学家之所以作出这样的推断，其依据应该是铠甲的外形，还有彩绘的颜色。甲片外表刷褐色或偏黑色的大漆，黑色即玄。秦始皇陵园出土的大量石质甲胄，其中有两领甲衣也被认为是鱼鳞甲，比一般的甲衣多用了近200块石片，可见秦军铠甲确实有分类。［经过称量，一件普通石铠甲重20余千克，一顶头盔（胄）重5千克左右。这样的重量，加上陵园陪葬多明器，可以推断，石铠甲可能仍属于模拟品。］

如果甲片以金属材质来做，防护性能显然要优于兽皮，但是，金属片也有弊端，就是行动不便，容易割伤皮肤。因此，鱼鳞甲的甲片只用在腹、腰两处，其余部位仍然用兽皮，整体甲衣的外缘还有精致的包边。精致的包边果然精致，上面也有彩绘纹样。

对于铠甲缀合需要的缝合线，考古学家在清理陶俑的时候，也有所发现，并仔细研究了缝合线。经研究发现，彩绘的雪青色中夹杂有很纤细的红丝。在实际生活中，杂色丝线叫缂线，是合股的丝绳。

而且鱼鳞甲衣防护性能好，刺绣包边美观又舒适，经过推断，这样的铠甲绝非一般人能披挂的。最精彩的是，将军俑铠甲的前胸、后背、肩膀上还都有花结，随风飘拂散开，是一种很写实的刻画。

我们都知道，完整的人体雕塑比单独的头像、胸像要难做得多，高于 1.2 米的人体雕塑很难把握好比例。而兵马俑的数量数以千计，无疑增加了制作的难度。每一位参与制作陶俑的工匠都能够准确地掌握人体比例结构吗？很显然，不能。所以说，陶俑存在瑕疵是必然的，是可以被理解的。陶俑本就是一种象征，像就行了，何必过于在意那些细枝末节呢？即便是现代拥有先进的制作技艺，难道就能保证所制造的塑像一点儿瑕疵也没有吗？任何人都不可能肯定地回答。

如此大量的陶俑，制作起来难度大，需要的制作人员肯定也少不了。肯定有技艺高超的工师（专门从事制陶生产的技术人员，水平高）带着学徒，兢兢业业、勤勤恳恳地制作陶俑。

关于学徒，在秦朝各种行业都有对学徒的培养规定，"新工"由"工师"负责教授，学业成绩有高有低，学期一般为两年。《睡虎地秦墓竹简·秦律十八种·均工》中也有相关记载："工师善教之，故工一岁而成，新工二岁而成。能先期成学者谒上，上且有以赏之。盈期不成学者，籍书而上内史。"

人数不够时，还可以用临时工来凑。临时工的身份就相对复杂了，《睡虎地秦墓竹简·秦律十八种·工人程》中记载："隶臣、下吏、城旦与工从事者冬作，为矢程，赋之三日而当夏二日；冗隶妾二人当工一人，更隶妾四人当工一人，小隶臣妾可使者五人当工一人。"也就是说，大致包括隶臣、下吏、城旦、隶妾、更隶妾、小隶臣妾。不同身份的工匠，技术水平自然有差距。

即便是秦代的工师，也没有系统地学过人体构造，在秦朝，更不会有这样一门学科。所以，在陶俑的制作过程中，工匠们基本全凭个人感觉，这也是有些陶俑存在比例失调问题的原因所在。

但是，经过考古发现，将军俑的身体比例不存在失当的问题。经工作人员测量得出的数据，基本符合民间流传的一些绘画口诀：三庭五眼，一肩担三头，三拳一肘，等等。由此可以看出，将军俑的制作人应该是陶工中的大师级人物。至于其他有瑕疵的陶俑，制作者来源就比较复杂了。根据秦代物勒工名制度，其中有一件陶俑刻有三处地名，令人不解其意。

公元前 356 年，商鞅第一次变法，其中非常重要的一条就是"废除世卿世禄制，实行军功爵制"。"世卿世禄制"，也就相当于官位、俸禄依据血缘关系而世袭传承，只要出生在贵族家庭，生下来就是贵族，即便每天什么都不做，也可以拿到可观的俸禄。

而"军功爵制"则恰恰相反，是一切以军功为准，不管是谁，只要有军功就可晋升爵位。它不仅仅是一种头衔，还和实实在在的经济利益息息相关。

军功爵制分为二十等爵，由低到高分别是：一公士，二上造，三簪袅，四不更，五大夫，六官大夫，七公大夫，八公乘，九五大夫，十左庶长，十一右庶长，十二左更，十三中更，十四右更，十五少上造，十六大上造，十七驷车庶长，十八大庶长，十九关内侯，二十彻侯。军功爵制的出现和确立，在秦国的军事史上具有划时代的意义。

军功要怎么衡量呢？商鞅变法中的军功爵制，在赏赐爵秩的原则上有较为严格的限制。凡是在作战中斩敌一首级者，可得爵位一级及与之相应的田宅、仆从，也可以做官。斩敌首级五颗，还可以役使隶臣五家。军功的大小决定着将士爵制等级的高低。这看起来十分残忍，但确实是十分有效的政策。

如果说以前战士们上战场是义务，是不得已，那么在商鞅变法之后，战争就是照亮他们升官发财之路的曙光。通过上阵杀敌，平民可以成为贵族，罪徒、奴隶可以免刑。这简直就是以一种新的价值观在引导战士，是秦国军队保持战斗力的一针强心剂。试想一下，从此秦国士兵在战场上看到的不是敌人，而是房子、土地、光明的前途，哪个不奋勇上前，大砍大杀？军功爵制的实施，把秦军变成了真正的虎狼之师。

其实，不只是秦国，各国都普遍推行奖励军功的改革措施。而秦国可以说是集各国军功爵制之大成，建立了一套完整的管理、评议、颁赐军功爵的机制。

那么，如今我们看到的兵马俑坑中的高级军吏俑，在这虎狼之师里充当的是怎样的角色呢？会是秦朝的大将军吗？

根据秦代的制度，高级军吏"都尉"戴切云冠，次一等的"司马""军侯"等中级军吏戴长冠，而士兵俑则仅仅是束发。兵马俑坑中的将军俑头戴冠，且甲衣上的花结数量有的是7个，有的是8个，可能就属于军阶标识。而将军俑前额上的抬头纹，则表现了秦国士兵身经百战、饱经沧桑的战斗经历。

在秦代，一般军吏俑都穿铠甲，而普通兵士则多着布衣。当然了，服饰的不同不只是为了区别爵位、身份、地位，更多的应该是适应各个兵种的不同。比如秦国的步兵分为轻装步兵与重装步兵。轻装步兵不穿任何护甲，只着布衣，轻装上阵；重装步兵则穿着皮甲。这时，很多人会问，为什么步兵还要分轻装和重装呢？

经过推测分析，可能是因为秦国实行二十等级的军功爵制，秦军中的士兵为了奋勇杀敌，选择轻装上阵，不穿甲胄，誓要以最快的速度冲入敌阵，砍杀敌军，可谓是勇猛无敌、不惧生死。当然，这种说法不一定全对，只是有一定道理，但在没有事实论证之前，任何一种说法都极为可能。

关于步兵，文献中也有记载。《战国策》《孙子兵法》等文献中描述各国兵力，使用的是"带甲"一词，可见，是以重装步兵的数量代指国家全军的数量。这也从侧面说明了战国各国兵种都是以重装步兵数量为最多，而轻装步兵数量较少。

兵马俑坑的发掘，也证实了这一点。根据考古发现，一号坑中军阵的分布是，轻装步兵均位于前锋，而重装步兵为军阵的主体。

《孙膑兵法·十阵》中曾提到，古代军阵编列的原则是"末必锐""本必鸿"。"末"即前锋部队，"本"指主体部队。也就是说，军阵的前锋必轻足善走，能够迅速插入敌军内部，然后，重装步兵紧随其后猛扑上去，才能冲散敌人军阵，重创敌人，这需要轻装步兵和重装步兵的默契配合。所以说，这两个兵种应该只是装束不同，并没有等级的高低差别。

考古人员还在兵马俑坑中发现了少量的骑兵，分布在二号坑的角落里。骑兵的军种来自游牧文明，战国后期才出现在中原战场。骑兵一般上身穿短铠甲，窄袖、衣摆及膝，因为骑马颠簸，这样方便上下马，从而也体现了骑兵轻便灵活的特点。骑兵速度之快，灵活性之强，理应占据很大优势，但是，为什么秦国的骑兵数量这么少呢？

因为秦代的马鞍与我们现代的马鞍有很大的不同。秦代的马鞍更像是一块软质坐垫，最主要的一点是秦代的马鞍下面没有马镫。在秦代，马镫还没有被发明出来。

直到西晋时期，才有人研究出了马镫。这个马镫被发掘于湖南长沙南郊的金盆岭九号晋墓，该墓出土的三角状的马镫，是我国见到的最早的马镫。虽然只是单面有镫，那也为当时的骑手在上马的时候带来了便利。

到了东晋时期，双面马镫才得以登场。出土于南京象山七号墓中的陶鞍马，是最早的双镫的实证。

可见当时秦代的骑兵，骑在马上的感觉绝对不会太舒适。骑乘时，要双腿时刻夹紧马肚子保持平衡，一旦马突然立起或奔跑的话，极易从马背上摔下来。不仅如此，骑兵的一只手还要握紧马缰以控制战马，另一只手还要拿兵器，怎么可能轻松杀敌呢？由此可以看出，秦代的骑兵征战是有多么不容易。

不管是哪个时代、哪个国家的战士，都要经过严格的军事训练。秦军的战斗力强，不仅是因为军功爵制的鼓励，更有赖于长期较为科学的军事训练。讲武练兵一向是我国古代的军事活动传统。

《周礼·夏官·大司马》中记载："中春，教振旅。司马以旗致民，平列陈（阵），如战之陈（阵），辨鼓铎镯铙之用……以教坐作、进退、疾徐、疏数之节，遂以蒐田。"意思是通过战阵训练，让士卒熟悉各种指挥物（金、鼓、铃、旗）的用法和战斗动作的节奏，并用围猎的办法来练习和实践。

《左传》中也有相关记载："三年而治兵，入而振旅。"除了平时的讲武之外，每三年还要有一次大型的军事演习，这都是让士兵通过田猎的方式进行军事训练。

秦国本就尚武，就是军事训练都带有全民的性质。

秦代的男子一生需服兵役两年：一年当"正卒"，即在郡县当兵，接受军事训练；一年在中央做"卫士"，或者到国防前线当"戍卒"，戍守边关。在当"正卒"的这一年，其训练工作由郡县负责，军事训练工作由县最高长官和军事长官负责。

据睡虎地秦墓竹简记载，秦代法律规定各个兵种都有自己的训练目标，逾期未达标者，不但本人或教官会受到惩罚，就连主管官员也有可能受牵连。可谓是相当严格的军事训练了。

由此可见，秦军的每一个士兵，都是经过严格训练、精挑细选出来的。而兵马俑坑向我们展示的，正是这样一支令行禁止、所向披靡的军队。这是一支秦始皇亲手缔造的能征善战的军队，是秦始皇赖以打造帝国的军队，是秦始皇生前绝对信任的军队，也是秦始皇一定要带到地下世界的军队。

三座兵马俑坑可以说是一个整体，其中埋藏的遗物更是相互关联。在将军俑的身边往往能发现指挥用具——战鼓和青铜铎。击鼓冲锋，敲铎鸣金收兵。值得注意的是，指挥官不等同于将军。所以，将军俑到底是不是将军，仍需要考证。

将军这个官职，始于春秋时期的晋国。而在这之前，并不存在常规化的军事系统，更没有军官职位。

当时的晋国，军队是分为两军的，献公自己将上军，太子申生将下军。昭公二十八年，两军改编为三军，国卿魏献子将中军。魏献子出身晋国望族，文武双全，不仅能把控朝政，还擅长军事征战。有一次他做东，与同僚阎没、汝宽饮酒，酒酣之时同僚对魏献子说："岂将军食之而有不足？"以"将军"一词代替了魏献子的名讳。从此，"将军"一词被广泛应用。

晋国在设置将军一职的时候，秦国才搬迁到陕西宝鸡地区的雍城。对外，正忙着对付西边的戎狄；对内，正在如火如荼地实行世袭军功的制度。那时的秦国，根本没有时间去考虑军队的改革问题。秦国设置将军一职是三百年之后的事情了。

直到战国晚期，秦昭襄王嬴稷登上国君之位，迁都咸阳。由于秦武王嬴荡举鼎而亡，没有子嗣，所以昭襄王得以上位。秦昭襄王刚刚坐上国君的位置，长达三年的"季君之乱"便开始了，公子壮作为此次谋反的主角，被秦国第一任将军，也就是昭襄王的舅舅魏冉诛灭。秦国将军职位的设置，完全在计划之外，实属特殊时期的特殊举措。

秦国继魏冉之后，还设置过大将军、上将军、裨将军和前、后、左、右将军等军职。大家比较熟悉的有大将军白起、王翦、蒙恬，裨将军蒙武，将军张唐。秦国的将军堪称凤毛麟角，翻翻史书也找不到几位有委任状的。

而兵马俑坑中，一下子出土9位"将军"，以后随着发掘的推进，也许还会有更多，这显然有悖历史实情。

汉景帝刘启的阳陵是一座局部发掘的西汉帝陵，1990年，汉陵考古队在阳陵南区发现一组14行共24个俑坑的丛葬设施，也出土了兵马俑，属性和秦始皇陵兵马俑相同。但是，考古工作者在阳陵兵马俑中发现了车骑将军金印，说明了这些俑中有将军。那么，秦俑坑里的俑，怎么没有金印呢？金印在秦代，是谁才能使用的？据秦法规定，将军、丞相和国尉配置金印紫绶，即黄金印章和紫色绶带。

秦始皇统治时期，在中央设立了三公九卿。三公便是丞相、太尉、御史大夫，其中御史大夫只是银印青绶，将军的配置比他还要高。然而，秦兵马俑坑只出土有圆形金泡钉（马笼头的一种配件），还没有发现金印的存在，甚至一枚铜印都尚未发现。

虽然将军的金印暂时没有被发现，但是，秦国调兵的虎符实物被发现了，是秦代杜县使用的杜虎符。杜虎符并不是在秦兵马俑坑中出土的，但这不妨碍它作为国宝级文物存在。

符上有错金铭文9行40字："兵甲之符。右才（在）君，左在杜。凡兴土被甲，用兵五十人以上，必会君符，乃敢行之。燔燧（燧）之事，虽母（毋）会符，行殹（也）。"铭文的大概内容就是此虎符的用法：君和杜县军事长官一人一半，凡要调动军队50人以上，左右会符，合在一起才能行军令。而铭文中称君，说明此虎符属于战国晚期的秦国。

由于秦兵马俑坑中，尚没有发现金印，也没有对应的虎符，因此，考古学家推测秦兵马俑中并没有真正的将军，而将军俑，只是它们的代名词，代表不了它们就是将军。

从考古资料中，我们可以明确地知道，将军俑只是俑坑中身份比较高的军官，真实身份不高过尉官，比如校尉、都尉、郡尉、司马。校尉隶属于中央军，都尉和郡尉隶属于各省，尉官级别相当，司马稍微低一些。

不管将军俑属于哪个身份，都不影响我们从它们身上脑补出一部秦军奋勇杀敌的大戏。眼前仿佛出现一个威风凛凛的主帅，骑着黑色战马，身后是热血沸腾的千军万马，他们严阵以待，好不威风。

六、传说中的"活人俑"

即使将军俑并非真正的将军，但也都是有身份的军官，否则，秦始皇为什么要带着它们长眠于地下呢？纵观三座兵马俑坑，如秦陵封土的规模一般，可谓是前无古人、后无来者，这支陪葬的地下军团更是空前绝后的。

先秦时期，陶俑的雕塑艺术并不是很发达，甚至可以说落后，不管是烧造温度、技术还是彩绘等，都处在初步发展阶段。在发现秦始皇陵之前，考古工作者也曾在其他墓葬中发现有用陶俑随葬的先例，但也只是零星的发现。

咸阳城周边的几处墓葬中就曾出土了一些陶俑，类别有骑马俑、人俑和马俑，高度一般在10厘米左右，几乎所有陶俑都没有面部的细部刻画，肢体也很不协调，都是雕塑技艺不太精湛的粗糙泥塑。烧制陶俑的温度也只有500—600℃，陶俑普遍比较酥软，容易破碎。陶俑身上的彩绘更是简单，毫无美感可言。

由此可见，战国晚期的秦俑制作水平粗糙且体量较小，最高不超过20厘米，大多数都在10厘米左右。

公元前221年，秦国统一天下是中国文明演变过程中具有划时代意义的大事件。原本只有10—20厘米高、设计简单、制作粗糙的陶俑，仿佛一夜之间"长大"，竟然增高到180—196厘米，烧制陶俑的温度达到

950—1000℃。制作工艺也趋于精致化、复杂化，采用了绘塑结合、模型制作与手工制作相结合的技法，陶俑的五官以及胡须、头发的刻画非常精细、生动。

我们知道，从战国晚期到秦国统一六国，前后不过几十年的时间，为何陶俑的面貌和工艺发生了如此巨大的变化呢？有没有一种可能是制造陶俑的理念和技术在一夜之间，获得了惊人的进展？

答案肯定是否定的，如果秦国生产陶俑的水平真的是得到突然的提高，那么，即便是改朝换代，到了西汉时期，也应该发现类似秦兵马俑那样的陶塑艺术品，然而，事实却恰恰相反。

在秦代之后的汉代，也出土过兵马俑。据考古发现，陪葬汉高祖刘邦陵墓的杨家湾汉墓陪葬坑出土的陶俑，以及汉景帝阳陵出土的汉兵马俑，高度一般在30—60厘米，只有秦兵马俑身高的三分之一。不仅身高不同，阳陵的兵马俑的衣服铠甲也不像秦兵马俑的铠甲那样是陶塑的，而且汉阳陵出土的兵马俑是裸体的，手臂也是能活动自如的木头手臂。

阳陵出土的陶俑与秦陵兵马俑陶塑技术比较相近的是，对于人物的刻画同样精细生动，不管是五官、发式，甚至连身体器官都毫不马虎。但是如果两者相比较，就能明显看出二者神态气质迥然不同：一个是庄严威武，杀气腾腾；一个是平和安详，神态自然。

而秦代之后的各个朝代，不管墓葬大小、等级高低、随葬品多少，大多都会随葬一些陶俑，只是这些陶俑都是缩小版的人或动物造型。

像秦始皇陵这样，陪葬一米八几、真人大小的陶俑，在整个东方世界历史上也仅此一例。并且，俑坑中发现的各种陶俑，神态各异，栩栩如生，太像真人了。写实风格数陶俑头部表现得最为精准，彩绘犹如画龙点睛，提升了塑造的写实水平。也正是因为这个，有人说兵马俑是真人，是用活人做模具，敷上泥之后烧成的。

甚至这种说法已经被影视化，还是个爱情故事。相传，秦始皇在制

123

作兵马俑的地方偶遇了一名女子，并被这名女子深深地吸引，暗生情愫。奈何，这名女子却中意秦始皇身边的郎中令，三人发生了一段感情纠葛。最终，秦始皇将郎中令以泥封塑俑，烧成陶俑，为自己护陵。

据历史学家研究，在秦朝之前，战火纷飞，人的生命在那个时候不被珍惜，确实出现过君王以活人制俑的情况。甚至有种说法是秦始皇晚年时期，病重之时，提到过要用活人制俑，大臣们觉得有伤天和，不利于江山社稷的巩固，便极力劝阻，提议以陶俑代替人俑。

不管哪种说法，考古给了我们答案。经考古发掘确定，秦始皇把自己的数千将士敷上陶泥，烧制成陶俑带入地下，纯属无稽之谈。肯定还会有人说，为什么这么肯定陶俑不是活人制成的？以讹传讹的力量的确很大，如果是正能量，无疑是件好事，但如果是负能量，就令人担忧了。

关于秦始皇陵的修建，很多史书中都有记载，有简短的，有细节化的，有惊叹的，也有批判的。但是，独独没有秦始皇以活人制成兵马俑，用其陪葬的事情。甚至我们从史书中根本没有读到过兵马俑的存在，更不用说关于其制作工艺的记载了，那更不可能有了。

有人会认为，这是史书漏掉的地方，忘记记载了而已，这么说多少有点儿无理取闹了。相信考古学家的考古结果，会消除他们心中的疑虑。

考古工作者在对兵马俑的修复过程中，发现兵马俑都是用陶土制成的，并且是空心的。如果真的像人们传说的那样，有真人在里面的话，烧陶的时候里面应该会留下一些碳的痕迹，或者在考察兵俑制作工艺的时候，会发现人骨。然而这些情况，在考古工作中都没有发现。可见这种说法，完全不靠谱。

但是，通过观察兵马俑的制作工艺，我们更加体会到了兵马俑制作的精细，由此可见秦代工匠做事的认真、秦人做事的严谨。有要求，才能有进步。在很多人眼中的严刑峻法，却显示了秦国政府管理体制的健全，相信这也是大秦帝国能够崛起的关键所在。

秦始皇为何要仿照真人，做一支陶俑军队带到地下呢？

灵魂不灭是中华文明中的一个有着悠久历史的观念，从考古资料看，自文明社会形成起，"事死如生，事亡如存"的观念就已经确立。历代那些贵族们，统统喜欢在死后把生前享用的一切，都带到墓葬中去。就如前面提到过的秦陵地宫中的水银江海、天文地理，以及现在还无法知晓的大量的奇珍异宝，都是一种事死如生的体现。甚至，有些贵族会将自己的妻、奴一起埋入地下，就是所谓的殉人。

这种以活人殉葬的方式，历史也很久远，大概在史前社会的末期就已经出现了。殉葬，是中国古代文明史中残暴的制度之一，在西周和春秋战国时期十分盛行。考古学家曾在商代晚期的殷墟王陵，发现过数以百计的殉人坑。后来的研究表明，这些被杀殉的人是战争中的俘虏，这些俘虏大多是生活在西部地区的羌人。

《墨子·节葬》篇写道："天子杀殉，多者数百，寡者数十；将军大夫杀殉，多者数十，寡者数人。"战国时代思想家墨子以文字的形式，反映了当时社会上流阶层的这一恶习。

殉葬的人中既有奴隶，也有贵族。周代也流行人殉，但直到现在，在姬姓周人的高级贵族墓葬中，还没有发现一例人殉的现象。秦国的历史上，也出现过人殉的事件。

秦穆公去世的时候，秦康公依照秦国的传统，为死去的秦穆公办了一场轰轰烈烈、震惊世人的殉葬仪式。

秦穆公在秦国历史上，是一位伟大的君主，是位划时代的君主，他雄才大略、知人善任、礼贤下士，有海纳百川的胸襟，有肚里能撑船的气度，有远见，有谋略，为秦国得以称霸天下打下了坚实的基础。但令人难以置信的是，秦穆公去世时，竟然用177个活人殉葬，而良臣奄息、仲行、针虎也在陪葬者的名单当中，真不知道是不是有人故意而为之。当然，这不是秦穆公能干出来的事情，很有可能是继任的秦康公为了彰显自己的孝心，举办了这次殉葬仪式。只是秦康公自以为是的举动，给秦国的未来蒙上了一层阴影。

秦国君主的殉葬制度并不是从秦穆公开始的，而是始于秦武公。据文献记载，秦武公去世时，以66个活人为他殉葬。随着分封制度的土崩瓦解，在需要大量劳动力来发展社会经济的历史背景下，直到春秋时期，人的价值才得以被重视。而且，使用活人殉葬带来的负面影响已经很明显，不仅造成了大量劳动力的消失，更是在一定范围内造成了社会的恐慌。当时皇室贵族身边的人，每日都诚惶诚恐，生怕哪天自己跟随的人去世了，自己得陪着他走。那种提心吊胆的日子，真的很难熬。

好在，春秋时期活人殉葬的情况有所收敛，人们也不必再过那种提心吊胆的日子。生者为了继续表达对逝者的缅怀之情，必须找出替代活人的物品，于是，在这个时候，"俑"出现了。

其实，最早出现的俑并不是陶制的，而是用草捆扎成一个像人的形状，考古学家称之为"象人"或者"刍灵"。随着时代的发展，社会的进步，之后出现的俑，种类开始逐渐丰富，比如木俑、陶俑、石俑，用来陪葬的数量也大大增加。这也是秦始皇陵兵马俑坑存在的原因。

如果我们仔细观察兵马俑，会发现它们身上有一个特征，就是没有头盔。我们对古代的战士基本都有一个固定的印象，就是头戴盔、身披甲、手持剑，而秦国征战六国、统一天下的虎狼之师，竟然没有头盔，这在古代军队中是极其罕见的。

这时，一定会有人问，既然有这么讲究的排兵布阵，是什么原因使得这些冲锋陷阵的士兵和将领不戴头盔呢？秦国能够统一六国，不可能连个头盔都不给士兵配备吧？

《史记·张仪列传》中记载，张仪在连横期间，游说韩王道："秦带甲百馀万，车千乘，骑万匹，虎贲之士跿跔科头贯颐奋戟者，至不可胜计。"意思是说，秦国有百万秦军，战车千辆，战马万匹，装备十分精良。上了战场后，勇猛的士兵飞跃奔跑连头盔都不戴，弯弓持戟冲锋陷阵的，多得数不清。

据历史学家考证，秦军作战确实不戴头盔，原因有些让人哭笑不得，竟是为了在战场上显示出英勇的气势。也就是说，装备精良的百万秦军所向披靡，上了战场后，将士们争先恐后，以不怕牺牲之势，让六国之军队望而却步。

《战国策·韩策》中还记载了张仪吓唬韩王的话："秦人捐甲徒裎以趋敌，左挈人头，右挟生虏……以攻不服之弱国，无以异于堕千钧之重，集于鸟卵之上，必无幸矣。"文字中描述了秦军赤膊上阵，勇猛奋战，左手提着人头，右胳膊下夹着俘虏，追杀敌人的场景，并表示六国的军队若是和秦军相遇了，无疑是以卵击石。

能让秦军在东方六国的眼里，成为闻风丧胆的敢死队的原因，归根结底，还是军功爵制的确立。战场上的将士们，无一不拼命厮杀，眼前的敌人已经不再单纯是敌人，更是通往美好生活的捷径。此时的将士，不仅仅是为了生存，更是为了更好的生活。

无论是哪种机制下创造出来的如此无畏的军队，我们只知道，一支能让东方六国闻风丧胆的军队，一支为秦帝国统一天下浴血奋战的军队，的的确确能够成为秦始皇的骄傲。

七、跪射武士俑，宣传的标志

跪射武士俑，也称作"坐姿弩兵俑"，高129厘米，和骑兵俑一样出土于二号坑，是保存完好的兵马俑之一。值得注意的是，九件将军俑中的一部分也出土于二号坑，这也从侧面证实了二号坑的分量很重。

跪射武士俑身穿战袍，外披铠甲，头顶左侧挽一发髻，现在常被作为中国对外旅游宣传的标志。跪射武士俑的坐姿是古代军事中的一个重要单兵动作，作为一种守势的动作，常用于兵阵中的坐阵。从跪射俑所在的位置推测，这支队伍在军队中具有举足轻重的作用。

据考古资料记载，跪射武士俑为一级文物，全身多处修补痕，肩部周围有大量的黏接缝且有残缺，发带及左脚后跟有残缺。尽管有残缺，但因为重心低矮，不易倾倒，其出土状况在兵马俑中还算是不错的。

跪射武士俑的外貌为：头发中分，头顶左侧绾圆形发髻，身穿齐膝长襦，外罩披膊铠甲，下穿短裤，穿有护腿，足穿齐头方口履；头微微右倾，身体右倾，左腿下蹲，右膝着地，双手于腹前作握弓状；面部及全身呈黑色。黑色是底漆的颜色。我们都知道，兵马俑有彩绘，做完之后，先髹漆，再施以彩绘。经过两千多年的埋藏，跪射武士俑身上的彩绘已经脱落。幸运的是，经过兵马俑文保专家团队的不懈努力，现在所有出土兵马俑的彩绘都能被保留下来。

跪射武士俑上身挺立，目光前视，好像会随时站起投入战斗一般。和其他站立的将军俑、武士俑不同，它以一种静中欲动的姿态，体现了蓄势待发的临战状态。

在我国，有用文字结构命名脸型的说法，古人总结东方男子的面孔"相之大概，无外八格"，即"田、由、国、用、目、甲、申、风"八字，而跪射武士俑便是其中的"国"字脸，看上去是气宇轩昂的堂堂男儿。

跪射武士俑的雕塑技术比起一般的陶俑要更加精细一些，对表情神态和发髻、甲片、履底等的刻画更加生动传神，真实地表现了秦军作战的场景。尤其是鞋底，疏密有致的针脚被工匠细致地刻画出来，极具写实风格，让人们能够从秦代武士身上感受到一股十分浓郁的生活气息。

只有一米二九高的跪射武士俑，并不是兵马俑军阵中最高大威猛的，但历经了两千多年的岁月洗礼，它依旧完整地呈现在世人的面前，这足以令人惊叹。

同样是二号坑，在东北角的弩兵方阵内，还出土了立射俑。

立射俑，在我国古代雕塑史上是比较少见的杰出作品。头部微微侧转，绷着嘴，鼓着劲，严肃认真的神情栩栩如生。左臂向左侧半举，右臂曲举于胸前。左足向左前方斜出半步，双足呈"丁"字形，左腿微微弓起，右腿后绷，呈立姿，当为持弩发射的预备动作。造型准确，形象逼真。

《吴越春秋》中记载："越王曰：'愿复闻正射之道。'音曰：'臣闻正射之道，道众而微。古之圣人射，弩未发而前名其所中。臣未能如古之圣人，请悉其要。夫射之道，身若戴板，头若激卵，左蹉，右足横，左手若附枝，右手若抱儿，举弩望敌，翕心咽烟，与气俱发，得其和平，神定思去，去止分离，右手发机，左手不知，一身异教，岂况雄雌？此正射持弩之道也。'"

文献中的描述基本和立射俑的姿势相吻合。从立射俑双手的手掌伸张看，手里应该没有持弩，仅仅是做出持弩的习练动作，其足法、手法、身法都合理合度。也就是说，秦始皇统治时期的射击技术已经达到很高的水平了，形成了一套规范的模式，并为后世所继承。

二号兵马俑坑中还出土了一批骑兵俑及马，计算有陶制鞍马116匹，每匹马前立有牵马的骑士俑1个。而二号坑出土的骑兵形象，是迄今为止我国考古史上发现的最早的骑兵实物。这为研究当时骑兵的服饰和装备提供了十分珍贵的考古资料。

考古资料显示，骑兵俑上身着短甲，下身着紧口裤，足蹬长筒马靴，一手牵拉马缰，一手提弓。陶马背上塑鞍鞯，头上戴着络头、衔、缰。俑和马的大小与真人、真马相似，形象逼真。马身长约2米，通首高1.72米。骑兵俑身高1.8米，立于马前。骑兵俑的铠甲比步兵和车兵的甲衣短，长度仅及腰际，双肩无护肩甲，这样便于骑马和操持弓弩。上衣为窄袖口，双襟交掩于胸前，长度及膝，这样抬腿上马比较方便。其面部神情自若。下身穿长裤，足蹬短靴，头戴圆形小帽，帽上有带扣结于颌下。骑兵俑的服饰是秦人服饰与古之胡服交融历史中最典型的例证之一。从这种特殊的装束中，我们可以清楚地看出，从古代骑兵战术的角度出发，骑士可以敏捷行动是一项基本的要求。

骑兵俑4匹马一组，3组为一列，排成整齐的长方形骑兵阵，看上去十分威武，气势十足，生动地展现出秦始皇时代骑兵的真实形象。骑兵的行动轻捷灵活，能离能合，百里为期，千里而赴，出入无间，被称为离合之兵。正因机动性强，所以战国时代的骑兵已经成为战争中一支非常重要的力量。

我国古代兵书上强调排兵布阵，有"大阵套小阵，大营包小营，阵中有阵，营中有营"之说。纵观整个二号坑，就是如此。车、步、骑三个兵种混合编组，反映了"易则多其车，险则多其骑，厄则多其弩"的战术。所以，二号坑可以称得上是秦军中的精锐部队。

我们之前了解到，二号坑里的步兵有跪、立两种姿态，分别对应坐阵和立阵。跪射俑上身笔直挺立，单膝跪地，形成的三个支点增强了俑体的稳定性，它与立射俑一起摆在二号坑东北部，构成步兵射手或弩兵的军阵。

有学者认为，从跪射俑、立射俑的姿态来看，这应该是在练兵。

孙武，是春秋时期著名的军事家，被誉为东方兵学的鼻祖。他经过伍子胥七次推荐，受到吴王阖闾的接见和重用。公元前494年，越王勾践举兵攻打吴国，吴国由伍子胥、孙武策划，在夜间布置了许多"诈兵"，分为两翼，点上火把，奇袭越军，越军很快大败。在孙武"兵不厌诈"的计谋下，越王勾践连打败仗，只得向吴王屈辱求和。孙武曾说过，一个国家只需看看君王有没有德行，将领有没有能力，兵卒有没有训练，军纪是不是严明，之后他甚至不用亲临前线就能预测战斗结果。

老话儿说得好，平时多操练，战时少流血。再缜密的阵势，也要落实到每一名士兵身上才能实现布阵的目的。《司马法·严位》中记载："凡战，非陈之难，使人可陈难，非使可陈难，使人可用难，非知之难，行之难。"。

《周礼·夏官·大司马》曾记载："乃陈车徒，如战之陈，皆坐，群吏听誓于陈前，斩牲以左右徇陈曰：'不用命者斩之。'中军以鼙令鼓，鼓人皆三鼓，司马振铎，群吏作旗，车徒皆作，鼓行，鸣镯，车徒皆行，及表乃止。三鼓，掩铎，群吏弊旗，车徒皆坐。又三鼓，振铎，作旗，车徒皆作，鼓进，鸣镯，车骤徒趋，及表乃止。坐作如初，乃鼓，车驰徒走，及表乃止。鼓戒三阕，车三发，徒三刺，乃鼓退，鸣铙，且却，及表乃止，坐作如初。"由此可见，指挥官在练兵场上通过旗、鼓、镯、铎这些指挥器具，配以金鼓的响声和旗语，训练战士坐下、起来、前进，反复操练。秦军自然也不会例外，定是经过长期的、反复的操练，才能达到布阵的效果。

让人没有想到的是，在跪射武士俑中，有一尊俑的脸色竟然是绿的。考古资料显示，绿脸俑除了脸色怪异，其头发、胡须、瞳孔、手这些部位的颜色都如正常人。目前出土仅此一件，只在兵马俑博物馆公开展出一次、陕西历史博物馆展出一次、台湾展出一次。还是有很多人都没能亲眼见到这尊绿脸俑，着实挺可惜的。好在，我们可以通过考古学来了解关于它的一切，也不失为一件好事。

据统计，关于绿脸俑的来历、用途的猜想结果大概有9种，分别来自民间和专业学者。有人认为他是从事巫术活动的傩人，或是工匠们的恶作剧，或涂绿脸是为了吓唬敌人，或工匠可能是色盲，或是具有个性创意的作品，或为护身符，或是少数民族的象征，或是历经两千年，颜色发生自然变化，或可能是类似于现在的野战部队的哨探。在没有充足共存关系的考古证据时，大家各抒己见，充分发挥着自己的想象力，可谓是脑洞大开。

无论绿脸俑是坐阵实战中的射手还是严阵以待的步兵，我们都应该先考虑艺术创作的再加工问题，毕竟千人千色，也许就是哪位工匠的临时发挥，也不是没有可能的。

考古工作者在二号坑射手阵后边发现了排列整齐的骑兵，如果以兵种分类，它们应该是代表了一个新军种，类似于我们现在的特种兵。

《六韬·犬韬·武骑士》中曾记载了武王询问姜太公该如何挑选骑士一事："武王问太公曰：'选骑士奈何？'太公曰：'选骑士之法，取年四十以下，长七尺五寸以上，壮健捷疾，超绝伦等，能驰骑彀射，前后左右周旋进退，越沟堑，登丘陵，冒险阻，绝大泽，驰强敌，乱大众者，名曰武骑之士，不可不厚也。'"

江边钓鱼、愿者上钩的姜太公得到武王的重用后，迅速施展自己的才华，他给出了一套挑选骑手的标准。比如骑手年龄要在 40 岁以下，身高要在 175 厘米左右，这两个是首要条件，只有达标，才能获得一张入场券。其次是身强力壮，行动敏捷，反应速度要超过一般人，体能要过硬。还有，要能在骑马疾驰时弯弓射箭，能在前后左右各个方向迎战自如，进退娴熟。当然，少不了要能策马越沟壑，冲险阻，横渡大水，追逐强敌，临阵不乱。以上要求都达标者，方能成为骑士，并且待遇优厚。

姜太公对骑士的要求，还是很细致的。全能人才不可多得，所以待遇必须优渥，首先要解决的就是衣服供给问题。不能像一号坑步兵的服装那样，五颜六色，长短五花八门，骑士可是秦的特种部队，是秦代的军事代表，军装必须特供，才能体现出其重要性。

圆形帽子低浅，彩绘的白色梅花斑点如鹿皮，下有系带；铠甲短，长度仅及腰际，坐在马背上恰当合适，双肩没有护甲；上衣窄袖口，双襟交掩于胸前，不是绕体包裹、掩于腰后的深衣，长度也短，刚到膝盖以上；下裤长及踝，窄裤管；鞋为短靴，带筒。服装特色在于重点保护上半身，张弓射箭时摆脱羁绊，抬腿上马方便。系结于颌下的皮弁和带筒的皮靴，急速奔驰时它们一定掉不了、刮不跑。这种职业装是胡服，又称"裤褶服"。胡服的特点是紧身、裤合裆。

据文献记载，从五万年前的山顶洞人开始，中原农业民族就会缝制兽皮包裹身体，到后来发展出以麻、丝织物为服装面料，衣服的组合是上衣、下裳。裳不适合骑马，就算给两条腿套上绔也没裆。再后来出现了绲绔，就是在裆部系上布条，接近裤裆裤。绔用料是蚕丝纨。

湖北江陵楚墓出土有一条这样的真丝袴（袴，亦作绔，指套于腿部的服装。裤子最早约出现于宋代），距今有两千多年，裆部交叠形成合裆的效果，但不是真正意义上的合裆。

若要追溯裆裤的起源，和马背民族一定有所关联。考古发现，最早的有裆裤出土于新疆塔里木盆地，距今有三千多年。西北地区的有裆裤和绲裆裤不是一回事。魏晋南北朝时期，真正的裤裆裤开始普及，阔腿曳地，人们自此，不需要再担心走光，而且可以不再跪坐，桌椅板凳这种高腿家具也就随之出现。

解决完服装问题之后，便是战马了，因为骑兵军阵少不了战马。根据考古资料，我们可以知道马俑两眼圆瞪，两耳如削竹，耳前有鬃花，很机灵的样子。马俑嘴巴里的牙齿有六颗。马出生后第二年开始生齿，每年两颗，到第四年长够八颗称为齐口，六颗牙的马正是早晨八九点钟的太阳，是状态最好的时期。

骑兵军阵属于新兴的军种，还有很多需要完善的细节。这里的陶马，马鞍都很低，有点像坐垫，由皮革缝制，里边填充点东西，针线绗缝加固。这种鞍子又称低鞍或软鞍，前后没有围挡，安全系数低，舒适度比裸骑稍微好一点。甘肃武威雷台古墓因"马踏飞燕"而闻名天下，墓里还有两端很高的木雕马鞍。使用木板这种硬质材料做成的高鞍，前后有围挡，安全系数更高一些。

　　有句话叫"行天莫如龙，行地莫如马"。充分利用畜力应对载重和日常出行需求是人类历史的一个巨大进步，但是行地用马不一定都是用来亲自骑乘，也可能是用于马车。

　　据考古发现，马用于骑乘，最早应该是在公元前4000年。而对于地势平坦的中原地区来说，在生活中养马更多的是为了解决温饱、载重的问题，马主要作为拉车的畜力。由此可以推断出，中原民族以马骑行肯定比以马驾车的时间要晚。那是什么时候，中原民族开始以马骑行了？又是什么原因呢？

　　在西周时期，草原民族不断南下滋扰中原民族，闹得各处鸡犬不宁，如果中原民族再不有所作为，怕是要被草原民族拿下了，于是，战争警报拉响了。草原民族不老老实实地待在自己的地盘，执意南下，这其中也有很多方面的原因。

　　据历史资料记载，在公元前1000年至公元前850年的西周时期，气候逐渐变冷，年平均气温比原来降低了4℃以上。周孝王七年，公元前903年的冬天，大雨夹杂冰雹，牲畜冻死饿死。长江、汉江以南的地方都出现了极寒天气。让人没有想到的是，降温持续了约150年。

　　处于欧亚大陆东端的草原骑马民族，中国西部、中国北部内陆的一些部族比如戎狄、猃狁、楼烦，则成为极寒天气的重灾区。生态环境被严重破坏，草原沙漠化，森林草原化，食物来源锐减，人们食不果腹、饥寒交迫。为了生存，他们开始了对中原民族的入侵，不停地在北方边境地区与中原民族擦枪走火，抢夺物资，争夺地盘，不宣而战。

　　抵抗异族入侵的事例比比皆是，周王朝多次与犬戎、猃狁交锋的事件，幽王烽火戏诸侯的故事，秦人首次越过陇山迁都陕西的历史，都与南下的这些异族有关。

　　为了防御异族入侵，大家采取了一些办法。比如筑起高墙，建造防御工事，这就是后来闻名于世的长城；还有就是"师夷长技以制夷"，从草原民族的身上，发现并学习他们的长处，发展骑兵，以彼之道，还施彼身。在制夷行动中，以赵武灵王的"胡服骑射"改革为最著名。

秦国和赵国是邻居，在骑马射箭以及穿胡服方面，怎会甘愿落后于赵国？所以，在秦国急剧的军事改革之下，骑兵的发展基本与赵国并驾齐驱，甚至更胜一筹。在著名的长平之战中，赵国便是吃了秦国骑兵的亏。

为何在战国时期，发展骑兵新军种以秦、赵二国为最突出？实际上，组建骑兵部队是那个时期的大趋势。

伯乐相马的典故，大家都知道。第一个被称作伯乐的人本名为孙阳，是春秋时期的人，对马十分有研究。伯乐曾受楚王之托，寻找能日行千里的骏马。伯乐寻访各地，都没找到中意的马匹，直到从齐国返回的路上，看到一匹马拉着盐车，很吃力地在陡坡上行进。伯乐不由得走近，谁知这时马突然昂起头来瞪大眼睛，大声嘶鸣，好像在倾诉什么，而这倾诉之音被伯乐听了出来，他便把这匹马买了回去。楚王看着这匹骨瘦如柴的马，怎么也不敢相信是匹千里马，伯乐却告诉楚王，只要好生喂养，不出半月，一定让他刮目相看。楚王将信将疑地按照伯乐说的去做，果然，马变得精壮神骏。楚王上马扬鞭，但觉得两耳生风，只是喘息的工夫，已跑出百里之外。后来千里马为楚王驰骋沙场，立下了不少的功劳。

公元前314年，燕国发生了内乱，邻近的齐国趁机出兵，攻占了燕国的部分领土。燕昭王当了国君之后，消除了内乱，决心振兴燕国，并广招天下贤能之士，却没有几个人投奔他。于是燕昭王便问郭隗，如何才能招揽到贤良之人。

郭隗给燕昭王讲了一个故事：从前有一位国君，愿意用千金买一匹千里马。可是过去了3年，也没买到，这时这位国君的一名部下自告奋勇，前去买马。这个人用了3个月的时间，才打听到某处人家有一匹良马，可是等他赶到这户人家时，马已经死了。于是，他就用一千金买了马的骨头带回去献给国君。国君看到了花了大价钱买的马骨，很是恼火，而这个部下却说，之所以这样做，是为了让天下人知道，大王是真心实意地想出高价钱买马，而非欺骗别人。果真，不到一年的时间，就有人送来了3匹千里马。

郭隗借着这个故事告诉燕昭王，想真心得到人才，也得像故事里的国君一样，让别人看到实意才行。燕昭王认为在理，便拜郭隗为师，并修建了"黄金台"，作为招贤纳士的地方。而燕昭王的举动，的确为他招来了一些有才干的名人贤士。

伯乐相马的典故，千里马的很多传说，以及郭隗给燕昭王讲的千金买马骨的故事，都显示出大趋势之前的一些端倪。

在居中思想的影响下，古代的华夏族将不同于自己文化面貌的族群，按照方位分为四类，即南蛮、北狄、西戎、东夷。战国时期，西北地区蹦出来了"胡"，有点莫名其妙，说明"胡"并不是华夏族以往熟悉的"戎"或"狄"。

秦代骑兵的兵源多来自西北部地区，今陕北、宁夏、甘肃等地区既是秦人的老家，也是各种戎人的大本营。鞍马俑的低鞍子和数千里之外的新疆鄯善县，甚至更远的阿尔泰地区出土的实物竟然一模一样。

站在赵国边境线上看，东北边是东胡，东有中山国，北与楼烦、林胡接界。尤其是位于山西西北部的楼烦国（今娄烦县马家庄乡新城东沟村有相关遗址），这个地方的人骑术超群，秦、汉两朝骑兵军官的别称就是"楼烦将"。《史记·高祖功臣侯者年表》中记载："阳都侯丁复以赵将从起邺，至霸上，为楼烦将。"《史记·项羽本纪》中记载："汉有善骑射者楼烦，楚挑战三合，楼烦辄射杀之。"《史记·樊郦滕灌列传》中也有记载："击破柘公、王武军于燕西，所将卒斩楼烦将五人……卒斩龙且，生得右司马、连尹各一人，楼烦将十人……从击项籍军于陈下，破之，所将卒斩楼烦将二人……攻布别将于相，破之，斩亚将楼烦将三人。"

秦灭亡之后，秦的骑兵被刘邦改换番号，竟成为汉军的一张王牌。《史记·樊郦滕灌列传》中记载："汉王乃择军中可为骑将者，皆推故秦骑士重泉人李必、骆甲，习骑兵。"公元前206年，刘邦为汉王，为适应楚汉战争的需要，由灌婴牵头筹建骑兵。秦骑兵旧部直接成了汉骑兵主力，李必、骆甲成为教练，任左右校尉。这些人骑术娴熟，久经骑战考验，在荥阳之战、襄邑之战等一系列大战中屡建奇功。

由此可见，骑兵在军队中，已经得到了相当的重视。但是，秦陵出土的骑射俑也只是在外观军服方面与步兵俑有所不同，在人种面貌上基本没有区别。

据考古发现，目前我们在秦始皇陵园所能见到的陶马都是典型的中国本土马种，体形较小，属于矮马品种。在陕西文物中有许多比较著名的马，比如西汉武帝茂陵出土的鎏金铜马，唐李世民的"昭陵六骏"石雕，对比一下就能发现，明显差异便是"高头洋马"。

西汉武帝之后，大量的西域宝马被引进中原地区，其中就包括汗血宝马。汉武帝得到汗血宝马之后欣喜若狂，称它是"天马"，还诗兴大发高歌一曲："太一贡兮天马下，沾赤汗兮沫流赭。骋容与兮跇万里，今安匹兮龙为友。"（《史记·乐书》）

仅仅一匹千里马，还不足以改变国内马的品质。为了夺取大量的汗血宝马，西汉与当时西域的大宛国曾发生过两次血腥战争。最初，汉武帝派百余人的使团带着一匹纯金制作的金马去大宛国示好，希望以重礼换回大宛马的种马。谁知，等汉使团到了大宛国首府贰师城（今土库曼斯坦阿斯哈巴特城）后，国王想了想，觉得不能给，马种流失相当于军事机密泄露，后果不堪设想，于是果断拒绝了汉武帝的要求。

金马换不成真马也就算了，在汉朝使者回国途中，大宛国竟派人来抢夺纯金制作的马，不仅如此，还把汉使者给杀了。两国交兵，不斩来使，而大宛国不但谋财，还害命。汉武帝得知后勃然大怒，于公元前104年，命李广利带兵万人行军4000多公里攻打大宛国边境，但这场战争后来以汉军失败而告终。

为了再次攻打大宛国，汉武帝足足准备了三年，发兵时还不忘带上两名相马专家。有备而去，这是势在必得的节奏，结果令汉武帝很是满意，汉军果然满载而归。武帝了却夙愿，拥有了千余匹汗血宝马。

汉武帝死后被葬于茂陵，而此地出土的一匹鎏金铜马，也说明了汉朝有宝马的品种。无论是蓄谋已久还是事发偶然，马种在中原地区的换代并不是经过一次战争就大功告成的，实则是一个循序渐进的过程。武帝刘彻是景帝刘启的第十子，景帝阳陵出土的骑马俑也是高头大马，尤其是胸肌和臀，健硕宽阔，和秦始皇陵的马俑造型已经明显有了不同。

考古资料显示，六骏石雕列置于唐太宗李世民的昭陵，六块骏马青石浮雕分别名为拳毛䯄、什伐赤、白蹄乌、特勒骠、青骓、飒露紫，代表李世民在唐朝建立前先后骑过的战马。其中，拳毛䯄、飒露紫于1914年被盗，现藏于美国宾夕法尼亚大学博物馆，其余四块，现陈列于西安碑林博物馆。

从秦始皇陵出土的鞍马俑，到汉武帝茂陵的鎏金铜马，再到唐太宗的六骏石雕，这些不外乎是在说明马是国防的重要物资，历朝历代都很重视；而我们中华文明在滚雪球般壮大的过程中，极大地吸收了外来文明，尤其是北方草原文明。

虽然秦国已经灭亡了，秦人也已经消失了，但是，秦始皇给我们留下的这一尊尊陶俑，就像是一个个路标，标明了我们来时的方向。作为秦代文化的典范，秦兵马俑是战国至秦朝政治、军事、文化、艺术乃至整个社会发展与变化的一个缩影，铸成了中华文明的精神标识。而今天的我们，可以有幸见到这样的文物，不去伤害，便是我们对它们的守护。

第五章

绚丽的瑰宝

一、青铜之冠——铜车马

1978 年 6 月，考古工作人员在秦始皇陵封土的西侧发现一座陪葬坑，经过局部发掘后，出土了一组青铜铸造的铜车马，分别为：一号车"立车"，通长 2.25 米，通高 1.52 米，车马总重量 1061 千克；二号车"安车"，通长 3.17 米，通高 1.06 米，车马总重量 1241 千克。

秦陵铜车马是继秦兵马俑发现之后的又一秦代考古重大发现，是迄今为止形体最为宏大、结构最为复杂的古代青铜器，也是驾具最完整、制作最精美的陪葬车马，被誉为"青铜之冠"。

考古资料显示，铜车马出土的时候，破损情况非常严重。据统计，一号车破碎为 1325 片，有断口 2069 个。二号车破损更为严重，破碎为 1685 片，有断口 2244 个。惊人的碎片数量，对考古工作者的复原工作来说，无疑造成了巨大困难。在文物修复师八年的努力下，两辆铜车马终于得以修复，重现了昔日的样貌。

经考古发现，铜车马是按照真实御车的 1/2 比例，缩版打造而成的。两车前后放置，一辆是警卫乘坐的"立车"，即一号车，车上装备有武器。伞顶呈圆形，车厢为横向长方形。御官俑立于伞下偏右处，手执六辔，身佩长剑。在车舆左前阑板上有承放弓弩的承弓器一副，在舆内前阑板内侧还置有一个彩绘铜质箭箙，箙内尚存 50 支三棱带羽铜镞和 4 支平头带羽铜镞，御官俑身旁车厢内侧放置有铜盾。这些都是皇帝乘舆"立车"源于古代"戎车"的标志。

让人意外的是，一号车的伞可自由拆卸、调整方向。车伞杠与伞座之间有锁可闭合以固定，也可以轻松打开调整伞的不同倾斜度。伞柄中部自带活扣插销的扣锁。伞柄顶端与伞盖连接处有齿轮，和现代雨伞安装伞骨的部分大同小异。在当时，车中能竖立一把这样的伞，已经是很超前的事了，可想而知，秦始皇的座驾得高级奢华到什么程度。

另一辆是秦始皇乘坐的"安车"，即二号车。前室较窄小，御手乘坐；后室宽敞，车主乘坐。前室踞坐着一个半米多高的御官铜俑，头戴冠，身穿长袍，手中握着辔索，身佩短剑，神态恭谨。从御手旁边伸出一根铜杆，即"策"，用它戳马屁股可以使马加速。后室有篷盖，四周严实。车后有一尾门。值得注意的是，在二号车的后室上有三个窗户，正前及左右两侧各一个，前窗为刻有菱形花纹的固定窗，左右两边的车窗对称，可平行推拉，安装了滑动轨道。

两辆铜车马施有云纹、菱纹、虺纹、夔纹等彩绘，并配有大量金银饰件，比如金银节、金当卢、银蝉纹轭軥首等，以及璎珞、蘽穗等璎饰，可谓是精美至极。辅料耗费近 14 公斤的金和银。

考古工作者在两辆铜车马的车厢内，还发现了车茵。车茵，就是车厢内坐卧的垫子。两辆车的等级不同，所以车茵也有所差别。安车后室的车茵，外形就像一个厚墩墩的褥子，四周卷有彩绘图案，和南方战国至汉代墓葬中出土的织物一模一样。四角窝边的方式，就像手工缝制的被子。四角平正，边线服帖，两边留出的白边宽窄一致。

两辆铜车马的结构复杂、精致异常，集合了繁多的部件。比如车上的轴（十字固定支撑车体）、辀（车前弯曲的独木车辕，用以驾马）、轫（车停好后为了防止车轮滚动，要在车轮前垫塞物件加以阻挡，常将木头削成楔形，塞在轮下，古人称这块木塞为轫）、车轮，马上的轭、辔、颈靼（马颈或马腹上的皮带）等。从部件的名称上会发现一定的规律，如车身重要部分辀、飞轮、轨，偏旁部首为"车"。不同功能的牵引绳鞁、勒、靯、缰，偏旁部首为"革"，模拟的便是柔软的皮革材料。

故宫博物院收藏有一套重要的文物，就是石鼓，其中记载有"四马六辔"。在我国古代，一车四马，外侧两匹为骖马，内侧夹车辕的两匹为服马。辔，为缰绳，一马各两辔，这么算的话，四匹马应该是八辔，可为何"手执六辔"呢？原来是最里侧的两匹服马各有一根引绳，因此御者只执六辔。

铜车马带给我们的惊喜，远不止这些。铜车马所包含的工艺技术，也不容小觑。以二号车为例，伞盖质薄、光滑，最薄处仅有1毫米，最厚处仅仅4毫米，是目前我国发现的最早、最薄、最大的整体青铜铸件，着实令人惊叹。根据资料我们可以知道，铸造时，注入模具中的铜液变凉凝固后，如进行二次铸造，两次之间会形成拼缝。但是，该青铜铸件没有拼缝，可见为一次铸成，即使以现在发达的技术来铸造，想要做到一次铸成，也是有一定难度的。对此，专家猜测当时采用的应当是多点同时浇铸的技术。

根据考古资料，我们知道，马头上戴有马勒。马勒上的金银节用范铸法铸成。首次要做模范，需要经过捏陶土、焙烧、修整三道工序；其次是做外范；最后将炼好的铜液通过注口浇铸，之后冷却脱模，再修整打磨。金银节连接需要依靠销钉，铸造销钉也是同样的铸法，制好以后，将金银节像现在的手链一样连接在一起。

据统计，两辆铜车马包含6500多个零件，按照一个零件平均20道工序计算，要经过13万道工序才能完成。这时，不禁令人感叹。当然，还不止这13万道工序。其中，零件连接形式多达17种，包括包铸、嵌铸、熔化焊接、插接式焊接、套接、子母扣加销钉连接、活铰连接、钮环扣接、卡接、榫卯结合加焊、镶嵌加钎焊、焊接加铜栓板连接、补铸、双金属焊接、亚腰形转轴连接、锥度配合连接、弯钉连接。机械加工工艺涵盖了锻打、锉磨、钻孔、切削、铆接、錾刻、镶嵌、冲凿、钳工装配、抛光10种。

这些专业的工艺技术名词，让我们眼花缭乱，可能我们还弄不清楚每一道工序，每一套流程。试想一下，两千多年以前，在没有现代机床等自动化机械的情况下，秦人可以将如此复杂的工艺集成到一起，并完成如此复杂的产品，是多么艰难，多么令人震撼。而两辆铜车马车身所有部件的高度仿真性，更是令人叹为观止，文字已经很难表述出其精致、奢华，真的是名副其实的顶级豪车。

在我国古代，像秦始皇陵铜车马这样的青铜制品，不管是实用品还是艺术品，在目前所知文献以及考古发掘中，是从未见到过的。可以说在我国古代社会，除了秦始皇陵，还没有以青铜车作为座驾的情况出现过。

据考古资料，这两辆铜车马属于法驾（天子车驾）卤簿。卤簿，就是皇帝出行时的仪从和警卫。古代国家君主遇到重大的国事活动时，一切需要按照典章制度来操办，集仪仗队、军乐团、舞蹈表演、车辆服务、交通安全、治安保卫等为一个整体，且已经成为一种制度。

按照制度，两辆铜车马应该是秦始皇车队的一部分，不一定是秦始皇的座驾。天子出行的车队有大驾、小驾、法驾三种规格，其中大驾是顶级配置，车辆总数达81辆。

天子六驾，即6匹马拉一辆车。法驾规格中皇帝乘坐六马金根车，随行配套有副车，皆是4匹马拉一辆车。副车分青、赤、黄、白、黑5种颜色，按照东与青、西与白、北与黑、南与赤、中与黄的颜色和方位搭配分布，各色有安车、立车2乘，总数10乘。另外随行侍中参乘属车共计36乘。车队可谓是相当庞大，而大驾更是浩荡。

铜车马模拟的是副车，副车，就是皇帝的从车。《史记》中还记载了"误中副车"的典故，就是历史上著名的博浪沙行刺事件。这次事件的谋划者正是后来的一代名臣张良。张良原本是韩国的贵族，为了报仇，他决定在秦始皇巡游的必经之地博浪沙进行伏击，用一把重达120斤的大铁椎进行刺杀。秦始皇的车队如期出现，大铁椎从天而降，准确地砸在了一辆华丽的马车上。没承想大铁椎砸中的是副车，一般情况下皇帝不坐副车，所以秦始皇逃过此劫。

秦始皇在河北沙丘病逝，李斯和赵高秘不发丧，只能将秦始皇的遗体暂寄于辒辌车中。此处的辒辌车，就是副车中的安车，是人在里面可以躺着的车。

铜车马的出土，带给我们的震撼远不止现在所了解的，从某种程度上说，铜车马比兵马俑更加贴近秦始皇。关于铜车马的内容还有很多，如果有机会，一定要去秦始皇帝陵博物院亲眼看看，那是两千多年前，秦始皇集天下之力精心打造的铜车马，是大一统之下人民高超的创造力和发展力，是青铜之冠，是国之重器。

二、百兵之君——青铜剑

剑，被称为百兵之君。通体长三尺，故以此为剑的代称。剑最早出现于轩辕黄帝时代，《黄帝本纪》记载："帝采首山之铜铸剑，以天文古字铭之。"且不论剑的发明人是谁，但是始于黄帝时代，毋庸置疑。黄帝时代，初入青铜器时期，由此推断，剑有着极为悠久的历史。

自黄帝时期到东周时期，基本上以铜来铸剑，剑的质量很好，铸剑技术也在不断地进步。到了春秋战国时期，制定了有关剑的制度，包括详细的铸剑之法。

关于制剑的记载最早出现在商代，史料中记载，剑一般呈柳叶形或锐三角形，为铜所制，在商朝时期，剑通常作为长兵器的辅助武器。到了春秋战国时期，剑的重要性得以体现，已是步战中的主要兵器，并且不断加长。

1965 年湖北省荆州市荆州区望山楚墓群一号墓出土的春秋越王勾践剑，剑长 55.7 厘米，柄长 8.4 厘米，剑宽 4.6 厘米，剑首外翻卷成圆箍形，内铸有间隔只有 0.2 毫米的 11 道同心圆。剑身上布满了规则的黑色菱形暗格花纹，正面近格处有"越王鸠（勾）浅（践）自作用剑"的鸟篆铭文，剑格正面镶有蓝色琉璃，背面镶有绿松石。春秋越王勾践剑体现了当时短兵器制造的最高水平，被誉为"天下第一剑"，是青铜武器中的珍品。

剑应该是各类武器中最为高贵、典雅的一种充满传奇色彩的武器。因其轻薄柔软的质地，进可攻退可守的优势，十分符合儒家的中庸之道，所以被称为"君子"。千百年来，剑已经成为一种风雅配饰及礼仪中显示地位等级的标志。在古人的心目中，剑是身份、地位、等级的一部分，就像将军配置金印紫绶，是一种符号。有时，甚至是皇权的象征。

秦始皇陵兵马俑坑内，不只出土了数千件陶俑，还有大量的实战兵器，大致可分为三大类：一是长兵器，有戈、有戟、有矛；二是短兵器，有铍、有剑；三是远射程兵器，有弓、有弩、有搭配的箭镞。既然剑是百兵之君，那我们就来看看秦代的剑有什么特别之处。

经过考古发掘，已经出土的铜剑数量有 30 余柄。一号坑内出土的完整的铜剑有 17 柄，长度在 80—90 厘米，宽 2—2.3 厘米，重约 1.5 公斤。

铜剑的整体造型是：前有身，后有柄，柄有首和茎。首是挡，防止手滑脱。茎呈四棱状，把握时会硌手，要用木片夹茎缠上丝线形成剑夹；缠的丝线为缑，夹茎的材料是竹片或木片，历经两千多年早已腐朽，幸运的是还可以看见纹理。茎前接剑格，又称镡。剑身中间部位的凸棱是脊。两边斜坡面为纵，纵面不平，有起伏，为血槽。边为刃，头为锋。近锋处，剑身内收，呈束腰状。整把剑是一次铸造，经过加热、锻打的修整，再进行平锉、铲、磨、抛光、开刃，最后配鞘。鞘即套，顶端有珌，中间有璏。

《释名·释兵》中记载："剑，检也，所以防检非常也；又敛也，以其在身拱时敛在臂内也。其旁鼻曰镡，镡，寻也，带所贯寻也。其末曰锋，锋末之言也。"

之所以这样设计，是因为有剑夹才不硌手，而纵面不平则可以增大杀伤力，束腰是为了便于伤口内的血流出来，抽剑的时候使剑身不被血吸住。

在我们的印象里，剑一般都是系挂在人的腰部位置，那么，兵马俑不是真人，怎么系挂呢？

从兵马俑塑造的生动形象上看，实战兵器应该是标配。通过兵马俑不同的手部造型可以发现，戈戟、弓弩的携带方式都有清楚的对应，唯独剑的佩带方式还没有摸着头绪，更准确地说是没有深入研究。

随着考古的深入，一样物品的出现，为我们找到了兵马俑佩带剑的方式。此物窄长条，黄褐色，织物线丝呈平纹，最宽处有 2 厘米多，曲曲折折，说明原材料质地柔软，整体较长，经考古学家认定，这是剑带。剑入鞘，通过鞘上的璏可挂于剑带，腰际束扎剑带，剑才能实现与兵马俑的结合。

据资料记载，剑带，跟束扎袍服的腰带不是同一样物品，它们各有各的用途。若是直接把剑挂在腰带上，以剑的重量来看，肯定会下坠，衣服便会随着剑的下坠松松垮垮。肯定会有人说，兵马俑是泥塑的，腰带是工匠雕刻出来的，腰带与俑体之间压根儿就没有缝隙，不会存在这样的问题，可以将剑直接系挂在俑体上。事实上，即使不考虑衣服会松垮这个因素，那么沉的东西直接挂在腰上，也不科学，即便是陶俑不是真人，也是系挂不上的。所以，还得是靠剑带，将剑系挂在俑体上。

兵马俑坑出土的铜剑，是青铜合金，主要成分是75%左右的铜和25%左右的锡，另外还有极少量的铅或铁，基本属于古代"大刃之齐"的配方。其中，锡要是过多，剑易断，锡要是过少，剑的硬度将会减弱。

《考工记》是一本器物制作的说明书，"大刃之齐"便出自这里。据说成书于战国，记录了30种手工业制作的规范和工艺。

文献中记载："六分其金而锡居一，谓之钟鼎之齐；五分其金而锡居一，谓之斧斤之齐；四分其金而锡居一，谓之戈戟之齐，三分其金而锡居一，谓之大刃之齐；五分其金而锡居二，谓之削杀矢之齐；金、锡半，谓之鉴燧之齐。"关于金属冶炼和器物铸造，书中根据照容铜镜、生产工具、生活容器、兵器等不同用途，以硬度为标准，逐类给出了铜、锡比例的配方。

书中的"金"指的是黄铜和锡的二元合金，大刃指兵器，兵器的原料合金比例为黄铜占2/3，锡占1/3。经过实验检测，结果证明兵马俑坑出土的铜剑，其成分比例与文献中的记载相吻合。原料已具备，要想合金原料充分融合，对火候的把控也是极为重要的。

铸剑的技术越来越高，要求也越来越严格，可见剑的地位在不断地提升。在武王伐纣时期，战斗还属于车战模式，剑还不是主力武器。到了春秋时期，晋国的魏献子指挥大原之战"改车为行"，改变了以车战为主力的传统战术模式，而剑后来居上，是战术从车战向步兵战转变的结果，这种态势迅速蔓延。

公元前595年，宋国杀了楚庄王的使臣，楚庄王得知后勃然大怒，准备提剑亲征，甚至忘记了穿鞋，随从赶紧带上鞋子等物品去追楚庄王。由此可见，剑已经成为不能离身的物件。

公元前544年，吴王僚的兄弟公子季札出使中原，途经徐国（今安徽泗县北），徐君见了季札的佩剑很是喜欢。季札想要把剑送给他，但是考虑到还有公务在身，便没有送出。待到返程时，季札想送剑，不承想徐君已经故去，季札很是伤心，于是便把剑挂在徐君的墓前，以表哀悼。这个故事，不仅以百兵之君称颂了季札和徐君的友谊，也赞扬了季札的品行。同时，还体现出了吴剑的好。"夫剑产干越"，干就是吴，有干将、莫邪、欧冶子这些铸剑大师，所铸之剑，怎么可能不好？

秦始皇也拥有一把宝剑，名为泰阿剑，又名太阿剑，我国古代十大名剑之一，是东周时期越国欧冶子和吴国干将两大铸剑师所铸。《战国策》曾载："韩卒之剑戟，皆出于冥山、棠溪、墨阳、合伯膊。邓师、宛冯、龙渊、太阿，皆陆断马牛，水击鹄雁，当敌即斩坚。"

世人都说，太阿剑是欧冶子和干将所铸，但是两位大师却不这么认为。他们说太阿剑是一把威道之剑，剑气早已存于天地之间，只是无形、无迹，待到时机成熟，天时、地利、人和三道归一，此剑即成。

据《越绝书》中记载，春秋时期，作为当时的霸主，晋国认为只有自己才最有资格得到这把宝剑，可偏偏此剑是在楚国铸成。相传，出剑之时，剑身天然镌刻篆体"泰阿"二字，可见欧冶子、干将所言不虚。

关于太阿剑的传说，传得神乎其神，晋君怎么可能咽得下这口气，便大言不惭地向楚国索要此剑。楚王心想，太阿剑是在我的地盘所铸，凭什么晋国说要就给呢？当即拒绝了晋国的无理要求。晋国认为自己丢了面子，于是以索剑为名，派兵征伐楚国。两国实力相差悬殊，楚国很快被困，这一困便是三年。

楚国已经危在旦夕，晋国派来使者，告诉楚王，若是再不交出太阿剑，晋国将攻陷楚国。楚王非但没有屈服，还告诉部下，如晋军破城，他将会用太阿剑自刎。他吩咐部下，若到了那时，一定要拿起剑，以最快的速度到达太湖，将太阿剑沉入湖底，让它永远地留在楚国。当楚王登上城墙之后，看着城外浩浩荡荡的晋军，深感自己是汪洋之中的一叶扁舟，已无力回天。就在晋军破城之际，楚王仰天长叹："太阿剑，我将用自己的鲜血来祭你。"随即，拔剑出鞘，引剑直指敌军。

神奇的一幕出现了，只见一团磅礴剑气激射而出，城外霎时间飞沙走石，遮天蔽日，风中似有猛兽咆哮。晋军兵马大乱，片刻之后，晋国旌旗倒地，晋军血流千里，全军覆没。

事后，楚王召来国中智者风胡子，问道："太阿剑为何会有如此威力？"

风胡子回道："太阿剑是一把威道之剑，而内心之威才是真威，大王身处逆境而威武不屈，正是内心之威的卓越表现，也正是这虔诚之威，激发出太阿剑的剑气之威。"

之后，秦国灭掉楚国，太阿剑便为秦始皇所有。《史记·李斯列传》中有关太阿剑的记载："今陛下致昆山之玉，有随、和之宝，垂明月之珠，服太阿之剑。"意思是，秦始皇已经拥有很多昆山的美玉，还得到了随侯之珠、和氏之璧，挂着明月珠，佩着太阿剑。由此可见，此时秦始皇已经成为太阿剑的主人。

剑之威，是人的精神。君王剑出，则匡正诸侯，天下归服。秦始皇拥有太阿剑甚至其他名剑，便也不足为奇了。

在秦始皇去世后，关于太阿剑的去向有不同的说法。有人说，秦始皇将太阿剑作为陪葬品，埋入地宫，之后项羽攻入咸阳，来到秦始皇陵，取出太阿剑，又请人将太阿剑一分为三，铸成宝剑，分别是逐日、奔月、三星。前章已经说过，项羽挖开秦陵地宫是不可能的事情，所以，这种说法显然不符合事实。

还有一种说法是，秦始皇将随侯珠、和氏璧和太阿剑作为随葬品都带入了秦陵地宫。因为目前还未能进行考古发掘，所以，太阿剑仍埋于秦始皇陵地宫内。显然，这种说法更靠谱些。不管是哪一种说法，太阿剑被埋于秦陵地宫中，应该是无须质疑的。

春秋时期，铸剑大师出自吴越，那么秦的铸剑技术如何呢？

据考古资料记录，1992年，宝鸡益门二号春秋墓被发掘，出土了一把金柄剑，引起了人们广泛的关注。而甘肃礼县秦先祖古墓也出土了铜柄铁剑。

两地出土的铜剑可谓是豪华又超前。豪华突出表现在剑柄部分，有镂空的神兽纹饰、夔龙纹或蟠螭纹，有的还镶嵌绿松石之类的宝石，浮雕华丽无比，十分耀眼。这种金与玉的结合是春秋晚期才开始的，要求精选最合适的玉料，设计完美的造型，实现连续敲击镶嵌等繁复高难的工艺，可谓是做工精良。

而金柄铁剑中最有价值的部分，不是柄部闪闪发光的金子，也不是镶嵌在剑柄的玉，恰恰是那锈蚀残断、黑漆漆的剑身，这剑身竟然是铁制的，长 20—30 厘米。我国的人工冶铁技术最早出现在西周末年，而益门二号墓是春秋晚期墓，所以这应该是我国最早阶段的铁器。根据资料我们知道金子和铜的冶炼熔点低，为 1038℃；铁的熔点高，在 1500℃以上。在以木柴为燃料的时期，炼铁比炼金、炼铜要难得多。由此可以看出，在这一点上，秦人走在了时代的前沿。

考古资料显示，技术水平超前的不只是铁剑，还有不起眼的、由两种金属材质制成的小刀。宝鸡益门春秋墓还出土了金柄铁刃的小刀，其铁刃外再用锡包裹，可谓是锋利无比。

对于这两座墓的墓主身份，众说纷纭。有人说甘肃礼县的墓主是秦国的某位国公，宝鸡益门的墓主是被秦收服的戎狄王，也有人说是景公的弟弟后子针。总之，这些豪华又超前、华丽又惊艳的秦剑的主人非富即贵。而真正的墓主身份，还有待考证。

不论是兵马俑坑中的铜剑还是秦人的铜剑，都说明了剑的重要性。而在秦始皇统治时期，发生了一件被大家熟知的事情，便是荆轲刺秦的故事，其中，也少不了剑的戏份。

故事发生在咸阳城的大殿上。荆轲借机靠近秦始皇，见匕首已经暴露，他左手抓住秦始皇的衣袖，右手拿起匕首，径直刺向秦始皇。千钧一发之际，秦始皇纵身一跃，挣断衣袖，慌忙拔剑，由于秦始皇的剑太长，竟然卡住了。秦始皇越着急越拔不出来，慌乱之际，他为了逃命只能绕着柱子跑，荆轲在后面紧追不舍。在场的大臣们除了惊慌失措，只能干着急，最后在大家"王负剑！""王负剑！"的提醒下，秦始皇拔剑刺伤荆轲的左腿。受伤后的荆轲只能向秦始皇投掷短剑，却扎在了柱子上，没能命中秦始皇。秦始皇再次反击，最终荆轲身受八剑而亡。

秦国的法律规定，殿上侍从、大臣不允许携带任何武器。侍卫武官也只能拿着武器，依序在殿外守卫，没有秦王政的命令，任何人不准进殿。如此危急的时刻，根本来不及召唤殿外的守卫。而千钧一发之际，秦始皇的长剑竟然卡在了剑鞘里，也是够惊险的了。在读这个故事的时候，相信很多人都为秦始皇捏了把汗，好在有惊无险。

正所谓"一寸长一寸强，一寸短一寸险"。剑之长短，各有优劣，长剑不好出鞘，短剑的有效使用范围却有限。

那么，秦始皇佩带的长剑到底能有多长，竟然卡在了剑鞘里？据说刘邦任亭长时，佩剑长三尺，后来做了皇帝，佩剑改为七尺。汉高祖只比秦始皇小三岁，两位皇帝用剑的规格应该差不多。汉高祖剑长七尺，按照秦汉时一尺约合现代的 23 厘米估算，剑长约 1.6 米。秦始皇陵一号坑出土的铜车御手佩剑约为 1.2 米，合秦汉时的五尺二寸多。所以在荆轲刺杀秦始皇事件中，秦始皇的剑长在 1.2—1.6 米，都快赶上人的身高了，确实难以抽出。

2014 年，考古工作人员在兵马俑坑中又发掘出 5 柄铜剑，保存较为完整。至今为止发掘的陶俑数量有 1000 多件，有的是弓弩兵，有的是戈戟兵，铜剑的出土数量只有 30 余柄，可见佩剑兵只占兵马俑的一小部分。当然，出土数量并不代表当初的埋藏数量，因为兵器在后来的破坏中有遗失的情况。这时候内心不免气愤，那是古人留给我们的为数不多的瑰宝，就这样被盗掘，真的很遗憾。

在秦代，对兵器的管理也有严格的规章制度，战斗后，兵器要上交到武库。库啬夫（官职名称，战国置）逐一清点，登记造册；册交吏，吏交丞。丞上班后批阅、画圈、写注：这个和这个可"缮"。一套流程，行云流水。

缮，即修缮。谁能想到，修修补补这事儿还能发生在光环笼罩的兵马俑坑。事实上，也确实发生了。陶俑与兵器所不同的是，陶俑、陶马修补得外形逼真就行了，而兵器修缮则是发生在现实社会中。

兵器也属于公器的一部分，国有物资被称为公器。公器中的一草一木，就连库房旁饲养的鸡、猪都归公家，管理更是细则化。

据《睡虎地秦墓竹简·秦律杂抄》中记载："禀卒兵，不完善，丞、库啬夫、吏赀二甲，法。"

《睡虎地秦墓竹简·秦律十八种·金布律》中记载："县、都官以七月粪公器不可缮者，有久识者靡□之。其金及铁器入以为铜。都官输大内，内受买之，尽七月而粜。都官远大内者输县，县受买之。粪其有物不可以须时，求先买，以书时竭其状内史。凡粪其不可买而可以为薪及盖□〈蘙〉者，用之；毋用，乃燔之。"负责修缮兵器的人称为"缮治卒""缮啬夫"，有正式的岗位编制。

秦律规定，若是交到士兵手上的兵器该修未修，库管人员从上到下罚铠甲两领，且卷铺盖走人。不能修、彻底报废的公器，在每年七月之前完成所有申报、移交工作，由地方送到首都的内史，或转卖，或改变用途。从地方到首都，路途遥远不方便实物输送的，就地拍卖变现，或用作苫盖（茅草编的覆盖物，特指草衣、茅屋），或直接烧火，总而言之必须做到物尽其用，财产归公即为"大妥"。秦代以九月为岁末，十月为岁首，而政府工作报告不能晚于九月份。处理报废物资则必须在年度财政统计之前完成，以便统计部门算出本年度的国民生产总值。公器管理制度历代沿用，在云梦秦简、张家山汉简、甘肃居延汉简中都可以找到依据。所谓资源节约，环保精神，古今同理。

由此可见，一柄铜剑从采矿到金属冶炼，再到铸造，是需要耗费财力、物力、人力资源的，所以能修则修，能补则补，能用则用才是硬道理。若真是修补不了了，还可以回收再利用。这种方式，既节约又环保，值得点赞。

秦之青铜剑的探索之旅即将告一段落，但这并不代表着考古工作的结束，也不能说明以后就不会再有秦剑出土。未知的奇迹还有很多，需要我们去探索考究的还有很多，在考古工作者的不断努力下，相信会带给我们不一样的惊喜。秦之剑，所体现的一切价值，不会因此而画上句号。

三、秦陵外藏系统之马厩坑

1976 年，位于秦始皇陵园外城东侧 350 米处的上焦村一带的马厩坑被发现。考古工作者在发掘过程中，竟然发现了大量的马骨和姿态奇怪的陶俑，从马骨四肢呈现的挣扎状来看，这些马应该是被活埋的。

目前最新探测结果显示，这一区域有 200 多座马厩坑，它们呈南北向 3 行排列。考古工作者试掘了其中的 37 座，发现有马坑 28 座，踞坐俑坑 3 座，马俑同坑 6 座，这 37 座坑被称为马厩坑。

考古工作人员在清理过程中，发现有的马坑是事先在坑底挖个洞，把马腿置于洞内，前面留有一个小坎，坎上挖个缺口，刚好将马脖子卡在缺口处，然后把马活埋。有的马坑内虽然没有发现专门的控制马匹的洞、槽设施，但是马的四肢呈现出了挣扎状，并且有用绳子捆扎过的痕迹，由此推断，这些马应该也是直接被活埋的。

马厩坑的发现，是意外的，却又在情理之中。以秦始皇陵园的规模来说，兵马俑坑都只是冰山一角，随着考古的发掘，一定还会有其他的奇迹存在。意外的是，竟以活马陪葬，所以这个马厩坑不得不令人称奇。

文献中记载，秦始皇曾在驰骋疆场的征途中，使用过七匹著名的战马，名字分别为追风、白兔、蹑影、犇电、飞翮、铜爵、神凫。这些肆意热烈的名字，充分地体现出了这七匹骏马追风逐电的骏逸雄姿。毫无疑问，秦始皇是爱马之人，所以用马陪葬就一点儿也不奇怪了。

经过考古发掘，马厩坑里除了发现马骨、陶俑，还陆续出土了陶盆、陶罐，有的陶盆里面还放有谷子和草。在这些器物中，有的器物上还刻有文字，比如"大厩""中厩""小厩""宫厩""左厩""大厩四斗三升""左厩容八斗"等字样。

厩，泛指牲口棚，这里指养马的地方。而这些"大厩""中厩""小厩"代表的应该是秦代宫廷的厩苑名。在秦汉时期，国有养马场所叫作厩苑。厩苑其实是两种不同的养殖场所，但从历史资料来看，一般都作为厩苑合称。

历史上，关于秦国宫廷的厩苑名称的文献记载少之又少，而马厩坑出土的器物上的刻文，弥补了这一不足。它们代表的就是秦王朝当时的皇家养马场，马是宫廷的苑马，这些陶俑的身份应是厩苑内负责养马的人员。

在秦始皇陵内，头一次发现规模如此庞大的马厩坑。随之，值得我们思考的问题出现了，为什么秦始皇要在陵园内建造这么多的马厩坑呢？只是为了陪葬吗？这还要从马对于秦国的意义说起。

早期，秦人因为征战和农耕的需要，对马、牛等牲畜的饲养尤为重视。特别是马，那是秦国的立国之本，也正是因为善于养马，秦的先祖才得以有了属于秦国的封地。

其实，我们所熟知的秦人，最初并不是生活在关中地区的。《史记·秦本纪》中记载："恶来有力，蜚廉善走，父子俱以材力事殷纣。"秦的先祖恶来、蜚廉曾一度凭借着才能和力气被商纣王重用，用现在的话说就是站错队了，因为效力于商纣王，所以他们在史书中多是以反面人物的形象出现的。由于备受器重，他们被举族迁往西北边陲，为商王朝抵御戎狄一族和正在崛起的周人。但在牧野之战、商王朝灭亡之后，秦人一下子沦为周人的部族奴隶，度过了一段黯淡无光的时间。

在经历了女防、旁皋、太几、大骆四代之后，直到五世孙非子的出现，才得以扭转秦国灰暗的前途。当时，非子居住在犬丘，他十分喜爱养马，并且善于饲养。在那个战火纷飞的时代，马匹作为特殊的战略资源是十分重要的，于是非子潜心养马，并以出色的养马技术成功出名。

非子的名声很快传到镐京，周孝王得知有此人才后，激动得不得了，立刻召见并重用他，命非子建立国家养马场，来繁殖饲养马匹。非子也不负众望，在他的精心培育下，成千上万匹骏马茁壮成长。而汧水和渭河一带，也就成了周王室最重要的战马供给地。

此时西周的统治者是周孝王，在他的统治下，周王室逐渐地走向衰败。周孝王为了表示对非子的满意之情，于是很"大方"地把一小块叫秦的土地赏赐给了非子作为封邑，并让他接续嬴的祭祀，号称秦嬴。这是秦人发展史上一个重要的转折点，有了封地，就有了属于自己的地盘，也受到了周王的政治认可。后来我们所说的秦国、秦王朝的"秦"，就出自这里。

秦国的历史，也由这一块小小的封地，拉开了序幕。没有人会想到，此时只是西周的一个小小附庸国，国土面积方圆不超过五十里，巴掌大的秦国，日后会发展成为令人闻风丧胆的大秦帝国。而马对于秦国来说，不只是立国之本，更为秦的开国作出了巨大的贡献，足以证明其特殊意义。所以，秦国的皇家养马场才会养着很多的马。

关于春秋战国时期皇家养马的情况，《周礼》中曾记载说："天子十有二闲，马有六种"，"六系为厩，厩一仆夫"。这里的闲，不是休闲，也不是悠闲，是马厩的意思。也就是说，天子有 12 个马厩，马的品种有 6 种。而一系有 36 匹马，6 系为一厩，一座马厩里就有 216 匹马，并设有专门养马的人，就是仆夫。

从秦始皇陵马厩坑的埋藏情况分析，它们分作南北向 3 行排列，每行 1000 余米。根据已经钻探试掘的上焦村西的一段坑位密度来推算，此处原来的马厩坑应有数百座，也就是说在厩苑内养马的数量是非常非常庞大的，远远超过了《周礼》中的记载。对于非常爱马，又认为自己功盖三皇五帝的秦始皇来说，他的养马场定是少不了的，数量很可能非常大。秦人为什么如此善于驯马，并且能够逐渐形成规模和体系呢？这跟秦国的地理位置有很大的关系。

在秦国的早期，周天子赐给秦国的封地，就在今天的甘肃东部天水一带。这里山原辽阔、草木繁盛，有着得天独厚的地理优势。最主要的是秦人在此地与犬戎、义渠等半农半牧民族杂居，吸收其他民族养马的经验可谓是非常方便。到了周孝王时期，秦人的养马技术可以说已是炉火纯青了。可以说，养马驯马，伴随着秦国由小到大，由弱到强，秦人的兴起，更是得益于他们的养马之业。

据《战国策·韩策》中的记载，秦国在战国晚期时，已经成为拥有"带甲百余万、车千乘、骑万匹"的军事大国了。养马业的发展，也为秦国东出，统一六国奠定了雄厚的战略物资和军事基础。虽然养马的历史很悠久，但让人意外的是，秦国并不是最早拥有骑兵的国家。

通过文献的记载，我们可以清楚地了解到，在中原国家中，赵国是最早组建骑兵的，便是历史上著名的赵武灵王"胡服骑射"事件。有意思的是，秦国和赵国本是同一个祖先，只是到了商朝时期，两国便分道扬镳，各自发展了。

前面提到过，最早组建骑兵的是赵国，为什么会是赵国呢？这还要从赵国的地理位置说起。当时各诸侯国中，赵国地处最北方，时常受到来自北部的游牧民族，比如匈奴、林胡部族的侵扰。此时的赵国可谓是内忧外患，既要抵挡外族的入侵，还要在七国纷争中生存。赵武灵王意识到必须要改变中原传统的那套以车战为主的战争方式，并借用强邻的骑兵以及能够跃马征战的服装，就是胡服。只有在军事方面进行改革，赵国才能摆脱此时面临的困境。

虽然骑兵已经出现，但并不是主要的作战兵种。各个诸侯国在赵国的影响下，开始逐渐地出现骑兵，只是发展速度相对缓慢。在战国时期，骑兵的数量很少，更不是作战主力部队，却有着其他兵种无法替代的作用，那就是轻便快捷。骑兵在战斗中，凭借着轻便快捷的特点，常常肩负着突袭、迂回包抄、断敌粮道、追歼残敌的重要任务。

《史记·白起王翦列传》中关于秦赵两国长平之战的记载："赵军逐胜，追造秦壁，壁坚拒不得入，而秦奇兵二万五千人绝赵军后，又一军五千骑绝赵壁间，赵军分而为二，粮道绝。"在两军交战之际，白起采取诱敌深入的战术，故意节节败退。赵军乘胜追击时，进入白起早已布置好的如铜墙铁壁般的营垒，赵军无法攻克。而这时，白起派出两支骑兵部队，一支两万五千人的骑兵部队截断赵军的退路，另一支五千人的骑兵部队则插入赵军营垒之间，断绝了他们的联系，顺势把赵军分割成两个孤立的部分，并截断运粮通道。著名的长平之战，以赵国惨败而收场。

《史记·白起王翦列传》中记载："乃挟诈而尽坑杀之，遗其小者二百四十人归赵。前后斩首虏四十五万人。"最后白起坑杀了四十多万赵军，也因此留下了千古骂名，这成为他一生的污点。长平之战，也因为是战国时期规模最大的一场战役，对历史产生了深远的影响。

而此阶段的骑兵，已经成为独立的建制，有能力单独执行任务，并且对战局胜负起到了关键性的作用。至此，在东方六国的心中，秦军是一支真真切切的虎狼之师。

虽然秦国不是最早拥有骑兵的国家，但秦国铁骑的战斗力却很快地制服了赵国，间接地消灭了数量庞大的赵国军队。由此可见，秦国骑兵确实有过人之处。

在列国中，秦国、赵国、燕国三个国家的北部与游牧民族相邻，相较于其他国家，更具备发展骑兵的条件和动力。其实秦国和赵国出现骑兵的时间也没差太多，只是赵武灵王的胡服骑射比较出名，引起的关注比较多，而秦国则闷声闷语地发展了骑兵，甚至文献中，都没有过多的记载。

在咸阳城周围，考古学家发现了一些战国晚期的陶俑，其中就有骑马俑，陶俑头戴风帽，身着裤装，是典型的胡服装扮，说明此时秦国也有了骑兵。而晚些时候的骑兵形象，就是秦始皇陵兵马俑二号坑出土的骑兵俑了。

二号坑出土的骑兵俑，以一只手牵马缰，一只手貌似拿着武器的形象出现在大众的视野中。骑兵俑除了在衣着方面依旧保持着胡人的风格之外，在此基础之上还增加了铠甲，整体风格更显干练，而且本着轻便快捷的设计特点，又加上了防护功能，实用性更强一些。

到了战国后期，论起骑兵的实战能力，秦国显然已经是独占鳌头了。不仅仅是装备上具有独特的优势，还有一个很重要的原因，就是和秦国的马政是分不开的。下面，我们可以了解一下秦国的马政。

《后汉书·马援列传》中记载："夫行天莫如龙，行地莫如马。马者甲兵之本，国之大用。安宁则以别尊卑之序，有变则以济远近之难。昔有骐骥，一日千里，伯乐见之，昭然不惑。近世有西河子舆，亦明相法。子舆传西河仪长孺，长孺传茂陵丁君都，君都传成纪杨子阿，臣援尝师事子阿，受相马骨法。考之于行事，辄有验效。"

意思是，在天上行走莫如龙，在地上行走莫如马。马是兵甲战争的根本，国家的大用。国家太平时可以用来识别尊卑顺序，国家有变乱时可以克服远近的患难。过去有麒麟，一日可行千里，伯乐见了，明白不疑。近代有西河子舆，也明相法。子舆传给了西河仪长孺，长孺传给了茂陵丁君都，君都传给了成纪杨子阿，马援曾经拜子阿为师，接受了相马骨法。在实践中检验，时见功效。可见马对于一个国家的重要性。

马政，是指我国历代政府对官用马匹的牧养、训练、使用和采购等的管理制度。在《周礼·夏官》中，就有关于马政的记载，比如"掌王马之政，辨六马之属"。

在我国进入战国时期以后，各国的马政都有了进一步的发展和完善。由于当时正处于战火纷飞的时期，而且，随着战事规模的不断扩大，时间更是旷日持久，在这种环境下，军马是极其重要且奇缺的战备资源。尤其是在经历过一场大规模的战争消耗之后，最为缺乏的就是战马。所以，秦国在养马方面就格外地用心。

战国时期的纵横家张仪曾评价秦国的马匹，说："秦马之良，戎兵之众，探前趹后蹄间三寻腾者，不可胜数。"（《史记·张仪列传》）《战国策》中也有这样的记载："秦马之良，戎兵之众，探前趹后，蹄间三寻腾者，不可称数也。"大概意思就是，马奔走时，前后蹄间一跃要过三寻，跑得特别快。那么，秦国的养马技术究竟有多好，又会从哪些方面入手制定马政呢？

养马的首要问题应该就是马匹的饲养，无论是饲料的征集，还是喂养，都有严格的制度。在秦国，喂马要有专用的饲料，就是刍藁。刍，就是草；藁，是农作物的茎干。

不仅马有自己的专属饲料，秦政府还专门制定了征收刍藁的规定。按秦国当时的授田制度，平民每人授田一顷，凡授田民，无论耕种与否，丰收如何，都要以顷为单位缴纳谷物。

1983年至1984年，考古工作者清理了张家山二四七号汉墓，根据汉墓出土的竹简《二年律令》中的记载，"顷入刍三石，藁二石"，我们可以知道，在当时，平民交纳谷物后，还要到少府指定的称重处称定重量。秦国的一石，大概是30.75公斤，那么，每一顷田地就要缴纳饲料大概154斤。

　　不仅征收饲料有规章制度，就连喂马也要按照严格的规定来喂，不是随随便便想喂多少就喂多少的。不只这些，就连时间和量，秦人都有严格的把控，可以说是细致入微。

　　睡虎地秦墓竹简里这样说道："驾传马，一食禾，其顾来有（又）一食禾，皆八马共。其数驾，毋过日一食。驾县马劳，有（又）益壶（壹）禾之。"意思就是，每次驿站所用的马，要喂两次饲料，回程还要再喂饲一次，而且每次喂饲都要八匹马一起喂。如果连驾多次，每天喂粮不得超过一次。若是路途遥远，马累着了，可再加喂一次。在我们的印象中，喂马应该是使劲儿喂，让它可劲儿地吃，这样才能长得快，长得壮。但实际上秦人喂马的方式，更为准确，对马匹的生长起到了重要的作用。

　　关于喂饲马匹都有严格的制度，那么，马匹的训练、管理就可想而知了。秦国马匹的优良，离不开一套完整的管理考核制度。

　　据文献中记载，马匹要按照其种类的不同，进行不同的训练，当然，考核制度也不同，并且驯养的结果还有专门的验收部门来检验。为了保证马匹的奔跑速度和耐力，必须要对其进行严格的训练。关于每年训练马匹的数量，都是有规定的。

　　文献中记载，如果一年内所训练的马匹数量不够六匹，那么县司马（掌管军马）就要受到惩罚。如果供骑乘的军用马在考核中被评为下等，县司马不仅要受到惩罚，还会被解除职务。如果用来骑乘的军马没有训练好，在行军、作战中无法听从指挥，那么，负责养马、驯马的县司马都要受到严惩，甚至连县令、县丞都要跟着受罚。

　　我们从兵马俑坑的一排排军容威严整齐的车、骑、步兵的阵容上看，当年秦国军马训练有素，战斗力十分强大，这和严格高效的马政是密不可分的。

　　关于马匹的保护，秦国也有一套严格的法律制度，让马匹可以达到作战标准。通过对兵马俑坑出土陶马的观察，考古学家发现无论是骑兵用马，还是驾车用马，都是经过阉割后的公马。之所以将公马阉割，是因为公马经过阉割之后，性情会变得温顺，更加容易驯服。这个细节的发现，不仅体现了考古工作者的认真，还展现出了秦代工匠的细致。

《睡虎地秦墓竹简·秦律杂抄》中记载："志马舍乘车马后，（毋）勿敢炊饬，犯令，貲（赀）一盾。"志马，就是没有阉割的公马，这些马匹只能跟在车的后面，且不能鞭打，违反此规定者，就要罚钱。《睡虎地秦墓竹简·秦律杂抄》中对于马的标记问题，也有具体规定，所有的马匹都要打上标记，若是标记打错了，还要罚"官啬夫一盾"。由此可见，秦代对马匹标记这么小的问题，也是毫不含糊的。

最后，还要对马匹进行定期的检疫，确保马匹的健康。

国家使用的马匹基本都是集中饲养的，因此，马匹的疾病防控就显得尤为重要。若是没有及时发现问题、处理问题，很可能会引起大规模的马匹疾病，导致马匹死亡。

秦国在马匹防疫方面，也是下足了功夫。为了预防其他诸侯国的车马带入寄生虫、传染病，凡是进入秦国的车马都要用火熏车衡（车辕端的横木）、轭（架在拉车的牲畜脖子上的短粗曲木）及驾车的皮带。之所以用火熏，是因为倘若诸侯国没有预防寄生虫，寄生虫便会附在车轭和驾马的皮带上，从而进入秦国传播疾病。此条文可以说是世界上最早的有关动物检疫及疾病预防的法律法规，而其他有关马政的法律也为养马业的蓬勃发展提供了可靠的法律保障。

以上种种，足以让我们体会到秦国马政的细致化程度，秦人对马的态度是不是有点令人意外呢。悠久的养马历史和充足的战略资源，使秦国在统一战争中，具备了东方六国所不具备的军事优势。也正是由于秦国构建了成熟、完善的马政体系，才会有优质的战马源源不断地输送到秦国的军队中，帮助秦始皇实现开疆拓土、统一天下的壮志雄心。

这些曾为秦始皇立下赫赫战功的军马，在秦始皇死后，陪他到了地下王朝，依旧伴随他驰骋天下。

马厩坑里除了那些已经清理出来的马骨，还出土了一些陶俑，因为它们呈跽坐姿态，就是臀部坐在小腿肚和脚跟上的坐姿，所以称它们为跽坐俑。跽坐俑高度约为 60 厘米，它们面容谦卑，后脑部分梳着一个低低的发髻，双手放在两膝之上，结合出土的马来看，它们的身份应该是饲养马匹的仆役，古代称之为圉人。

马厩坑里不仅有马骨和圉人俑，还有一些随葬器物，有用来盛放饲料的陶盆、供马饮水的陶罐、夜间喂马照明的陶灯和铡草用的铁斧，并且是按照相应的组合摆放在马骨和圉人俑的前面。这些都是喂马必备的器具，考古人员甚至还在个别陶盆里发现了谷子和稻草。

谁会想到，陪葬坑里竟然还有圉人俑用的照明灯，由此可见，在秦人的心里，事死如生的观念已经深入骨髓。

四、秦陵外藏系统之百戏俑坑

1999 年，考古人员在秦始皇帝陵园的东南角发现了一座陪葬坑，这个陪葬坑位于内、外城之间，面积大概有 800 平方米。考古工作人员对陪葬坑内 9 平方米的范围进行了局部试掘，出土了 11 件造型奇特的陶俑。

在这些出土的兵马俑中，最高的俑达到了 1.97 米，若是仔细观察可以发现，这些陶俑的形象、生动程度略低，工匠对骨骼、肌肉雕塑的把握并不是那么准确，给人的感觉有点生硬。而且，现在的俑中能分出的脸型十分有限。这是当年制作兵马俑所用模具的差异造成的。前面部分是一个模具，后面部分是一个模具，然后再雕塑眼睛、鼻子、嘴，所以形象方面参差不齐，且工匠水平有限，对肌肉、骨骼也展现得不是很好。

这些陶俑还有一个显著特征，就是只穿了一件短裙子，上身和下身都是裸露的，与此前出土的其他陶俑类型并不相同。所以，弄清这些陶俑代表的意义是首要任务。

在出土的陶俑中，有一个俑从身形上看是比较瘦弱的，它单腿蜷缩着，右手举起一个像是托盘或是手绢之类的东西；另一个俑则是肌肉舒展，双足左右分张，作直立状，双臂曲举，两手交垂于腹前，左手拇指跷起，手掌伸张，掌心向内，右手在左手之上，握住左手的腕部，绷腿，挺胸伫立，神态机敏，一副准备就绪的姿势。这两个俑，体型都偏瘦弱，至于它们的动作所代表的意图更是让人一头雾水。但是，另一个俑的出现，为考古学家提供了重要的线索。

此陶俑头部有残缺，从足部到肩部的高度有 1.71 米，从而推断该俑的原高差不多有 2 米。俑呈立姿，上身和腿、足赤裸，下身穿着长度及膝的短裙，裙子上端用条形布带绑缚并绾结于脐下，带尾自然下垂，双足各踩一块长方形踏板。左足向前跨出小半步，左腿微弓，右腿柱立，身体的重心落在右足上，凹腰鼓腹，臀部绷紧，左臂自然下垂，左手的拇指插于腰带下，其余四指弯曲握住腰带。高举的右臂由于手部残缺，无法知晓它举的是什么器物，但从它右臂上暴起的肌肉来看，推测是一件稍重的器物。从它残断的脖颈看，脖颈向右微侧，右边面颊贴近右臂。

该俑的形体特征大致可分为三段：上段为头部及高举的右臂，重心略微偏右；中段为肩部到臀部，凹腰鼓腹，重心在下；下段为臀部到足部，臀部紧绷，右腿像柱子般直立，左腿微弓，明显重力在右。双腿和双足一前一后地分张，力量感和稳定感很强。通过这么生动的肢体语言，可以推断出这尊俑的原型应该是一位大力士。

这位大力士身材魁梧，四肢粗壮，肌肉壮实，鼓腹挺胸，浑身散发着刚毅之气。值得探究的是，大力士到底举了个什么？在秦汉时期，有一项角力运动，就是举鼎，又称扛鼎，以此来比试力气的大小，属于竞技类活动，一般参与人员都是大力士。举鼎，当时在宫廷中很流行，深受王公贵族们的喜爱，由此推断，这尊俑举的很有可能就是鼎。

在秦代，有一位君王十分喜好举鼎，甚至因鼎而出名、因鼎而丧命，他便是秦武王。秦武王个子不高，长得却十分健硕，因天生神力，年少时期极其喜欢与勇士们比武角力，做一些和力气方面有关的游戏。

"孔武好戏"并非传言，《史记·秦本纪》中记载："武王有力好戏，力士任鄙、乌获、孟说皆至大官。王与孟说举鼎，绝膑。八月，武王死。族孟说。"

在秦武王统治期间，任鄙、乌获、孟说都凭借着自己的力大无比做了大官。在公元前307年，即秦武王四年，秦武王与孟说比赛举"龙文赤鼎"，在秦武王举的时候，鼎还没有被完全举起，秦武王便两眼充血，胫骨折断，在夜里，气绝而亡。而孟说的结局也很惨，被灭族。

《吴子兵法·料敌》中也有相关记载："然则一军之中，必有虎贲之士，力轻扛鼎，足轻戎马，搴旗斩将，必有能者；若此之等，选而别之，爱而贵之，是谓军命。"

就是说投石、超距及扛鼎等运动，原本只是军队习武的一个项目，随着时间的推移，演变为一种竞技的专项角力节目，并且会有专门的官员选取力士在宫廷等重要场所表演，以此来娱乐。

秦汉时期的一些壁画、陶俑等，都有表现这种杂技活动的题材，文献中将其称为百戏。百戏，就是我国古代散乐杂技的统称。

《礼记·月令》中有这样一条记载："孟冬之月，天子乃命将帅讲武，习射御，角力。"孟冬之月，就是冬季的第一个月，天子命将帅习武，练习射箭、驾战车和角力。角力，就是比武较量。在这个时期，角力只是士兵训练的科目。

到了秦始皇统治的时期，秦始皇把这类通过两两相较力量和技艺的科目直接降格为娱乐竞技项目，并且统一更名为角抵。角抵，就是两个人角力，在现代被称为摔跤。到了秦二世时期，随着宫廷的娱乐项目不断丰富，角抵不再局限于某一种类，而是已经用它作为各种竞技的冠首称谓，也就是我们所说的百戏。

《史记·李斯列传》中曾记载秦二世在甘泉宫作"角抵俳优之观"，此时的角抵，已经不再是两两相当的角力、角技艺，而是各种竞技的总称。

而秦始皇陵出土的百戏俑坑，则反映的是当时的宫廷娱乐生活。从出土的陶俑看，有扛鼎、寻橦（古代百戏之一。橦，竿。据现存汉画可知，是一人手持或头顶长竿，另有数人缘竿而上，进行表演）、丸剑（古代杂技名。表演时使用铃和剑）等技艺项目。这些丰富多彩的竞技项目，是对秦二世作"角抵俳优之观"最生动、具体的注解。

到了西汉时期，由于汉承秦制，这些娱乐活动的称谓也沿袭秦代，继续称为角抵或者角抵戏。

《汉书·西域传》中记载："天子自临平乐观，会匈奴使者、外国君长大角抵，设乐而遣之。"从文献记载的内容看，西汉时期的角抵戏种类比秦代更加丰富，如扛鼎、寻橦、跳丸、走索、鱼龙曼延、戏车、叠案、吞刀吐火、飞剑弄瓶、舞轮、冲狭、马戏、幻术等，种类甚是繁多，精彩程度也大大地提高了。

至此，角抵戏发生了根本性的变化，已经成为百戏的代称，成为一种综合性更强的大型杂技舞蹈幻术表演类节目。

东汉时期，角抵戏正式更名为百戏。百戏，见于《后汉书·安帝纪》"乙酉，罢鱼龙曼延百戏"。此后，百戏一名一直为后代沿用，其内容跟现在的杂技表演差不多。我们都知道杂技，表演者需要刻苦训练，才能有惊人的杂技技巧。杂技对表演者的身体素质也有一定的要求，在现代，杂技表演者基本上都是年纪较小的人。试想一下，如果是年纪较大的人，做一些高难度动作，万一哪个环节没有反应过来，会造成很严重的后果，给表演者带来的伤害会很大。那么，在古代，表演百戏的又都是些什么人呢？应该都是年轻人吧。

前面我们已经提到过，角抵活动最早是在军队中举行，是军队内训练科目的一种，可想而知，参与这种活动的人就是士兵。后来到了春秋末期至战国时期，雅乐式微，俗乐开始兴盛，养士之风盛行，各种身怀一技之长的人物中除了谋士、说客等高级士人外，有着击剑、扛鼎本领的人，便成了养士。

秦始皇统一天下之后，军队有了一套较为完善的管理训练方式，这些养士便没了用武之地，于是秦始皇下令，让这些人专心搞娱乐项目，不得参与政事。这下好了，养士潜心专研娱乐，搞得也是有声有色。百戏在秦代，已然成为当时统治阶层非常重视的一项娱乐项目。

考古工作人员在咸阳秦三号宫殿遗址的廊墙上，曾发现有秦孝公时绘制的壁画"缘竿之戏"。壁画上绘有两长竿交叉成三角形，有一杂技艺人正缘竿而下。《国语·晋语》中有"扶卢"技的记载，所谓扶卢，就是缘竿之戏。

那么，这些百戏俑为什么会出现在秦始皇陵的陪葬坑里呢，难道是秦始皇劳逸结合，将有娱乐意义的百戏俑也带到了地下世界？

据历史资料记载，百戏作为一种娱乐项目，早在秦武王时期就已经登上了宫廷的大雅之堂，这一点与咸阳秦三号宫殿遗址廊墙上发现的壁画是相吻合的。当时还出现了一大批表演大师，如齐人淳于髡、楚人优孟，都堪称滑稽之雄；又有熊宜僚善弄丸，乌获、孟说能举鼎，狄弥善舞车轮，秦董父精于攀登，养由基善射，朱亥能伏虎，等等；还有幻术，如钟离春通遁术，燕太子丹能使乌头白、马生角，孔子门人公冶长善鸟语。

其实，秦始皇也是非常喜好百戏的，不然他怎么会用百戏俑来陪葬呢？

从秦宫的壁画到秦陵的百戏俑，其实都是秦始皇生活化的一种表现。历代以来，秦始皇在残暴的人物标签下难以翻身，但事实上，生活中的他也并没有那么冷酷无情。他也会在百忙中抽出些时间来看看杂技，看看书，听听音乐，陶冶一下情操，提高一下修养，如此生活化的他，多接地气呀。他也是一个想要过日子的平常人而已，只是这个平常人的内心装着强大的雄心壮志。

百戏自秦以后，经历了汉、唐、宋、元、明、清，到现在已然成为专门的娱乐休闲活动，种类更是丰富多彩。

无论是兵马俑，还是百戏俑，秦始皇陵陪葬坑内的俑，在历朝历代都是独一无二的存在。

秦始皇陵百戏俑，也成为我国传统的人体造型艺术中的一朵奇葩。可以说，在秦始皇的坚持下，我国的雕塑艺术在写实性上发生了短暂的突变。但由于传统的礼制和习俗，突变也只能是突变，不会在这个方向上走得太远。

经考古发现，在百戏俑中，有一尊俑被认定为"都卢寻橦"。都卢，是一处古国名，《汉书》记载说合浦南有都卢国，大概在今天的广西北海以南，也有人说是今天的缅甸一带。寻橦，主要是指由一位身强体壮的大力士，或以双手相托或以头顶长竿，长竿上还有人数不等的表演者表演杂技，表演者的动作有倒、挂、腾、旋、舞、坐等，惊险纷呈。

《国语·晋语》中记载，春秋时已有"侏儒扶卢"这种杂技，这种杂技也许在形式上和秦汉的"都卢寻橦"有渊源，但从"都卢寻橦"的"都卢"名称看，秦汉时期的这种杂技可能是原有的游戏形式受到外来杂技艺术的影响蜕变而成的，也就是说，秦汉之际就有外来的杂技形式传入了中原。在汉代画像石图上经常能见到这类图像，现代称之为"长竿技艺"。

而外来的杂技形式传入了中原，就不得不涉及中西文化的交流。众所周知，中西文化交流的标志性事件就是张骞出使西域。西汉时期，汉武帝派遣张骞出使西域，最初是出于军事目的，虽然这个目的并没有达成，但张骞的两次西域之行，打开了东亚与中亚、西亚中间的那道大门，促进了它们之间的政治、经济、军事、文化的交流。

历史资料中记载：在中原的土地上，逐渐地出现了西域的核桃、葡萄、石榴、蚕豆、苜蓿等十几种植物的栽培；龟兹的乐曲和胡琴等乐器，也丰富了汉族人民的文化生活；汉军在鄯善、车师等地屯田时使用地下相通的穿井术，习称"坎儿井"，在中亚慢慢地推广；大宛以西到安息国都不产丝，也不懂铸铁器，后来汉代的使臣和士兵把这些技术传了过去，极大地促进了人类文明的发展。

不难发现，这些中西文化的融汇，基本都发生在汉代。但是，中西文化的融合和影响不可能是一蹴而就的，那需要长时间的磨合与交融。那么，在张骞出使西域之前，东亚和中亚、西亚之间的文化交流是一种什么状况呢？

《史记·西南夷列传》有这样一段记载："博望侯张骞使大夏来，言居大夏时见蜀布、邛竹、杖，使问所从来，曰：'从东南身毒国，可数千里，得蜀贾人市。'"身毒国，古代国名，或译作天竺等。意思是说，博望侯张骞从大夏国出使归来，说起他待在大夏时曾经看到过蜀郡出产的布帛、邛都的竹杖，便让人询问这些东西的来历，得到的答案是，这些东西是从东南边的身毒国弄来的，离大夏路途有数千里，是从蜀地的商人那买来的。而张骞的这一经历让我们知道了，在他通西域的同时，中国西南经缅甸到印度再到西亚，已经存在一条经济文化交流之路了。

考古发现证明，在张骞通西域之前，文化交流的使者们或通过草原丝绸之路，或通过西南丝绸之路，将源自西亚、地中海等地区的科学、技术、艺术及理念带到中原的土地上。

而秦陵百戏俑的出现，更加明确地说明了古人们将缅甸一带的"都卢寻橦"杂技带到关中，并与原有的"侏儒扶卢"技艺相融合，形成了新的杂技艺术。

越来越多的考古资料可以证明，在一万年以前，尤其是六七千年以前，其实东西方的文化交流是格外密切的。比方说我们东方的马、黄羊、小麦、大麦、青铜冶炼、黄金、铁器等，统统来自西亚。

到了商周时期，这种东西方的交流更趋频繁，比如商代殷墟妇好墓出土的玉器和扶风西周宫殿基址出土的蚌雕胡人头像。这种物质层面的交流也让后人对《穆天子传》记载的周穆王西行见西王母的故事充满了遐想。

通过东西方的交流，在东方的土地上，来自西方的文化因素比比皆是，但是，在西方的土地上，源自东方的文化因素有哪些，我们不是很清楚。

通过查阅资料得知，大概在公元前5世纪，东方的漆器和铜镜、丝绸等，经由草原民族远播至新疆、哈萨克斯坦阿尔泰地区以及更遥远的希腊、欧亚草原。中原的青铜器、车器、兵器等，也常常出现在中国北方地区草原民族的墓葬中，这样的事例还有很多。同时，西亚流行的动物纹样，逐渐地由西至东，传入我国的北方地区，被包括秦国工匠在内的中国工匠借鉴和创新，形成一种全新的具有浓郁草原风情的神兽纹样。在中原国家中，神兽纹样被大家所喜爱，被用来装饰马具、漆器、腰饰牌等，这类器物具有浓郁的异域风情，在中原西汉王朝贵族间广泛流行。还有西方的玻璃制品、金银器等也经由草原地区传入我国。

不管是技术交流，还是文化交流，都要依靠人为载体。

秦始皇陵陪葬坑出土的顶物百戏俑、准备姿态百戏俑、托举百戏俑都生动地刻画出了当时秦国流行的娱乐项目，让我们能够更加了解当时的秦国文化，更加接近生活中的秦始皇，也让我们看到了秦始皇的与传统政治、文化形态相异的伟大创新。

秦始皇陵密码

2022 年 6 月 11 日，文化和自然遗产日，秦始皇帝陵博物院首次对外公布了秦陵百戏俑坑的 28 号俑，引发众多关注。

考古工作者进行发掘时，发现这尊陶俑十分残破，由 72 块残片、12 片残渣组成，其头部、双手及右腿缺失。经过了 9 个多月的保护修复，修复完成后的俑身通长 154 厘米，重 101.4 公斤，其姿态不同于坑中其他较为常见的站姿或坐姿的陶俑，而是呈现出仰卧的姿态，所以被称为仰卧俑。

秦始皇帝陵博物院院长李岗介绍说："它属于百戏俑，表现的是秦代宫廷百戏人物的形象。这个俑比较特殊的地方在于它的姿态，表现的可能是类似于鲤鱼打挺，或者俯身后仰的姿态。"因时间太过久远，仰卧俑的躯体及颜色已经发生破碎和蜕变。

据秦始皇帝陵博物院副院长周萍介绍，在对仰卧俑进行保护修复时，工作人员在其腹部表面彩绘之上发现了三枚连续的指纹痕迹。专业鉴定机构的指纹学专家对三枚指纹进行了数据采集和专业分析。经比对，根据指纹形态（包括整体形态和细节）来综合判断，结果显示这三枚指纹与青少年指纹特征高度相似，由此判断，这尊仰卧俑的制作工匠应该是名青少年。

仰卧俑腹部指纹的发现，也引起了刑侦专家的关注。对此，专家也作出了相应的分析和判断。依据指纹鉴定的专业知识，我们可以知道，人的指纹，凸起来的叫纹线，两条纹线之间叫犁沟。而在仰卧俑身上发现的指纹，犁沟比较明显。年轻人的纹线和犁沟高度落差比较大，年长者的落差比较小。年轻人的指纹相对饱满，富有弹性，比较容易留下明显的细节特征。而年长的人，随着身体水分流失，皮肤干裂皱缩，经过劳动的磨砺，皮肤摩擦受损，纹线就不会那么清晰。

这尊仰卧俑上发现的应该是一个立体指纹。据了解，指纹的犁沟和纹线，宽度比例适当，说明没有受到过分挤压，这一特征比较符合年轻人的特点。指纹的清晰度会随着年龄的增长发生变化，但指纹特征基本上终生不变，除了受伤或者受到大的磨损。单独从形态上分析，这个指纹是比较符合年轻人的特点的。加上秦朝时期人群的平均寿命较短，以及从事体力劳动等这些客观因素，断定指纹属于青年人所遗留，是没问题的。

据考古发现，这并不是第一次在秦俑身上发现指纹，文物修复师曾在陶片上发现了多个指纹，文物摄影师曾在兵马俑的脸上发现指纹。那种激动之情，无以言表，只有发现者才能体会到与古人之间对话的那种震撼。

仰韶文化，是黄河中游地区的一种重要的新石器时代彩陶文化，其持续时间大约在公元前5000年至前3000年，即距今约7000年至5000年，分布在整个黄河中游自甘肃省到河南省之间的地带。1921年，该文化首次在河南省三门峡市渑池县仰韶村被发现，因此按照考古惯例，称为仰韶文化。

若要追溯仰韶文化的源头，那就要追溯至距今八九千年的贾湖文化。仰韶文化是我国分布地域最广的史前文化，涉及河南、陕西、山西、河北、甘肃、青海、湖北、宁夏等地。仰韶文化作为具有强大生命力的文化，向人们展示着它无限的魅力，尤其是彩陶的发现，被考古学家认为是代表了史前第一次的艺术浪潮，大范围的传播，达到史前艺术的高峰。

2018年10月，仰韶文化研究中心的研究人员在遗址的灰坑附近，注意到坑中的一枚陶缸残片。在陶缸的錾耳（仰韶文化遗址中常见的器物附件或装饰）上，也发现了一枚清晰可见的指纹。

资料显示，刑侦部门的指纹专家对残片上的指纹进行了研究，发现这枚指纹不仅清晰，且十分纤细。从大小与纹路深浅来看，它的主人应该是一个小女孩。陶缸的体积和重量都不是很大，由一个小女孩来完成，是有这种可能性的。

文保专家们推断，以当时的历史背景，孩童参加劳动，十分常见。专家还发现了一个问题，就是小女孩留下的指纹处，汗孔数量非常多，而汗孔数量的多少，取决于个体的运动量。由此判断，小女孩所从事工作的劳动量是很大的。也有专家认为，从指纹上判断性别，是存在一定困难的。一般来说，男性的纹线比女性粗，但并不绝对。其实，以指纹推测年龄段，本身是依靠指纹形态大概率的普遍性特征，并不是百分之百准确的，其中存在的客观因素很多，也要结合实际情况的多重信息综合判断，才能得出结论。

不论是七千多年前的仰韶指纹，还是两千多年前的秦匠指纹，不同时代的两个人，却有着同样的命运，也许他们的生命是短暂的，但是他们留存下来的奇迹是长久的。他们以自己独特的方式告诉我们，他们曾经来过。

随着时间的推移，考古工作者对百戏俑坑的考古工作始终在进行着，除了仰卧俑身上的指纹，还有其他收获。据资料介绍，秦始皇帝陵博物院与中国丝绸博物馆合作，对百戏俑的4号俑，进行了服饰复原研究，并较为完整地展示了泡钉俑服饰的基本原貌。

4号百戏俑上身着衣，布满泡钉，泡钉间装饰有太阳八角纹；下身着裳，绘有大量精美纹饰。残存的彩绘图案主要集中于上衣、领缘、袖缘和裤子腰带等部位，主要是八角星纹、几何纹饰和云气纹，呈现白色、黑色、黄色和紫色。经研究人员分析，泡钉俑服饰是丝绸面料的可能性最大。

试想一下，两千多年前，秦朝宫殿中正大摆宫宴，百戏表演者们身着泡钉服饰，展现着各自的才艺，有"仰卧"，有"顶物"，有"托举"，还有已经做好准备，等待着表演的，他们尽可能地拿出自己最高的技艺，为秦始皇和大臣们表演杂技乐舞。这是不是也能说明，曾经的秦宫中，也是欢声笑语，一片祥和。

五、秦陵外藏系统之青铜水禽坑

2000 年，秦始皇陵园内首次发现青铜质地禽类形象，这也是目前我国发现时代最早、数量最多的一批彩绘青铜器。2001 年，考古学家开始对这座陪葬坑进行全面的发掘。

在青铜水禽坑的西北部的发掘过程中，陆陆续续地出现了一只又一只的青铜水禽。水禽有天鹅、鸿雁和仙鹤三类，共有 46 件。虽然经历了两千多年的风霜洗礼，它们依然活灵活现、栩栩如生。

这些水禽分布在一条模拟小河的两岸台地上，有的在觅食，有的在小憩，动作各异，但头部都面向中间的河道。河道中甚至曾有水，稀泥上留下了也许是后来闯入者的脚印。即便各类青铜水禽躯体姿态并不相同，但总体差异不大，最能显示出它们各自特征的是它们的脖颈，绝没有相同之处。

其中仙鹤最为引人注目。出土时，它倾倒在河道内，脖颈断裂成数截，翅端羽毛垂收于尾后，羽毛纤毫毕现，腿爪细长，爪趾与踏板塑于一体。经过复原推测，其原本应该立于镂空云纹长方形青铜制踏板上，表明这只仙鹤正停驻在白云之巅。长曲颈下伸至地面作觅食状，嘴里还衔着一条青铜制成的小鱼，水中觅食的瞬间表现得淋漓尽致。鹤体高大，长 102 厘米，高 77.5 厘米。

燕太子派荆轲刺秦王的故事，人们耳熟能详，但是很多人可能并不知道《史记·刺客列传》中提及的一个细节："燕太子丹者，故尝质于赵，而秦王政生于赵，其少时与丹欢。"由此可以推断，燕太子丹和秦始皇，少年时期感情很好。然而，复杂的经历决定了秦始皇是一个思想极为复杂的人。所以，当人们开始探索秦陵之旅时，会赫然发现，面对如此丰富多彩的秦始皇帝陵，我们所知甚少。

陵墓里出土的青铜水禽，姿态大多闲散，动作不一，给人的整体感觉是非常自然和轻松，像是它们经历过长期的驯化管理过程，但此刻还没有被主人召集起来嬉戏捕食。

青铜水禽坑内不仅有已经出土的这些水禽，其他原本有水禽的地方，早已被人为地大肆破坏过。先是人为砸毁，再是大火焚烧，考古工作人员只能靠着那点斑斑锈迹来判断，原来这里是存放过青铜器的。若是没有历史上的这些人为破坏，青铜水禽能够被悉数完整地保存下来，那该多幸运啊。

考古工作人员还在青铜水禽坑的南北向部位发现了 15 件残损异常的陶俑，这个部分的底部高于青铜水禽坑的底部，表明这个地方应该是一个人居环境。15 件陶俑只有两种姿态，其中箕踞姿态的 8 件，跽姿的 7 件，能够修复的只有 5 件，其他的都残破得无法修复。

箕踞，就是两腿前伸，席地而坐，形状像簸箕一样的坐法；跽姿，就是长跪，上身挺直，两膝着地，屁股不坐在脚后跟上。

箕踞的坐姿可以说是所有坐姿中最舒适的，但也是最不雅观的。为什么这么说呢？因为在魏晋之前，人们的裤子是没有裤裆的，双腿前伸的话自然不雅，一般箕踞的坐姿都是在很私密的环境、场合下才会出现。像这样不符合礼仪的陶俑，居然出现在了秦始皇陵的陪葬坑中，着实让人大跌眼镜。

众所周知，刘邦算是一位不拘小节的皇帝，他平时就很喜欢这种坐姿。《史记·高祖本纪》中还记载了一个关于刘邦的故事。据说楚汉刚刚开战时，刘邦路过高阳，郦食其求见刘邦，"沛公方踞床，使两女子洗足"，当时刘邦正叉开双腿坐在床上，让两名女子给他洗脚。郦食其见此情景，不卑不亢地批评刘邦道："足下必欲诛无道秦，不宜踞见长者。"

意思是如果您一定要诛灭没有德政的暴秦，就不应该坐着见长者。于是刘邦站起身来，整理衣服，向郦食其道歉，并请他上座。

更有甚者，有的人仅仅是因为遇见客人没有起身行礼，而继续箕踞，险些惹来杀身之祸。《史记·游侠列传》中记载："解出入，人皆避之，有一人独箕踞视之。解遣人问其名姓，客欲杀之。"西汉有个游侠名叫郭解，他手底下有很多门客，有一次他回家，大家都恭敬地回避，只有一个人傲慢地坐在地上看着他，惹得很多门客都十分不满，扬言要杀掉那个不讲礼数的人。

从这两个故事的内容来看，箕踞坐姿在古代是一种无礼的行为。那么，为什么这种坐姿会出现在秦始皇陵的陪葬坑内呢？确实令人费解。

这座陪葬坑出土的两类陶俑，都没有穿鞋，只穿了袜子。所以，很有可能它们所展现的内容是在室内席地而坐的场景。古人在独处或者休闲放松的状态下，应该不会那么讲究礼仪的，就拿现代来说，我们在自己家也是极为放松的状态，坐姿更是随意。

在之前的秦始皇陵发掘中，从未发现如此奇特的陪葬坑，那么，这46件青铜水禽和姿态特别的15尊陶俑，是用来干什么的呢？凡是出现在秦始皇陵内的陪葬品，总有着自己所代表的含义，而若要找寻此陪葬坑的意义，可以先从陶俑入手，毕竟在事死如生的观念里，还是以人为本的。

从前面的描述中，我们可以知道青铜水禽坑出土陶俑的形象和动作，和之前我们了解到的兵马俑威严的姿态完全不同，所以很难一下子找到方向。学术界对这个坑的性质，一时也没有形成定论。幸运的是，考古工作者在俑坑内不起眼的角落里发现了一些小件文物，为这些陶俑的身份提供了一丝线索。

考古工作者在对这个坑底部铺地木板之间的缝隙进行最后清理时，发现了260多件银质、铜质和骨质的小件器物，有指甲盖形银器、铜棒、骨质小件等。虽然该坑曾经被大火焚烧过,幸亏还有过洞底部木板的缝隙这种保存环境,使得这些小件器物没有被悉数焚毁。

小小的文物,大大的作用。当考古工作人员发现这些小件器物时,基本看不出它们的性质,只能从它们的质地、形状中判断出,它们应该不是单独出现在陪葬坑里的。既然不是单独的个体,那么一定与该坑出土的其他文物有着密切的关系,按照出土的位置推测,它们很可能就是从属于陶俑的某种器物的附件。

在这些小件文物中,形状如指甲盖的银器,应该就是假指甲,戴在指甲上用来演奏琴、筝、瑟的,这个器物相信练过琴的朋友不会陌生。可以说,这是我国发现的最早的银指甲,称为义甲。而骨质的小件文物,应该是筝(或瑟)或筑一类张弦乐器上的配件。其中还有一件特别的器物,乍一看,是一根青铜棒,前面是直的,类似现在敲击扬琴的琴竹。这是一种从未见过的器物,很可能就是击筑用的筑棒。

筑是我国古代的击弦乐器,形似琴,秦时为5弦,后来发展为13弦。弦下有柱,乐手演奏时,左手按弦的一端,右手执竹尺击弦发音。它晚于琴、瑟的出现时间,大概战国中晚期才开始走进乐器家族,先秦时期广为流传,在宋代就已经失传。

据《战国策》记载,追随荆轲来到咸阳刺杀秦始皇的团队中,有一位击筑时能响遏行云的音乐家高渐离,"高渐离击筑,荆轲和而歌"中的筑,就是这种乐器。所以,在秦始皇陵陪葬坑中出现筑这种乐器,并不是随意的推断,而是有历史资料支撑的。

由此推断,秦始皇陵中与陶俑一起出土的银质义甲、青铜棒、骨质小件等三类器物,应该就是演奏琴、筝(瑟)的义甲和击筑时用到的工具,而骨质小件则为筝(瑟)、筑一类张弦乐器上的配件。

随着这些小件器物用途的明朗化,15尊陶俑的性质也变得比较清晰了,它们应该是一群演奏乐器的音乐家。所以,踞姿俑一手上举的形象,很可能就跟敲击钟、磬有关。由于该坑曾遭遇过大火的洗礼，坑内并没有发现鼓、钟、磬存在的迹象，有机质的鼓极有可能已经被大火焚毁了。那么，箕踞陶俑敲击的可能是在乐队中起到约束节奏作用的鼓，另外一类陶俑，根据姿态判断，应该就是演奏弦乐的。

先秦时期的音乐基本以雅乐为主，其节奏舒缓、压抑、乏味，缺少明快活泼的节奏。到了秦朝，俗乐逐渐出现，类似于现在的流行音乐，节奏明快活泼，能够引起听众的共鸣。

所以，一个由15人乐队和一些青铜水禽组成的场景，到底代表了什么呢？按照各自的用途，结合起来分析，所能得到的答案就是坑中出土的箕踞陶俑和踞姿陶俑可能分别是演奏不同乐器的音乐家，他们利用音乐来驯化水禽，乐声响起，水禽就会随着乐曲节奏的变化而翩翩起舞。这只是我们的猜测而已，但是文献中确实有关于音乐家用乐曲驯化水禽的记载。

春秋时期，秦穆公曾豪爽地送给戎人一个音乐团队，可见秦地的音乐水平绝对不俗。刘邦进驻咸阳的时候，还在宫中看到过12尊铜人，分别表现出音乐家在演奏琴、筑、笙、竽时的样子，惟妙惟肖。既然如此，在音乐大师辈出的时代，秦人创作出一首节奏分明、欢快的乐曲，并以演奏的形式来驯化水禽，也不是不可能的事情。

根据历史资料的记载，鹤不仅仅是被驯化了，还会在音乐响起时翩翩起舞，随着乐律而舞动。宋代驯鹤，每到要给鹤喂食时，就在远处放置食物并拍手引导它，久而久之，鹤只要听到远处有人拍手的声音就会奋翼高飞。《相鹤经》中记载："七年飞薄云汉，复七年学舞，又七年舞应节。"大概是说，一只鹤从学习飞翔，再到听着音乐的节奏翩翩起舞需要二十多年的时间，所以，驯鹤的过程是很艰难的。

鹤，因其优雅的姿态，在古代被士大夫阶层广为推崇。在春秋早期，鹤就已经被人类完全驯化了。

　　春秋时期的卫懿公可以说是一位驯鹤大师，他极其喜欢鹤，甚至还为他豢养的鹤准备了专用的轿子。当时，卫懿公因为过于溺爱他驯化的鹤，引起了广大群众的极度不满。从而也说明了在春秋时期对鹤的驯化技术已经相当成熟了，否则鹤怎么会老老实实地听从主人的安排，乖乖地坐在轿子里呢？

　　相传春秋时期有一个名叫萧史的人，善于吹箫，他吹奏出的音乐能把孔雀、白鹤引到庭院来。秦穆公有个女儿名叫弄玉，十分喜欢音乐，是吹笙高手，对箫也很是喜欢。就这样，缘分让弄玉与萧史相遇，秦穆公便把女儿嫁给了萧史。从此萧史就每天教弄玉吹箫、学凤凰的鸣叫声。几年后，弄玉吹出的箫声简直和真凤凰的叫声一样，并且把天上的凤凰也引了下来，停在他们的屋子上。

　　这也说明了当时音乐家能用乐器演奏，吸引鸟类，即便驯化技术比不上后来，但让这些飞禽能够听懂音乐、翩翩起舞应该是没有问题的。而且汉画像石、画像砖上，也经常能看到有驯兽、驯禽的图像，其中就有鹤，也就是说，秦汉时期驯鹤是十分常见的。

　　在先秦时期，很多国君对音乐都有相对较高的欣赏水平，比如春秋时期的晋平公。相传卫灵公出使晋国，身边的乐师当场为晋平公演奏了一首乐曲，晋平公听得如痴如醉。当晋平公沉迷于乐曲中时，晋国的乐师师旷很不高兴，站起来对晋平公说道："大王，您不能听，这是商人的亡国之音啊，听不得！"没想到晋平公却说："我宁可亡国也要把这首曲子听完。"可见晋平公对音乐的痴狂，以及那个时代音乐氛围的浓厚。

　　那么，作为千古一帝的秦始皇，对音乐的欣赏，也不能落于人后吧。虽然历史文献中没有明确地说明秦始皇是否喜欢音乐，但在《史记》所记载的荆轲刺秦王的故事里，我们可以非常明确地知道，秦始皇喜欢筑，而筑在当年可是十分流行的。

　　据《战国策》中记载，齐国临淄"甚富而实，其民无不吹竽、鼓瑟、击筑、弹琴"，击筑不仅在燕齐广为流行，在秦国也是得到秦始皇青睐的。这也侧面说明了，正因为秦国本土和东方齐国一样，风行击筑，懂得欣赏筑的人数颇多，且欣赏水平颇高，才会有了后面的高渐离为秦始皇击筑的故事。也正是因为秦始皇对击筑有着浓厚的兴趣，才会不顾及性命之忧，起用燕国的刺客演奏，可见秦始皇是一个名副其实的音乐发烧友。

我们都知道，乐府作为管理音乐的宫廷官署，最初出现于秦代。秦始皇陵园里出土过一个非常精美的青铜错金银钟，上面便刻有"乐府"二字。作为秦始皇陵园的陪葬坑，出现与音乐相关的文物、展现击筑以及其他与音乐相关的场景，也就在情理之中了。

考古研究证明，目前秦始皇陵的遗存，都是秦始皇三十三年左右，李斯担任丞相后重新设计施工的，而设计思想、理念、内容，必定都是经过秦始皇的同意后，才可以进行施工的。那么，地上地下所有的一切，体现的应该都是秦始皇的理想和追求。作为一位千古一帝，秦始皇采用的丧葬礼制更是国家和个人两方面的结合体。既要遵循国家管理体制，又要最大化地满足他个人的追求，比如地上王国有上林苑、兰池水景公园，地下世界就有水禽陪葬坑。

可以说，青铜水禽陪葬坑体现出来的内涵，与秦始皇的个人修养密切相关。百戏俑、水禽等这些并非军事性的代表，而是秦帝国的文化氛围、秦始皇的文化素养的体现，从而告诉我们，秦帝国的文化并不仅仅是历史文献上记载的那些冷漠和血腥，也有多彩多姿、欢快愉悦的一面。

不仅如此，青铜水禽本身所蕴含的制作工艺、青铜合金比例等，仿佛是在向我们诉说着被文献记载遗忘的历史。

检测结果表明，所有水禽以及附件的成分均为铜锡二元合金（2019年经全国科学技术名词审定委员会审定发布的物理学名词，由两种元素组成的合金统称为二元合金），含量非常稳定，含锡量在9%—12%，含铅量均小于 1%，制作成型工艺以铸造为主。令人意外的是，同一地点的多件器物，同一器物的不同部位、附件，其用料、制法高度一致，这在过去并不多见。

考古工作人员在一号坑出土的上千枚铜箭镞中挑了几枚送去检测，结果显示，合金成分不一，制作工艺不同。镞头和后面接箭杆的铤，含锡量浮动在 4.1%—11.3%；一件带铤箭镞为铜锡铅三元合金，铅含量为 4.6%；两件带铤铜镞为铜锡二元合金，不含铅；三件镞头外形相似，一件与箭杆整体浇铸，两件分别铸造再接铸成一体。从箭镞的制作工艺来看，秦始皇对兵马俑坑的精致要求好像并不是那么高。兵马俑心里会不会表示不服气呢？不管是兵马俑坑还是青铜水禽坑，于我们而言，都是精致、高质量的文物代表。

六、秦陵外藏系统之文官俑坑

2000 年，考古工作者在秦始皇陵封土的西南角发现了一座陪葬坑，被称为六号坑。经过考古发掘，陪葬坑中的遗存基本展现在世人面前了。

在这座陪葬坑的前半部分，出土了 12 尊原大陶俑，后半部分发现了 20 具马骨。经过考古分析，这些马是在被杀以后抬进坑内，被架在一个木架子上埋葬的。这些陶俑所构成的群体形象与兵马俑有很大的不同。

这 12 尊陶俑身上穿的都是长襦长裤，穿着方面倒是和兵马俑很相似，但是仔细观察就会发现，这些陶俑中没有一个是身着铠甲的，它们全部都戴有标志着一定社会地位的长板冠，就是头戴一块像竹板或木板做成的冠。这和之前提到过的马厩坑也大不相同，马厩坑出土的圉人俑，形象与这 12 尊俑完全不一样。

圉人俑，呈跪坐状，没有冠，身旁的道具也显示出它们是饲养员，而这个坑里所有的陶俑都头戴长板冠，很明显它们不是饲养员。另外，从它们的动作神情上看，跟兵马俑也有所不同，这些陶俑呈现出两种姿势：一种是两手拢在袖子里，考古专家称之为袖手俑；另一种是双手前伸，被称为御手俑。既然这些陶俑和兵马俑、圉人俑不太一样，那它们的身份究竟是什么呢？

想必能给秦始皇陪葬的，头上戴有长板冠的，一定不是泛泛之辈。不管是从该陪葬坑的位置，还是从这些陶俑的穿着来看，它们的身份不会太低，极有可能是朝廷的官员。若真的是官员，那它们的身份就很容易定位了。朝廷上，甭管大大小小多少官员，也不过就是文臣和武将两类罢了。显然这些陶俑不是武将，那就应该是文职官员了。

秦始皇陵陪葬坑中出土的陶俑，其中有很多戴着长板冠的陶俑，尤其是在兵马俑坑中，能看到很多陶俑头戴这种冠帽。那么，我们首先要了解的就是秦朝中央都有哪些文职官员。

前面已经提到过，秦始皇构建完成中央集权郡县制的体制后，在中央设立了三公九卿制度。三公是指：百官之长丞相，协助皇帝处理政事；负责管理奏章、监察百官的御史大夫；中央政府中的最高军事长官，但实际上没有兵权的太尉。这三个人之间是平级关系，互不隶属，都直接听命于皇帝。

他们手底下还有九卿：掌宗庙礼仪的奉常、掌宫殿掖门户的郎中令、掌宫门卫屯兵的卫尉、掌刑辟的廷尉、掌谷货的治粟内史、掌山海池泽之税和官府手工业制造以供应皇室的少府等。

既然秦国中央政府中有这么多的机构和官员，那么在这个陪葬坑中发现的陶俑又是什么职位呢？

据《汉书·高帝纪》中记载，汉初有一项规定，"爵非公乘以上，毋得冠刘氏冠"。很多人认为，长板冠是刘邦在沛县做亭长的时候发明的，由竹皮制作而成，后来人们把它称为刘氏冠。显然这种说法不成立，在秦始皇陵园陪葬坑中已经发现了很多长板冠，那它肯定不可能是刘邦发明的了。而文献的记载就是说，不具备公乘以上爵位的官吏，是不能够戴长冠的。由此推断，在秦朝能够戴长冠的人，身份地位应该也不低于公乘。

公乘，就是可以乘坐公家的车，那么公乘属于什么爵位呢？我们知道，秦国在商鞅变法的时候，有一项重大的改革，就是实行了二十等军功爵制。公乘就是这二十级军功爵制中的第八级爵。后来在秦末汉初规定，从第七级"公大夫"以上属于"上爵"，也就是比较高的爵位了，属于特权阶层。

也就是说，在秦始皇陵陪葬坑中发现的这12尊头戴长冠的陶俑，它们的爵位应该在八级左右，身份属于上爵。当然，这只是我们根据当时的爵位制度和陶俑头上的长板冠推断出来的。随着发掘的深入，考古工作人员在陶俑身上发现的两件装饰物，可以让我们确信，之前的判断是正确的。

考古工作人员在其中8尊俑的腰部位置，发现了佩挂的陶削和砥石两种文具。在此之前，还从未见过秦代陶俑身上佩挂陶削和砥石的。通过这两个小小的器具，可以推断出这些陶俑的身份是文官，而且是高级文官，这也很可能是我国最早的国家公务员的形象。

在我国古代，纸张发明之前，最常用的书写用具是简、牍。目前发现的最早的竹简是在战国早期的曾侯乙墓中出土的。曾侯乙墓位于湖北随州城西两公里的擂鼓墩东团坡上，呈"卜"字形，墓坑开凿于红砾岩中，为多边形岩坑竖穴木椁墓，没有墓道，呈南北向，墓坑南北长16.5米，东西宽21米，深13米，面积为220平方米。

从考古资料看，战国早期就已经有竹简了，那么秦人经常使用的应该也是简牍。

　　若是要用简牍来写东西，需要毛笔、书刀和砥石这三种文具。而这8尊袖手俑，它们的腰带上悬挂着一件插在刀鞘里的环首削，就是书刀。书刀就是在简牍上不小心写错字了，可以用它在写错的地方轻轻地一刮，其用途跟我们现在用的橡皮差不多。也就是说，只有经常写字的人才会将一把书刀挂在腰上，随时备用。书刀是装在鞘里面的，从外面看，只能看到它上面露出的环首。同类的文物在汉代墓葬中经常可以看到，比如在江陵凤凰山168号汉墓，就出土了和这些陶俑佩带的书刀类似的东西，而且还是与简牍、笔砚一起出土的，这就更加肯定了它们是配套使用的。

　　跟书刀一起挂在陶俑腰带上的另一个器物，看起来像是一个装东西的袋子，呈长条状，里面装的应该是一个扁平的条状物。而这个条状物就是和书刀配套使用的砥石，俗称磨刀石。如果书刀钝了，便可在砥石上磨一磨，立马就锋利无比。

　　除了陶削和砥石之外，在这些袖手俑的左臂和胸肋之间还有一个椭圆形的斜孔。经考古学家推断，这个斜孔应该是用来插持简牍的。

　　所以，现在能够确定的是，六号陪葬坑出土的8尊俑都是文官。除了这些陶俑外，该坑还出土了单辕木车、伞、青铜钺等。

　　钺，古代兵器，青铜或铁制成，形状像板斧，但比斧头大，是带有杀伐性质的象征性兵器，流行于青铜时代。它起源于原始社会的实用工具石斧。从原始社会末期开始，钺就成为地位和强权的象征，到了商周时期，更是成为军队指挥权和国家政权的象征。

　　在六号陪葬坑内，一共出土了4把铜钺。正所谓无巧不成书，考古工作人员正好在其中尚未确定身份的4尊俑的袖部发现了垂直的长方形孔，且孔的大小，和留在青铜钺上面的绑钺的木柄痕迹大小相近。

　　若说是巧合，未免也太巧了些。所以，极有可能这些有柄的青铜钺是可以插在这4尊俑的手中的，也就是说，袖部有孔的4尊俑实际上就是持钺者。手中持钺，这说明它们所从事的工作具有强权的性质。那么，它们到底是何身份呢？

在秦中央政府机构的三公九卿中，一共有四个机构和强权性质有关：一是负责全国最高军事活动的长官太尉；二是三公九卿中负责皇宫警卫的卫尉；三是负责皇帝禁卫的郎中令；四是负责司法与监狱的廷尉。这其中，只有廷尉的职权和陪葬坑的总体状况相吻合。由此推断，这4尊俑的身份应该是廷尉。

那么，六号陪葬坑应该就是秦帝国中央政权三公九卿中廷尉官署在地下的翻版，而那些陶俑被称为文官俑。既然这个陪葬坑代表的很可能是廷尉这一官署，那么廷尉是做什么的呢？

廷尉，是秦国设置的职位名称，主掌刑法。其实每个朝代都有这个官职，只是叫法不一样而已。早在尧、舜、禹时期，就有主掌刑法的官吏，叫士，商周时期叫作司寇，到秦代称为廷尉，之后还有大理、大理寺卿等称谓。名字虽然不同，职责却都差不多，都是要保证司法公正，惩恶扬善，以此来保证社会的和谐。

在秦代，廷尉一职主掌的是天下刑狱，包括制定、修改法律条文，管理监狱的各项事务，受理地方、郡国一级的上诉案件，有时候还要派人去地方处理某些重要案件。除此之外，廷尉还有权逮捕、囚禁和审判那些有罪的王公大臣，还能够参与朝政，有时甚至能够影响皇帝的决定。

廷尉虽然位列九卿，但在政治上的作用要远远大于其他诸卿。

在秦始皇时期，有一位比较有代表性的廷尉，就是李斯，也是之后的丞相，更是秦始皇陵的设计者。

说起李斯，就不得不说一下他的"老鼠哲学"。《史记·李斯列传》中记载："李斯者，楚上蔡人也。年少时，为郡小吏，见吏舍厕中鼠食不洁，近人犬，数惊恐之。斯入仓，观仓中鼠，食积粟，居大庑之下，不见人犬之忧。于是李斯乃叹曰：'人之贤不肖譬如鼠矣，在所自处耳。'"

李斯是楚国上蔡人，年轻的时候，身份低微。他曾看到办公处附近厕所里的老鼠在吃脏东西，每逢有人或狗走来时，就受惊逃跑了。后来李斯又在粮仓中遇到老鼠，见粮仓中的老鼠吃的是囤积的粟米，住在大屋子里面，也不用担心人或狗的惊扰。于是李斯就慨然叹息道："一个人有没有出息，如同老鼠一样，是由自己所处的环境决定的。"这便是使李斯嗜权如命的"老鼠哲学"。

在秦国统一六国的那一年，李斯就以廷尉的身份，和丞相王绾、御史大夫冯劫一起给秦始皇"上尊号"；之后在朝廷上当众驳斥王绾分封皇子的建议，并且得到了秦始皇的支持。要知道，王绾可是丞相，位列三公，百官之长，而李斯只是一个廷尉，竟敢以下犯上。由此可见，廷尉在当时秦中央政府中的地位恐怕并不比三公低多少。

李斯虽然任廷尉一职，凡事也不可能都是亲力亲为，手底下怎么也得有几个听从指挥的部下，所以，六号陪葬坑内的陶俑，很可能就是李斯手下官员的原型。

文官俑的出世，更加深刻地表现出了秦始皇陵陪葬坑的内涵。作为廷尉机构的代表，文官俑坑相当于把一套与法律有关的管理体系放入了地下，这一点，足以让我们为之震撼。

七、秦陵的外藏系统

迄今为止，考古工作者在秦始皇帝陵园范围内已经发现近二百座陪葬坑，而且，这些可能还不是秦始皇帝陵园陪葬坑的全部。目前已经发现的这些陪葬坑，其中一部分分布在秦始皇陵封土周围，一部分分布在秦始皇陵园内城之内，一部分分布在秦始皇陵园的内外城之间，还有一部分分布在陵园以外。考古工作者把秦始皇帝陵园内外的这些陪葬坑称为外藏系统。

纵观这些陪葬坑，它们的大小、形状各不相同，埋藏的内容差别也很大。比如兵马俑坑内是跟真人一样大小的陶俑、将军俑，以及战车等；其他一些陪葬坑里有的是文官俑，有的是反映宫廷娱乐项目的百戏俑，有的是看护、饲养各类动物的跽坐俑，以及青铜仿真水禽；还有按原大小的二分之一比例制作的铜车马和铜俑；既有活马，也有陶马；既有各类实用的长短兵器，也有实用的生活类陶器。这是我们尚且知道的，还有一些我们目前无法知道的。由此可以看出，陪葬坑的埋藏内容丰富至极。

那么，外藏系统也是秦始皇事死如生的观念体现吗？

外藏这个说法出现在西汉时期，但是这种埋藏设施在很早以前就有，可以说外藏系统的埋藏理念形成于秦始皇时期。何为外藏？皇帝陵墓中的埋藏空间分为正藏和外藏，正藏就是地宫，也就是墓室之内的空间范围，外藏是墓室以外的埋藏空间。

在原始社会的末期开始出现墓葬等级制度。从墓葬的大小、随葬品的多少与精美程度这些方面都能看出来，不同的墓主，生前的社会地位是不同的，他们的身份有着明显的高低之分。一些级别较高的墓葬，虽然墓内有丰富的随葬物品，但是还没有出现在棺椁之外、墓室之外的空间安排其他随葬品的现象。

大概是从商代晚期开始，一些级别较高的大墓，除了墓室的正藏以外，渐渐地开始出现外藏的踪影。

比如河南安阳殷墟商王陵，都是带有四条墓道的"亚"字形大墓，墓室里不仅有丰厚精美的随葬品，墓室之外还有殉人坑。考古工作者在墓道里和墓葬外还发现了车马坑。这些都是墓主人身份地位的象征。

到了春秋战国时期，级别较高的贵族大墓，不仅墓室里有琳琅满目的随葬品，墓室外的外藏坑中更是随葬了大量的车马，或者是一排排整齐的车马，或者是一辆辆车，或者是一排排马，也有一些外藏坑中埋藏的是车的零部件。洛阳王城公园就曾发现过六匹马驾车的"天子驾六"车马坑，所体现的便是只有王才能有的规模。

到了秦代，秦始皇更是将陪葬坑的数量、内涵和规模扩大到连自己先祖的陵墓都无法比拟的程度，更不用说在此之前的中国古代的所有国王和诸侯的陵墓了，它们都远不及秦始皇陵。

这不仅仅是以数量取胜，秦始皇陵园的两百座陪葬坑，是秦始皇所创建的中央集权体制的象征。陵园内外这一座座陪葬坑，可以说是皇帝专制中央集权体制下中央政府机构的再现。

所以，秦始皇到地下世界时，带走的不仅仅是自己所居住的宫殿和令人闻风丧胆的虎狼之师，他甚至将一套政治体制一并带到了另一个世界。而考古学家的这一研究结果，让我们对秦始皇佩服得五体投地，除了震惊，还是震惊。

《史记·秦始皇本纪》中曾对秦始皇帝陵有这样的描述："穿三泉，下铜而致椁，宫观百官奇器珍怪徙臧满之。"从秦始皇陵的陪葬坑规模来看，其中"宫观百官"的"宫观"应该指的就是皇宫殿阁以及与皇帝有关的礼仪性建筑，而"百官"应该指的就是中央政府的官府机构以及皇宫管理机构。

通过文献的记载，我们会认为"宫观百官"的位置就在地宫里面。但是我们都忽略了一个问题，或者没有想到秦始皇陵的规模会这么宏大。地宫相当于秦始皇的寝宫，这么私密的地方，秦始皇怎么可能容得下百官呢？再说，地宫的空间有限，要是把如此庞大的百官系统容纳进去，也不现实。

所以，设计一个庞大的外藏系统来容纳百官，是有一定的必然性的。经过考古发现，整个秦始皇帝陵的外藏系统的设计理念，精妙却不失宏伟。

兵马俑坑的发现，让世界为之震惊，像真人一般大小的兵马俑仿佛一支军容严整的地下军团：一号坑是步兵部队；二号坑是由骑兵、战车和步兵、弩兵组成的多兵种特殊部队；三号坑更像是统率一、二号坑的指挥机关。毫无疑问，兵马俑坑代表的是秦帝国的军事机构。而马厩坑的发现，更是处处彰显着中央厩苑的重要性。

当然，秦始皇陵园内外的陪葬坑不仅有代表军队和养马机构的，考古工作者还发现了秦始皇陵的地下军备库，就是1998—1999年秦始皇陵外城东南部发现的陪葬坑，称为石铠甲陪葬坑。

石铠甲陪葬坑的面积和兵马俑一号坑的面积差不多。兵马俑一号坑的面积是14000多平方米，石铠甲坑的面积也是近14000平方米。考古工作者在发掘的过程中，发现石铠甲坑也曾遭遇过人为的破坏。

经过发掘，考古工作者还发现了由青灰色石片组成的甲胄。甲胄作为将士的防护性装备，在冷兵器时代充当着极其重要的角色，类似于现代的防弹服，只是这里发现的是铠甲和头盔。甲胄设置有开合的铜环和铜钩，顶片中央有一个圆形孔，中间穿铜环。石铠甲坑共出土了甲约有90领，胄约有36顶，战备物资算是相当丰富了。

从这三处陪葬坑来看，秦始皇显然是把一个完备的军事系统带到了地下世界。

当然，秦始皇并不是单单复刻了秦帝国的军事系统，满朝百官、日常生活、娱乐项目，一样也没落下，包括秦始皇一手打造的中央集权体制，也被完整地埋入了他的地下帝国。

目前，已经发掘的秦始皇陵陪葬坑还只是外藏系统的一部分，还有更多丰富的内涵等待未来去揭示。

从现有的考古资料来看，我们能够确定的是这些陪葬坑所展示的内涵，远远超过一般的生活层面的东西，它是一套超乎我们想象的、完整的秦帝国管理体制的再现。可以说，秦始皇开创了一个以陪葬坑来表现帝国政权机构的庞大而复杂的外藏系统的先例。

秉着汉承秦制的传统，考古工作者在汉景帝阳陵的封土之下，发现了近百座条状陪葬坑，除了丰富的陪葬品之外，还发现了一些特别珍贵的印章。在其中的一座陪葬坑中出土了"太官之印"，另外还发现了"徒府""宗正""永巷"等印。

太官，是主管皇帝日常膳食的机构；宗正，是管理皇室继承人事务的机构；永巷，是关押后宫中犯错妃嫔的机构。由此可见，汉代皇帝陵墓的陪葬坑也是三公九卿的象征和模拟，是皇帝专制下中央集权社会治理体系的再现，这和秦始皇陵陪葬坑的内涵是一样的。

很多人都认为秦始皇陵的陪葬坑就是秦始皇贪图享受、奢靡无度的佐证，但是，随着秦始皇陵陪葬坑的发掘成果慢慢呈现在人们眼前，人们对秦始皇的看法也慢慢发生了改变。

因为这些陪葬坑的内涵远远超过了享受的层次，秦始皇对自己开创的这套中央集权官僚体制可谓是一心一意，即便是到了地下世界，也要把它带入地下。这已经不单单是希望在另一个世界也能继续享有至高无上的权力，更多的是希望能继续实现大秦帝国千代万世基业的政治理想，而整个秦始皇陵外藏系统，正是秦始皇这一理念的体现。

第六章

古都之韵

一、秦都，咸阳

咸阳，位于陕西省八百里秦川腹地，渭水穿南，嵕山亘北，山水俱阳，故称咸阳。它身处中华历史文化长河的发端，是秦汉文化的重要发祥地，是始于夏代的名副其实的古城，更是汉高祖长陵、汉景帝阳陵、汉武帝茂陵、唐太宗昭陵、唐高宗和武则天合葬的乾陵等 28 座汉唐帝王陵寝的所在地。

咸阳，以自己得天独厚的地理优势，赢得了秦孝公的喜欢，并成为大秦帝国的都城。

公元前 350 年，秦孝公任用商鞅开始变法，在废井田、开阡陌和奖励军功之外，命商鞅征调士卒，按照鲁国、卫国的国都规模修筑冀阙宫廷，为营造新都做准备。秦孝公为了向函谷关以东发展，于公元前 349 年，将国都从栎阳迁至咸阳。直至公元前 206 年子婴降于刘邦，咸阳为都共经历了 9 世 144 年。

在这 9 世君王中，每一位君王都对秦国的发展作出了一定的贡献。

秦孝公时代，不是只有商鞅变法一项政举，在秦孝公的领导下，秦国在军事方面，也取得了惊人的战绩。秦国的国力自变法之后，急剧壮大，这也使秦孝公有了底气，对收复失地甚至兼并他国领土跃跃欲试。

公元前 354 年，秦孝公趁魏军主力攻打赵国之机，派兵偷袭魏国，大败魏军，并占领少梁。少梁城，是黄河西岸的重要渡口，占领此地意味着秦军随时可以渡河攻打魏国的河东。同年，秦孝公命公孙壮率军攻打韩国，占领了上枳、安陵、山氏并筑城，深深地插入魏、韩两国交界的地区。

公元前 352 年，商鞅提议趁魏国在马陵之战中元气大伤，派军伐魏，并向秦孝公提出作战计划。于是，便有了秦孝公统治期间的重要战役之一——西鄙之战。

秦孝公派商鞅亲自率军进攻魏河东，魏国这边派出的是商鞅旧友公子卬带军出战。两军对垒之时，商鞅以一封信俘虏了公子卬。信的内容，在《史记·商君列传》中有记载："吾始与公子欢，今俱为两国将，不忍相攻，可与公子面相见，盟，乐饮而罢兵，以安秦魏。"商鞅写信邀请公子卬叙旧，谁知叙旧是假，绑架是真。魏军莫名其妙地失去了统帅，商鞅随即给了魏军致命一击，魏军惨败。西鄙之战也使商鞅一战成名，就是赢得不那么漂亮。

至此，秦孝公完成了自己刚刚登基之时暗暗立下的誓言，就是收复河西之地。尽管只是收回部分失地，但对秦孝公来说，也是值得高兴的事情，起码向这个目标前进了一大步。

继秦孝公之后，秦惠文王历经十年奋战终称王。在秦惠文王统治时期，义渠不断地袭扰秦国的边境地区，甚至一度侵入秦国的洛河流域。公元前 331 年，秦惠文王开始征伐义渠，直至公元前 315 年，秦国共伐取义渠二十五城。此时的秦国在西北地区占据了大片的优良牧场，这为秦国打造精锐的骑兵奠定了良好的基础。

秦惠文王自登基之初，铲除异己，立相分权，扩疆拓土，不仅扩大了秦国的版图，也增强了秦国的国力。而秦惠文王重用张仪连横破合纵，是他政治生涯中最漂亮的一笔。在秦国与各诸侯间复杂的邦交斗争中，张仪也凭借着自己的智慧，多次逆转危势，解秦之困。不得不说，秦惠文王取得的胜利，作出的政绩，为后来秦始皇横扫六国创造了有利的条件。

继秦惠文王之后，是举鼎而亡的秦武王时期。秦武王从即位之初，便想攻打韩国。韩国的军事重镇宜阳，是阻挡秦国东进最为重要的屏障，秦军若想出兵函谷关，先要拿下此地，方可保证物资与兵员的疏通。公元前307年，秦武王借了三川之道，占领宜阳，"假道伐韩"成为秦武王的唯一壮举。

接下来闪亮登场的秦王就是大名鼎鼎的秦昭襄王。秦昭襄王执政期间，屡创佳绩。

秦昭襄王在他长达五十六年的统治时间里，实现了远交近攻和近交远攻策略的创造性运用，不拘于形式；巩固了对巴蜀的统治，使其保持稳定，对之后秦国的统一战争起到了促进的作用；解除义渠这个安全隐患，不仅消除了秦国的后顾之忧，戎地骁勇的士兵、优良的牲畜，也为秦国横扫六国提供了雄厚的战备资源。

秦昭襄王无论是在政治方面，还是在军事方面，都建立了卓越的功勋。尤其是军事方面的成就，除了制定了正确的外交方针之外，还打造了一支能征善战的强大军队，取得了一系列重大战役的胜利。随着秦昭襄王消灭东周，秦国一统天下的决心和意志显露无遗，更是在用实际行动告诉东方六国，它们的末日不远了。即便是与秦始皇相比，秦昭襄王也毫不逊色。可以说，秦昭襄王时代是秦国发展史上最重要的决胜时代。

然而，等到秦昭襄王去世时，终于可以继承王位的秦孝文王，仅仅在位三天，便去世了。于是由秦始皇的父亲，秦庄襄王继位。

秦庄襄王能够坐上王位，离不开贵人吕不韦的辅助。庄襄王曾经在赵国当质子的这段历史，被世人所熟悉。做质子可以说是他的劫，也可以说是他的福。因为在庄襄王最不得志，甚至有性命之忧的时候，遇见了改变他一生的吕不韦。吕不韦是一位眼光独到的商业人士，正因为他看中了庄襄王的潜质，才有了"奇货可居"。而庄襄王通过吕不韦，才找到了自己的爱人，有了自己的家庭。

正是吕不韦豪掷千金，庄襄王才得以逃命回到咸阳，继承王位。庄襄王以"定国立君"之功，任命吕不韦为秦国宰相，并封他为文信侯，食河南洛阳十万户。

庄襄王虽然在位时间不长，仅仅三年，但也为秦国领土的扩大尽了一份力。《史记·秦本纪》中记载："庄襄王元年，大赦罪人，修先王功臣，施德厚骨肉而布惠于民。东周君与诸侯谋秦，秦使相国吕不韦诛之，尽入其国。秦不绝其祀，以阳人地赐周君，奉其祭祀。使蒙骜伐韩，韩献成皋、巩。秦界至大梁，初置三川郡。二年，使蒙骜攻赵，定太原。三年，蒙骜攻魏高都、汲，拔之。攻赵榆次、新城、狼孟、取三十七城。四月日食。王龁攻上党。初置太原郡。魏将无忌率五国兵击秦，秦却于河外。"

大意是，秦庄襄王元年，庄襄王宣布大赦天下，施德布惠于人民。此时，东周君与诸侯秘密合谋攻打秦国，庄襄王知道了，便派吕不韦率军攻灭东周国。至此，周王朝最后残余的势力全部被铲除，秦国兼并了东周的土地。秦国继续鲸吞蚕食，攻占了六国大片土地。同年，庄襄王派蒙骜率军攻打韩国，韩国被迫割让成皋、巩两地。秦国的边界延伸至大梁，初置三川郡。这也是秦庄襄王为数不多的政举了。

只能说秦昭襄王在位时间太长了，秦孝文王和秦庄襄王在位没多长时间，便撒手人寰。接下来，就是秦始皇的时代了，一个辉煌、磅礴、气吞山河的时代。

可惜的是，随着秦始皇的离世，秦二世的上台，秦国掉入了深渊。说到秦二世，虽然大家对他的无能、残忍都心知肚明，但是，一定要说一下他一生中最出名的一件事，就是家喻户晓的"指鹿为马"。

赵高为了铲除异己，在朝会上，命人牵来一只鹿，作为礼物献给秦二世，并且对秦二世说这可是一匹好马。秦二世听了赵高的话，不禁笑出了声："丞相，这明明是只鹿，你怎么说是马呢？"赵高一脸严肃，坚称这是鹿，秦二世见状，便问在场的大臣们："此乃鹿也？"

在场的大臣们，在赵高的威慑之下，纷纷随声附和着说是马，其中也有说是鹿的大臣，还有装聋作哑的大臣。待朝会散去，赵高阴险的嘴脸显露无遗，他针对大臣们的不同说法，进行区别对待，甚至对说是鹿的人"除之而后快"，说是马的人则被加官晋爵。而秦二世因为"指鹿为马"这出戏，成为天下的笑柄。

在秦二世被赵高逼迫自杀后，子婴即位。关于子婴的身世，文献中没有详细的记载，有人猜测他是公子扶苏之子，有人猜测他是秦始皇之弟，有人猜测他是秦二世之兄，也有人猜测他是秦始皇之侄子。不管他到底是谁，子婴在秦宗室中，素有贤名，这点是可以肯定的。

随着刘邦的攻入，以咸阳城为都的 9 世秦王也成为时代中的历史，而咸阳城则默默地见证了秦 9 世君王的政治生涯。

这一切，跟咸阳城优越的地理位置脱不开关系。咸阳城在咸阳塬上山南、水北都向阳的地方，即今咸阳市东 15 公里的窑店镇周边。西南方向有以制陶为主的手工业作坊区；东北方向高处是宫殿分布区；西方有秦公王陵，市区周边密布平民墓葬区。当然，这只是它的表面，是城市的布局图，它还有更广阔的意义。

它包括渭河南北的广大地域。渭河之南，秦宫汉葺成为西汉长安城的一部分，属于今西安市西北；渭河之北，西汉时期一部分为渭城县，一部分为帝陵及陵邑，属于今咸阳市渭城区，近年改入西咸新区秦汉新城。加上芷阳东陵区、神禾塬南陵区，几乎涵盖了今西安和咸阳两个城市。这就是当时的咸阳城广阔的地域。

其实，都城的选址和秦始皇陵的选址一样，也是需要经过详细的综合考虑，还有实施起来有一定难度的营建阶段。而迁都还要考虑政治需求、经济建设、地理形势等因素。

在定都咸阳之前，秦人曾屡次搬家，先后跨越甘肃、陕西两省，曾经的都城有西陲（犬丘）、秦邑、汧城、汧渭之会、平阳、雍城、泾阳、栎阳，最终定都咸阳，并在咸阳完成了全国统一，可谓是"九都八迁"。

有学者认为，秦人之所以不断地搬家，在平阳之前，是为了生存，站稳西部，寻找立足点和发展根基。雍城之后，到泾阳、栎阳阶段，则是为了巩固实力，进而控制关中，与强晋抗衡。至咸阳开始，便开启了囊括四海的征伐。尤其是秦始皇统治时期，不断东征，最终完成了秦之大业。

在这些都城中，咸阳不是为都时间最久的，为都最久的是雍城，称得上是秦国的圣都，地位不亚于咸阳。

雍城为都的 300 年间，先后有 19 位秦公在此厉兵秣马，秦穆公时期更是将秦国推向一个巅峰。那时的秦国，打遍西戎无敌手，更是逼得中原诸侯国不得不接受他们重返中原。为什么是重返中原呢？秦人是华夏一脉，祖籍可追溯到今天的山东，西周时期在西陲以养马为业，与戎狄杂处，相当于流放。可以说，秦国是妥妥的实力派，一路打回中原。

经过考古发掘和历史复原的雍城，纵横水系穿城而过，百姓傍水而居，城内有富足的田地可供百姓耕种。宫殿建筑上使用大型青铜构件套在木柱、木梁的两端，既牢固又美观。雍城西北郊外的雍山上，由环沟、坛、墙、场、道路、建筑、祭祀坑组成的秦汉两朝国家大型祭天台，更是宏伟壮观。

虽然雍城经营了 300 年，但是仍然打消不了秦国想要回到河东的愿望。秦国按照一路向东的路线，又搬家到了泾阳、栎阳、咸阳。其中，栎阳"北却戎狄"，咸阳"北倚九嵕"，都与北方有关系。今咸阳塬窑店镇向北直行可入九嵕山，即北山，北山沿线（现泾阳县口镇附近）有大量秦汉遗址；再向北，有秦始皇修建的直道、蒙恬修筑的长城。

仔细观察这些点，就会发现它们南北可以连成一条直线，在西北部有义渠戎，正北方向有林胡，再外圈是早期草原民族的杂乱联盟。可以说，这三股势力从北而至，直逼秦国，特别是义渠，简直就是秦国的眼中钉肉中刺，秦国欲除之而后快。以当时秦国的势力，就算外族来犯，也能应对自如。从秦国统一全国的结果来看，不管是外来哪一方的挑衅，都没得到什么好果子吃。

既然确定了咸阳为新都，接下来就是要规划咸阳城。

从咸阳城的规划来看，秦孝公始终保持着"法天思想"，以"象天设都"的宗旨来建造咸阳城。宫殿、交通一系列设置仿照天境，天空中的星宿投影到地下，渭河与银河、帝宫与紫微星宿、架桥与牛郎织女相会的鹊桥，遥相呼应。这种城市设计理念，最早是春秋时期的越王勾践提出的。

勾践在重振越国的时候，命大臣范蠡夜观天象，准备按照天上紫宫星宿筑建宫城。《吴越春秋·勾践归国外传》中记载："于是范蠡乃观天文，拟法紫宫筑作小城，周千一百二十二步，一圆三方。"因为到目前为止，我们并没有发现勾践王城的遗迹，所以还没有办法考证文献内容的真实情况。不过，按照西周的礼制，天子王城和诸侯国的都城基本都是正方形的。

王城"方九里"，面积约 13.9 平方公里；诸侯国都"方五里"，面积约 4.3 平方公里；其他次一级的卿大夫封邑或小国家的规模，面积只应是王城的 1/5 和 1/9。古以九、五这两个数字作为标准，超过了便是僭越。而城市道路要做到九纵九横，路宽分级，市内宽，环城窄，城郊更窄，最宽的东西道路"经涂九轨"，并行九车道。

历朝历代，关于都城的建设，都是国之大事，而城池的建设，一定会受到政治、经济、军事、地理等自然条件和人力所能的影响。不过，影响再大，也可随情而变，哪怕城池不是方方正正，哪怕道路不是整整齐齐，只要是君主认定的地方即可。

就像《管子·乘马》里说的："凡立国都，非于大山之下，必于广川之上。高毋近旱而水用足，下毋近水而沟防省。因天材，就地利，故城郭不必中规矩，道路不必中准绳。"城市不必方正，道路不必笔直，面积要够大；地势不要太高，以免用水困难；不能靠着河边，以免有水患。

所以，秦都在建设过程中，遇水架桥、逢山开路，逆水行舟、推石上山。正如秦国的发展道路，兵来将挡水来土掩，谁都拦不住秦始皇统一六国的决心。

在排除万难、随情而变的情况下，一座新的都城打造完毕。到了秦始皇统治时期，他没有完全改弦更张，而是扩建、改建、新建。宫殿小了就扩建，每消灭一个诸侯国，便仿建一座该国的宫室；在咸阳城南部，改建信宫。他还新建了阿房宫，只是，这座理想中的宫殿并没有建成。

二、黄金分割比例

2014 年，国务院批复设立国家级新区西咸新区。新城总规划面积 302 平方公里，其中建设用地 50 平方公里，文物遗址保护区面积 104 平方公里。这些遗址以秦都咸阳城、西汉帝陵为主，新城也因此命名为秦汉新城。这座历史上著名的古都，被赋予了新的意义。

我们都知道，中国人讲究中心、中轴对称。宫殿的建设亦是如此，比如北京故宫。

北京故宫是我国明清两代的皇家宫殿，位于北京中轴线的中心。宫内的建筑分为外朝和内廷两部分。太和殿、中和殿、保和殿（统称"三大殿"）为外朝的中心，左右两翼以文华殿、武英殿为辅。乾清宫、交泰殿、坤宁宫，统称"后三宫"，为内廷的中心，两侧则排列着东、西六宫。故宫的整体布局便是中轴对称的最好展现。

秦始皇在决定建造阿房宫的时候，所选的位置在很多人看来都不是太好，修建起来费时费力，而且困难重重。但是，秦始皇执意在此营建阿房宫，这让很多人都不理解。

若是从地图上了解一下阿房宫的选址，应该就能明白当时秦始皇的想法了。考古资料显示，在地图上，从阿房宫北墙中部出发，南北行即向南直行到了秦岭沣峪口，向北直奔嵯峨山。沣峪口、阿房宫、嵯峨山，三点成一线，总长79.3公里；在这条直线上，阿房宫北距嵯峨山51.5公里，南距沣峪口27.8公里，阿房宫至沣峪口相当于全轴线的0.35，接近黄金分割（又称黄金律，是指事物各部分间一定的数学比例关系，即将整体一分为二，较大部分与较小部分之比等于整体与较大部分之比，其比值约为1∶0.618，即长段为全段的0.618。0.618被公认为最具有审美意义的比例数字）。再继续走，南接钦州湾口，北至内蒙古包头。

东西行即向西直达汧河入渭河的河口，向东迎面与渭河入黄河的河口相遇。东线、西线长一个是135.6公里，一个是137公里。再走，西方终点是甘肃西和县，东方终点是连云港，分别是秦人的老家和文献中记载的国门东海上胸界。

由此可以看出，以阿房宫为原点，在秦国的版图上有南北、东西两条延伸直线，构成了咸阳城和大秦帝国的"脊柱"，阿房宫在轴线上居中。所以，阿房宫选址的大规划，才是秦始皇的目的所在。

一定会有人说，秦代没有发达的交通工具，没有先进的测量装备，甚至连精准的地图都未必有，秦始皇怎么就能准确地推算出阿房宫中点的位置？这点大家无须怀疑，从秦始皇陵园的地理位置，就能知道秦代测量的水平。

从秦始皇陵园的北门到地宫，再到骊山望峰，也有南北轴线。可能测绘图的方位和现在有所不同，我们现在所用的地图是上北下南，左西右东，但是，在我国古代，地图一般是上南下北，左东右西。

汉长安城也有南北轴线，从朝殿未央宫出发延长轴线，南有秦岭山脉的子午峪口，北有汉高祖长陵、天脐，总长74公里。天脐即天地的肚脐，是人们特意挖的，从卫星地图上看是一个圆形深坑，直径约 200 米，深度约 40 米。考古新成果显示，这里在西汉晚期可能还是一处观测星象的地平式日晷，通过立表测影来实现时间的计数。

在咸阳塬东北泾阳县境内，有我国的大地原点，这是国家地理坐标经纬度的起算点和基准点。（大地原点整个设施由中心标志、仪器台、主体建筑、投影台等四大部分组成。高出地面 25 米多的立体建筑共七层，顶层为观察室，内设仪器台；建筑的顶部是玻璃钢制成的整体半圆形屋顶，可用电控翻开以便观测天体；中心标志设于主体建筑的地下室中央。它在我国经济建设、国防建设和社会发展等方面发挥着重要作用。）从大秦帝国的轴线到汉代天脐坑，再到现在的大地原点，历史就这样在陕西跨过了两千年。

经考古发现，在咸阳塬上级别最高的秦公王陵园有 3 处，分别位于今天的西咸新区严家沟、周陵、司家庄，总范围东西长近 10 公里，南北宽约 7 公里。

考古工作人员对周陵镇的两座大墓进行了考古勘探，发现了由内外两层墙垣、围沟及门阙围出的平面长方形陵园。围圈里有南北并列的两座墓葬，四个方向都有墓道；南边的一座规格较大，封土外形呈覆斗状，北边的一座墓葬规格稍小，封土外形呈截锥状；在陵区边缘有三组排列整齐的陪葬墓，靠近主陵分布有陪葬坑。此外，陵园内还有地面建筑。经研究推断，这两座墓葬应该是秦朝时期的。

之后，考古工作人员对司家庄秦陵进行了小面积发掘，发现有殉马坑、围沟、建筑基址、墓葬和马车坑，并出土了铸铭"公"字的铜车辖，另外还有铜扁壶以及大量建筑材料。有学者根据仅有的发掘成果进一步推测此陵应为悼武王永陵，周陵镇秦陵应当为孝文王和华阳后合葬的寿陵，严家沟秦陵应为惠文王和惠文后合葬的公陵。

2004 年，位于西安市长安区南郊的神禾塬战国秦陵园被发现。整座大墓布局规整，分为南、北两区，设有五门，占地约 17 万平方米，南北长 550 米，东西宽 310 米。

一座"亚"字形大墓墓圹位于陵园中心，带有四条墓道的主陵，东西总长约 140 米，南北宽约 110 米，周围有 13 个陪葬坑，出土了金、银、铜、陶、原始玻璃器上千件，还有天子驾六（我国古代的礼制之一，帝王级别的六匹马拉的两轮马车），由此可见墓主地位之显赫。而且，考古工作人员在出土的马具等文物上首次发现刻有"五十九年""左厩"等重要文字。陵园中还出土了带有"北宫乐府"刻字的石磬和大量珍贵的动物遗骸。

对于墓主的身份，学者们各持己见。有学者认为墓主是夏太后，有学者认为墓主是秦二世，有学者认为墓主是秦公子，也有学者认为墓主是周赧王等。

夏太后，前面曾简单地提到过，她是孝文王的妾室夏姬，庄襄王子楚的生母，秦始皇的祖母。《史记·吕不韦列传》中曾记载："秦王立一年，薨，谥为孝文王。太子子楚代立，是为庄襄王。庄襄王所母华阳后为华阳太后，真母夏姬尊以为夏太后。"

夏太后年轻时，不受孝文王的宠爱，一点话语权都没有，作为母亲的她，只能眼睁睁地看着儿子被送往赵国做质子，什么忙都帮不上。后来庄襄王得以回到秦国，仰仗的却是华阳太后，她这个亲生母亲仍是没有说话的份儿，儿子的事情大多是听华阳太后的，想必夏太后的内心是十分难过的。直到庄襄王如愿做了太子，继位为王，夏太后才过上了几天舒坦日子，起码心里不再似从前那般委屈。

孝文王、华阳太后相继去世，并合葬于咸阳塬西北的寿陵。庄襄王去世后，葬于咸阳东南的芷阳。为了给自己留下最后的一点尊严，临死之前，夏太后留下遗言："东望吾子，西望吾夫。"（《史记·吕不韦列传》）百年以后，她要葬在杜东，由此往东，可以望见她儿子的墓地，由此往西，可以望见她夫君的墓地。

秦始皇满足了祖母最后的遗愿。夏太后得以独葬一处，陵园配置的规格极高，墓穴以王的标准设置四条墓道，并且随葬天子驾六。由此推断，神禾塬大墓的墓主，应该就是秦始皇的祖母夏太后。

三、遍地是宝

咸阳虽然只是一朝之都，但是并不妨碍大家称呼它为古都。城市历史悠久，到处都是陵园墓葬，地下处处是先人留下的瑰宝，足以显示出咸阳的珍贵和它独有的韵味。

不只是帝王的墓葬才有特殊的意义，任何古代墓葬，遗留下来的文物、遗迹，都有它们自己的内涵。在咸阳西部，有两座墓葬一南一北并列分布。随后，考古工作人员进行了考古发掘，发现墓穴填土全部经过人工夯打，非常坚硬。幽深的墓坑越来越潮湿冰冷，直到接近 9 米时，考古工作人员开始了清理墓室的工作。

据考古资料记录，位于北侧的墓葬，平面呈长方形，深达 9.37 米。葬具为一棺一椁。位于南侧的墓葬，规格比北侧墓葬大，整体平面近"凸"字形，深 8.95 米。东部为墓室，放置一棺二椁多重葬具，葬具最外层还覆盖有荒帷（棺罩，是对死者生前居室帷幄一类的模仿）织物。

《庄子·杂篇·天下》记载："天子棺椁七重，诸侯五重，大夫三重，士再重。"棺、椁葬具象征着地下世界的居所，保护死者的尸体，这也是事死如生的表现之一。而葬具的使用情况，也是分等级的，不同等级的人使用葬具的数量要符合身份。据文献中记载，一棺二椁和一棺一椁符合大夫三重、士二重的等级，又覆盖编织席和荒帷织物，可见墓主身份不低。

经过专家一系列的检测，根据对牙齿磨损度、骨缝愈合度、颅骨和盆骨形态的一番分析，初步结果显示：南侧墓主为男性，年龄在45—50岁；北侧墓主可能是男性，年龄特征已经无法分辨，骨骼已经完全腐朽。

南侧墓葬的墓圹规格、葬具配置以及随葬品数量相较于北侧墓葬更大、更好、更多，墓主地位显然高于北侧墓主，所以应该是主墓；北侧墓葬则是附葬从属，墓主地位稍低。

两座墓葬共出土遗物155件（组），质地包括银、铜、铁、铅、陶、玉石、骨牙、低温烧制的带釉料器、髹漆竹木器，器类包括日用器、礼器、兵器、装饰品、工具。如此丰富的遗物，让人眼前一亮。让人更加震惊的是，12件玉璧有10件直径在14厘米以上，并覆盖在两位墓主身上，这属于葬玉，其目的是保护尸身不腐。

考古工作人员在两座墓中都发现了玉具剑和兵器。在战国时期，玉具剑绝对称得上是奢侈品。

《说苑·反质》中记载了这样一个故事："经侯往适魏太子，左带羽玉具剑，右带佩环，左光照右，右光照左；坐有顷，太子不视也，又不问也。经侯曰：'魏国亦有宝乎？'太子曰：'有。'经侯曰：'其宝向如？'太子曰：'主信臣忠，百姓上戴。此魏之宝也。'经侯应声解剑而去佩。"

大意是，经侯去找魏太子炫富，他左边带着玉具剑，右边戴着玉佩环，生怕别人不知道自己是有钱人。谁承想，魏太子对经侯这种土豪打扮熟视无睹。经侯倒是自己绷不住了，主动说道："魏国有宝物吗？"魏太子不卑不亢地回答："国君诚信，臣子尽忠，百姓拥戴，和谐的气象是魏国的宝物。"经侯被撑得半天没吭气，最后他解剑去佩，羞愧万分。这个故事也从侧面体现了当时贵族阶层对玉具剑的追捧。"左解玉具，右解环佩"，这表示玉具剑必有与之相配的玉佩环，而玉具剑除了青铜剑身，剑首、剑格和剑鞘上的珌、璏，都是以羊脂玉做成的。

按照兵马俑坑铜剑的等级分类标准，剑首圆形级别高于菱形，将军俑和铜车马御手佩剑都是圆形剑首，鞘上的珌和璏体形更大。由此推断，该墓主是武将出身并拥有一定爵位的秦贵族。

南侧墓葬出土的铜鉴上腹部有一段金文，三竖行，共计 16 个字。最终厘定内容是：十九年蜀守斯离造工师狢丞求乘工耐。大概意思是，在某一位秦王十九年的时候，蜀地一名叫斯离的长官督造了这件器物。

从文字内容包括的制作器物的时间、具体监制人、工师、工匠可以看出，这是秦器的风格。

《史记·秦本纪》中记载："二十三年，尉斯离与三晋、燕伐齐，破之济西。"由此可见，斯离的确是秦昭襄王时期的一名军官。在秦昭襄王二十三年，都尉斯离与韩国、赵国、魏国及燕国一起征伐齐国，在济水西岸打败齐军。当时，斯离是以"尉"的身份率兵参战的。这和墓葬中出土的玉具剑、兵器、多层棺椁，以及墓主年龄和性别都吻合。

当时在秦国，与尉有关的官职有国尉、校尉、郡尉、都尉等。国尉是中央直属官职，负责划分作战区，是全国最高的军事长官，即战事总指挥。郡尉或都尉是地方的军事长官，平时负责训练地方部队，维护治安，战时领兵打仗。

秦国曾任国尉的仅两人，一个是昭襄王时期的白起，一个是秦始皇时期的尉缭。所以，斯离应该不是国尉，而且铜鉴铭文写着他是巴蜀地区的地方长官"蜀守"，由此可以断定，斯离伐齐时的官职，差不多是都尉。

前面已经提到过，官职和爵位是相互结合的身份标志，根据秦国的爵位制推断，斯离的爵位应当不低于五大夫。当然，这些都是根据已知的出土物和文献中的记载所进行的推断，在没有明确的考古结果之前，一切的推断都不能作为事实。

在咸阳，并不是只有贵族墓葬，毕竟贵族是少数，平民才是大群体。

平民墓地也是依渭河分为南、北两部分。在考古工作人员经历了艰难的考古发掘后，渭南区 820 余座墓葬出土的器物中，有 5 件陶模具十分吸引人。让人意想不到的是，模具对应的是草原民族腰带上使用的金属装饰。

在咸阳城中，既然能生产草原民族使用的器具，说明这些人在咸阳是长期居住，并且有一定数量。若不是满足了消费群体稳定的供给条件，又怎么会在咸阳城组织生产呢？

这种金属装饰片，虽然只是一件小器物，但这并不妨碍咸阳遍地是宝。

2016—2018 年，在浐河西岸又有马腾空遗址的发掘，据报道，居址早期与墓地南北分开；半地穴房址最具特点；推测当时房址铺有悬空的圆木或木板；墓地年代由早到晚分布，考古工作者清理了 270 余座秦墓，葬式、随葬品与关中西部秦墓基本相同，时代最早的墓葬可到春秋中期。有一定数量的春秋楚式柱足鬲，在一座房址的窖藏里埋了鼎、浴缶、盆共计 3 件战国楚式青铜器。一连串的报道让人眼花缭乱，焦点纷纷投到了遗址、墓葬中去。

相较于渭南区，渭河北的平民墓葬分布更加集中，保守估计数量超过 2000 座，考古工作者对其中千余座进行了发掘。考古资料显示，渭河北平民墓葬区出土的器物，很多是源自其他民族，其中有 5 件骑马俑十分引人关注。其装束和人物面部特征显示出骑马俑与草原民族有所关联。除此之外，外来的器物还包括各式做饭的锅，有土著人的鬲及釜，有巴蜀人的鍪，有西戎人的带足鬲和楚人的柱足鬲，各地特色美食的香气飘荡在咸阳城的宫殿及闾里。

由此可以看出，当时的咸阳城并非只有秦人，外来民族也有很多。随着秦始皇统一六国，咸阳城成为全国的中心城市，人口也逐渐地增长起来。来自全国各地的人都想在这座大都市里有自己的一席之地，也想成为咸阳城的一分子，成为秦帝国的一分子。咸阳城已然成为一座国际化的大都市，这里浓缩了中华民族壮大的过程。而咸阳城里有关人士的墓葬的发现，不仅揭示着墓主的曾经，更传播了秦帝国的精华，让人欣赏到中国传统文化的博大。

四、夯土，走进古代建筑的钥匙

两千年来，人们始终以大兴土木来诟病秦始皇。

土实际是版筑夯土，木为木柱和木梁。在我国古代建筑中，石、砖、瓦其实是配角。作为建筑不可或缺的原材料，版筑（我国古代修建墙体的一种技术，指筑土墙，把土夹在两块木板中间，用杵捣坚实，就成为墙）夯土是自然土壤经过捶打压实而成，这项技术可以说是了解我国古代建筑的一把钥匙。

前面提到的秦始皇陵封土以及九层高台，都是版筑夯土的体现。夯土取材广泛，经过重力捶压，自然土壤的孔隙被挤缩，土质结构紧密、坚硬，用作建筑的承重墙和地基可以达到坚固、不易垮塌的效果。铺一层土用夯打的工具砸实一遍，再铺一层土用夯打的工具再砸实一遍，这样一层层砸实，直到满足所需要的高度。一堵墙接着一堵墙，最终完成建筑。夯土的计量单位是堵，百堵皆兴便意味着工程竣工。

夯土在夯打的过程中，是需要高强度的体力的，若是劳动者体力不行，就要从劳动力的数量上弥补，不然根本完成不了建筑目标。所以，往往在一项工程修建的过程中，需要大量的人力，少则数千，多则数万。

在秦代，这种大规模的工程还包括举世闻名的万里长城。这条盘亘延绵的军事防线，在西北大部分地区就是夯土墙。长城，早在战国时期就已经开始修建。当时中原各国纷争不断，又面临北方草原民族的侵扰，燕、赵、齐、楚、秦都曾修建过这样的墙。

秦始皇时期的长城是在连接了原来秦、赵、燕三国长城的基础上加以增筑的。公元前214年，蒙恬就已经开始沿黄河修筑长城。孟姜女哭长城的故事，想必大家都很熟悉，就是发生在秦国大规模修筑长城期间。

相传，秦始皇修建长城，劳役繁重。一个名为范喜良的青年，刚结婚不久，便被迫去修筑长城。没过多久，他因为饥寒劳累而死，尸骨被筑在长城城墙中。孟姜女历经千辛万苦，终于来到长城，却听说丈夫已死的噩耗，痛哭不已，直到把长城哭倒了。当然，长城竟然能被哭倒，过于荒诞，但是，这个故事却再现了当时数十万劳工修筑长城时风餐露宿、开山凿石的苦难和牺牲。

长城的修筑，让我们看到了秦始皇打造的另一个奇迹。在两千余年的时间里，万里长城依然屹立不倒，这不仅仅是古代军事建筑工程的杰作，更是我国古代劳动人民智慧和汗水的结晶。

目前，咸阳城遗址已经被列为国家重点文物保护单位，其中夯土也是被保护内容的一部分。据考古资料记录，自1959年以来，考古发现的夯土连绵不绝。很多人认为，不过就是一堆土而已，有必要这么大动干戈地保护起来吗？考古给我们的答案是，有必要。它们虽然不如一些文物那么闪耀，但擅自破坏却绝对不行。

如果说兵马俑开启了我们认识秦朝的一扇窗，那么夯土便是打开秦朝那扇门的钥匙。在考古勘探中，若是发现了夯土，就预示着这个地方有墓葬或是建筑。夯土范围越大，建筑或者墓葬的体量就越大，那么等级就越高。

而且考古工作者可以通过夯窝，判断出夯具的大小和形状，从而进一步推测建筑的背景。一层层砸实的夯土，上下层之间会形成一个光滑、坚硬的平面，也就是夯面，有时候夯面上可以看出夯打工具留下的浅窝，这个浅窝就是我们说的夯窝。

不同的时代，夯窝的形状大不相同。就像我们现代建筑工地上使用的是电动夯，夯打过后留下的痕迹是一个个长方形的平面。而在秦代，夯打工具一般是石或铁质的，一个人或两个人抬着捶打，夯头比较小，形成的夯窝一般是圆形，直径大约 5 厘米。这样的夯具头在内蒙古卓资县战国至西汉城遗址内出土过，比人的拳头稍大一点。由于夯具小，所以，要想保证夯土的质量，每层土就不能太厚，一般是在 3—5 厘米。当然，拳头大小的夯头并不是当时唯一的夯具。

古人在很早之前就悟出一个道理，夯具面积大，产生的压强小，夯土砸不瓷实，所以，不断地对夯具进行改进，尽量减少接地面积。其中最常见的办法就是用荆条或细木条捆成一束来捶打夯土，由于每股荆条或木棍都很细，更容易将土夯实，而这样的夯具留下的夯窝如点点梅花。考古工作人员在兵马俑一号坑就发现过梅花夯的痕迹。

考古工作者还有一个更准确的办法去判断夯土的时代，就是根据夯土中的杂物去判断。在古代建筑中，不论是万里长城，还是高大巍峨的宫殿建筑，其夯打原料中难免会夹杂一些和修建活动同时代甚至是时代更早的杂物，这些杂物往往是判断修建时间的参考。

那么，该如何寻找夯土呢？其中一个办法就是翻看一个地区的卫星影像图，由于结构密实，透水、透气性差，有夯土的地方，地表植物的长势难免会受到影响，所以可以寻找植物生长异常的区域，多看就能发现问题。当然，这只是其中一个办法，考古工作者还有其他的办法。

1975 年后，考古工作者对秦始皇时期遗留下的一个建筑群进行了考古发掘，分别将建筑群内的建筑进行了编号。

考古发现，这些夯土虽然看着不起眼，经常被误认为是墓冢，表面更是杂草丛生，但实际上，内里大有乾坤。其中编号为一号建筑的夯土台基占地范围长 117 米，宽 45 米，面积约 5265 平方米。经过了两千多年的风雨蚕食，高出现地表的部分仅有 6 米，相当于现在的两层楼那么高。初步估算，这个建筑需要的夯土总量有 6 万多立方米。台基上再搭屋顶，最后形成的建筑总高度差不多是 9 米。

夯土台基上营建有大小不同、高低错落的房舍。台基顶层中心有主殿，殿内面积 160 多平方米，地面涂红漆，中心的大木柱直径 60 厘米；台基中部环绕一些小面积房间；最底层是长长的走廊。整个建筑在使用功能、通风、采光和排水等方面都有相当合理的安排，最终形成一个具有多种功能的建筑集合体。

咸阳城内的建筑，并不是只有夯土，夯土只是主体，有的局部也使用土坯。土坯又叫土墼，是利用模具加工成的规整夯土块，它的来历可不简单。（土坯一般有两种制作方法。一是把黏土和成泥放在模型里制成土块；一种是直接取湿润的自然土夯打。西北地区的胡墼是第二种制法。两种土坯均需自然阴干，与砖的区别是不烧制。）

在古时，中原汉人把西域民族视为胡人，也会在来自西域的东西上加一个"胡"字。比如骑兵军装有胡服，乐器有胡琴，食物有胡饼，家具有胡床。被称为胡墼的土坯，更多、更早的考古实物发现于埃及古王国、两河流域亚述帝国、波斯帝国、中亚和中国新疆等地区。看似不起眼的夯打胡墼背后，隐藏的却是外来文明的遗传基因，着实令人意外。

令人更加意外的是，由于夯土取源于自然黄土，所以竣工的建筑看上去体量宏伟，但是，整体并不是很美观。当时的秦人就想了办法，在城内的夯土建筑的外表上涂抹了白灰，进行了简单的装饰，还有在壁上画画的、挂上织物帷幄的，这样，夯土建筑看上去就有了美感。这是秦人智慧的一种表现，也给我国美术史带来了不一样的意义。

据考古资料记录，咸阳城的建筑壁画，是迄今仅见的秦代绘画原作，色彩有红、黑、紫、黄、绿、白、蓝等。使用的颜料有朱砂、石绿、石黄、赭石，甚至是金粉。经过检验测试，大部分为矿物质颜料，也有少量的白色是蛤蜊粉，出土时颜色依然非常鲜艳。绘画的内容也是十分丰富，有建筑、车马、人物、游猎场景、鸟兽、植物、鬼怪等，变化多样，多彩多姿。

墙壁上的画不仅弥补了夯土建筑视觉美感的不足，还起到了一定的宣传作用，展现了很多当时的场景和制度。比如车马图，每乘车有并驾齐驱的四匹马，马色有枣红、黄和黑三种，系驾方式与秦始皇陵铜车马、兵马俑坑木车相似。还有人物形象图，人物着装都是长外衣，看上去衣服质料轻薄，有随风飘曳的动感。壁画上的人物所穿的服装也是五颜六色，有的地方还可以看到白色镶边，胸部留白。

按照当时秦国的着装要求，三品以上绿袍深衣，庶人白袍，身份地位显赫之人才能着黑色衣服。所以，壁画的图案，就像是情景再现。我们透过壁画，仿佛可以看到街市两旁有卖绸缎、玉石、美酒等各式各样物品的店面，店面门口会有蹲着卖水果蔬菜的摊贩，街上有来来往往的人群，偶尔也会有达官贵人的车马从街的深处走出，定是一番热闹祥和的景象。

有人说，壁画上的植物类图案有麦穗，真实性无法判断。但秦人是农业民族，本就是靠种地生活。百姓们日出而作，日落而归，每天在田地里忙碌，是十分常见的情景。我们都知道，若是耕田，一定需要浇灌，浇灌离不开水。提到水，就会想到一个人，一个来自韩国的间谍，却为秦国的经济带来迅猛发展的人，这便是战国时期大名鼎鼎的水利专家郑国。

《史记·河渠书》中记载："韩闻秦之好兴事，欲罢之，毋令东伐，乃使水工郑国间说秦，令凿泾水自中山西邸瓠口为渠，并北山东注洛三百馀里，欲以溉田。中作而觉，秦欲杀郑国。郑国曰：'始臣为间，然渠成亦秦之利也。'秦以为然，卒使就渠。渠就，用注填阏之水，溉泽卤之地四万馀顷，收皆亩一钟。于是关中为沃野，无凶年，秦以富强，卒并诸侯。因命曰郑国渠。"

在秦始皇刚刚登基不久后，韩国听说秦国十分喜欢兴建工程，想以此来消耗秦国的国力，让秦国无力对崤山以东的诸国用兵，于是派水利工匠郑国去秦国游说秦始皇。郑国来到秦国后，向秦始皇提出从中山西到瓠口一段凿穿为渠，沿着北山向东三百多里注入洛水，用以灌溉农田。

渠道尚未完成时，秦始皇发现了郑国的目的，勃然大怒，要杀郑国。郑国坦诚地说道："当初，我的确是以间谍的身份来到秦国的，可是渠修成后对秦国是十分有利的。"就这样，秦始皇没有杀掉郑国，让他继续把渠修成。修建完成后，以淤泥浑浊的泾河水，灌溉了四万多顷的低洼盐碱地，增加了土壤的肥力，使亩产达到了一钟多。关中从此变成了沃野，没有荒年，秦国因此富强起来，有了经济基础、粮食基础，为之后吞并六国提供了坚实的后盾。这个灌溉渠也被命名为郑国渠。

谁能想到，这是秦始皇在十三岁时的政举。其中，应该少不了位高权重的大臣的辅佐，否则，尚且年少的秦始皇怎么会明白郑国渠的意义所在呢？

咸阳城的迷雾还有很多，不管还剩多少没有解开，夯土都是咸阳城的载体。夯土作为不可移动的文物，必须要加以保护，否则千古帝都就成了空中楼阁般的泡影。由于夯土的数量太大，涉及范围广，只能留在当地，所以实施有效的人为保护手段十分困难。也正是因为它的不可移动，才成为这片土地独一无二的历史特点，也是它独有的韵味。

2010 年，咸阳城遗址被列入首批国家考古遗址公园立项名单，遗址周边的村落面临大规模拆迁，村民逐渐搬进安置楼，又迁葬了祖坟，为了保护这片土地，咸阳城的现代人都贡献出了自己的一份力量。

很多人会问，既然咸阳城有这么大片的夯土，那到底是多大呢？面积总量是多少呢？这个问题没有答案，因为没办法估算，因为还存在着尚未被发现的遗迹，因为它们覆盖了咸阳城。它们默默地矗立在黄土塬上，它们成就了帝都咸阳高大宏伟的总体气势，它们以沉默的形式述说着秦帝国的真实面貌。从建筑工艺、壁画图案的细致入微，从某处的建筑到整个城市的宏伟，无不映衬着中华文明的传承和发展。

因为是帝都，所以咸阳城里的建筑多，三公九卿、内史、少府各种政府机构的用房多，所以，台阶用量一定很大。在当时，陶砖制作相对来说很容易，纹饰更加随意自如。而石材要坚固许多，制作难度较大，相应的成本会更高，尤其是纹饰雕刻不如陶砖那么随意。

作为宫殿的台阶，肯定是被频繁蹬踏的，满朝百官，每天来来往往地开朝会，台阶的使用率很高。虽然陶砖渗透性强，吸水性好，通风性好，防滑性好，空心，噪声传播的途径被切断，所以降噪性能也好，是不错的台阶用料，但是，最核心的宫殿一定会使用石台阶，这样才能代表建筑等级。

秦始皇陵园建筑台阶就不需要过多考虑吸水性和防滑性，更注重的是礼节性，强调礼制合规，展现地位等级，所以用的是石台阶。石台阶宽一尺，折合现在约 23 厘米；长九尺，折合现在是 2.1 米。哪怕是用以踩踏的台阶，也处处彰显着秦始皇的地位。

其中，有一种龙纹空心砖，是十分有考古意义的。这种砖的规格和长条形桌差不多，基本上是用于建筑台阶。砖体内部是空心的，两面有以龙为主体的纹饰。生动精致的纹饰堪称一幅艺术画，两条首尾相衔、相互交织的巨龙，怀抱三个圆形的玉璧，上面还有一些卷云和水涡一类的纹饰作为点缀。更加精妙之处是在圆形玉璧的中间，有展翅飞翔的雀鸟。

考古资料显示，1975 年，在一号建筑遗址中，曾出土一块龙纹空心砖，现收藏于国家博物馆。该建筑整体结构分三层，最底层是廊道，最高层有大殿，现存高度超过两层楼。

咸阳宫遗址博物馆也收藏了一块龙纹空心砖，虽残缺部分接近 1/4，但是中间刻了一个很小的"戎"字，让人浮想联翩。能够经常往来咸阳宫殿的"戎"，应该指的是秦国的"常客"义渠王。当然，这只是臆测，并不代表什么，要说真有什么内涵，那也是古物的珍贵。

龙在我们心中是神一般的存在，它是善于变化、能兴云雨、利万物的神异动物，能隐能显，春风时登天，秋风时潜渊，但是没有人能说清楚它到底长什么样。正是因为如此，龙纹也有很多变体，比如有夔龙纹、蟠螭纹、蟠虺纹，总体为长条形，有的有角，有的有足，有的有翼。上古神话传说东海有夔龙，状如牛，苍身而无角。空心砖上的龙，头似牛首，有须，大耳，细长角对称，蛇形体，有翼，脚有爪，接近神话中的描述。

考古工作者在一号建筑内，还发现了另一残块砖，现收藏于咸阳市博物馆。砖上纹饰中的凤鸟张口含珠，凤冠后伸。鸟背位置有一怪人，戴山形冠，大耳朵上挂一条弯曲的细蛇，上肢像动物腿，屈肘上举，只有两趾，抚着凤的脖子。

《山海经·大荒东经》中曾说："东海之渚中，有神，人面鸟身，珥两黄蛇。"虽然纹饰残损，很难知道全貌是什么样子的，但有人、鸟、蛇，整幅画的内容应该与传说中的东海之神有关。在古时，龙、凤、龟、麟并称四灵，是祥瑞的四种神话动物。由此可见，空心砖上的纹饰内容，也是表达对祥瑞的美好期盼。

空心砖不仅是显示建筑等级的一种标志，张扬了皇家宫殿的气派，更涉及了国运与阴阳交替。之前提到过，阴阳学中有"五德始终说"。金、木、水、火、土，五种物质各有不同的特征，依次相生相克。水生木，木生火，火生土，土生金，金生水，顺位相生，隔位相克，循环往复不止。五德周而复始地循环运转，便是始终。历朝历代都有五德中的一种与其相配，商取代夏是金胜木，周取代商是火胜金，能取代火德周的朝代必将是水，众所周知，秦是水德。

　　在我国古代，玉璧也是一种高级别的代表器物。玉，是山川的精华，天赐的宝物，具有沟通天地鬼神的灵性。而其用途也很多，玉器分礼玉、葬玉、装饰玉三类。装饰玉戴在身上是为了美观，也体现了君子温润如玉的品德。给逝者使用的葬玉，包括全身罩金缕玉衣，嘴含玉蝉，手里握玉猪，七窍堵玉塞，取玉保护尸身不朽之意。

　　作为通天绝地的法器，礼玉沟通人、神二界，有璧、琮、圭、璋、琥、璜六种，又称六瑞。玉璧是最为核心的一种礼玉，它的历史延绵了五千年，在我国传统的文化理念中，玉璧象征着美好的意愿和高贵的品质，更是权力等级的标志。

　　在春秋战国时期，就有关于玉璧的故事。春秋时期，有一个楚国人名叫卞和，他在荆山砍柴时，发现了一块璞玉，于是献给楚厉王。污泥秽土包裹下的璞玉如顽石一般毫不起眼，楚厉王让人鉴别后，得出一个普通石头的结论，楚厉王大怒，下令对卞和用刑，削去卞和的左膝盖骨。好不容易熬到了楚武王即位，卞和再次携玉献宝，没想到楚武王也不识货，又一次对卞和施以酷刑。直到楚武王驾崩，楚文王登基，卞和怀抱宝玉而泣于荆山脚下，困时枕着璞玉睡，醒来抱着璞玉哭。后来楚文王听闻此事甚感蹊跷，便命人剖开璞玉，里面果真是一块价值连城的宝玉，遂雕琢成玉璧，深藏内宫成为国宝，并取名"和氏璧"。

　　战国时期，在伐齐之战期间，楚国的和氏璧到了赵惠文王手中，秦昭襄王听说后，派人给赵惠文王送了一封信，信的内容是秦国愿意用十五座城来交换和氏璧。十五座城池是个极大的诱惑，赵王很是心动，但当时的秦国诚信度不高，所以赵王决定派一个机谨的大臣前去与秦昭襄王交易，这个人便是蔺相如。

　　蔺相如带着和氏璧西行入秦。《史记·廉颇蔺相如列传》中记载："秦王坐章台见相如，相如奉璧奏秦王。秦王大喜，传以示美人及左右，左右皆呼万岁。"不出所料，秦昭襄王见到和氏璧后，爱不释手，把和氏璧传给姬妾和左右侍从看，但绝口不提十五座城池的事儿。

蔺相如也看出来了，秦昭襄王压根儿就没想拿出十五座城来交换，但是满脸写着拿下和氏璧。蔺相如急中生智，以"璧有瑕，请指示王"（《史记·廉颇蔺相如列传》）为由把和氏璧骗了回来，然后作势要将和氏璧砸碎以要挟秦昭襄王交出十五座城池。秦昭襄王怕他真把和氏璧砸碎，赶紧命人取来地图，圈出十五座城池，准备交割给赵国。这无非是秦昭襄王的拖延之术，蔺相如看得通透，于是提出让秦昭襄王斋戒五日以示和氏璧珍贵的要求，秦昭襄王欣然应允。而蔺相如则悄悄命人将和氏璧送回了赵国。完璧归赵的故事，就发生在咸阳城渭南区的章台宫。

总而言之，在古代，龙、凤纹饰和玉璧都不是随便能使用的，那是身份的象征，礼制的体现。在我国，再简单的事都要按规从礼，礼入于法。

令人惊讶的是，砖坯上刻的龙纹、神人骑凤纹，都属于一砖一刻，没有完全相同的两件，堪称限量版的孤品。

经考古学家的研究和推断，和空心砖搭配使用的，是批量化生产的模印纹饰砖，有空心的，也有实心的。台阶依然用空心砖，规格与龙纹砖一致。实心砖分为长方形和正方形两种，用作铺地或贴墙壁。

模印纹饰砖的模具分为两种，一种是本身自带纹饰，一次脱模便可完成砖的外形和装饰。另一种是模具表面没有纹饰，先做泥坯，再用不同图案的模具像盖印章一样按需组合，形成砖坯表面规律的连续纹。

模具之间灵活变化的组合，可以衍生很多含义。有一种组合纹饰模具，直线勾折的几何纹外形像回形针，与大小相套的菱形交错排列，两种纹样都是首尾相连，回环反复连续不断，有连绵不断的寓意。这种美好的寓意，深受人们的喜爱。

考古资料显示，秦砖纹饰印模的技术，也被汉代全盘吸收并发扬光大成为画像砖。印模规格可大可小，纹样内容丰富，人物、建筑、车骑仪仗、舞乐百戏、祥瑞异兽、神话典故、奇花异卉，再加上多变的搭配组合，形成名副其实的画作模印技术。

在秦始皇陵兵马俑坑中发现的脱坯而成的模印砖，是数量最多的，各个"室"的地面全部铺砖。这些长条形铺地砖并没有漂亮的纹饰，兵马俑坑的使用者是兵俑，等级跟宫殿的主人没法比。而这些砖和千人千面、千人千色的陶俑相比，更是默默无闻，没有人关注，但是，它们不仅烧制质量上乘，而且砖上有压印文字。

对于长条形铺地砖上的 21 种文字，考古工作者做了详细的记录，包括"左司高×""宫掌""宫毛""宫水""都仓""淏邦"等内容。相同文字在秦始皇陵、阿房宫、咸阳塬都有。2003 年在宝鸡地区南湾遗址还发现有"大水""大丁""宫昌""宫臧"等字样。

砖上的文字，说明了秦代有哪些管理部门、砖厂和工人。查阅资料可以知道，"宫"是宫司空的缩写，隶属中央官署。"左司"是左司空的缩写，隶属皇室。砖厂工人如"昌"或"臧"，是宫司空下属的工匠组长。其中还可能有外族人，比如"淏邦"的淏是一个译音用字，此人很可能来自戎族。

这也从侧面证明了，秦朝对制砖质量的把控十分严格，物勒工名制度落实到了手工业生产的各个行业。即便是相隔数百里的不同地区，砖厂管理和烧砖的工人完全一致，从而可以看出制作和调拨应该是统一管理的。

据资料中记载，有一种砖面模印有 12 或 16 个字的铺地砖，很受欢迎。12 个字的内容是"海内皆臣，岁登成孰，道毋饥人"，16 个字的内容多了"践此万岁"4 个字。

"践此万岁"，无疑是天子踩踏的御用品。文字砖的字体修长，都是秦小篆阳文。这一地砖国家博物馆在 1950 年入藏了一块。文字内容很是直白，意思就是天下统一不打仗，风调雨顺收成好，人人碗里有饭吃。

这些铺地砖应该都是为大型宫殿建筑所使用，以此来表达对美好生活的期盼。不过，可惜的是，由于不是正式考古发掘出土，所以相关的埋藏信息无法得知，而建筑的具体属性、规模、时代也都无从知晓。仅能从字体上大致推断，应该不早于秦，汉砖的可能性更大。

由于汉承秦制，百代因秦法，所以汉砖文字依旧沿用秦小篆很正常。可见，秦始皇时期的管理模式是符合国情的。有专家认为，"道毋饮人"也是儒学的一种体现。

1999 年，考古学家在凤翔雍城战国早期秦人墓中发现了一枚"忠仁思士"印章。这四个字精准地体现了典型的儒家思想，当时的人将其刻成印章，作为指导自己日常行为规范的箴言。"道毋饮人""忠仁思士"都是儒家思想的体现。

儒家学说在秦国不同的发展时期，境况也在随之改变。战国中期偏早的时期，儒家学说传到秦国。之后，儒学人物在秦国一度很活跃。直到秦始皇统一六国后，儒学由受重视转为逐渐地被取缔。

但我们并不能把取缔儒学的错归结到秦始皇一个人身上，很多事情的对与错，其实并没有一条笔直的分界线。若是仔细端详兵马俑坑的将军俑，我们会发现其气质儒雅。而儒雅，即温良恭谦，正是儒学所提倡的一种人文素养。

秦国培养官吏的《为吏之道》中记载："吏有五善：一曰中（忠）信敬上，二曰精（清）廉毋谤，三曰举事审当，四曰喜为善行，五曰龚（恭）敬多让。五者毕至，必有大赏。"内容包括五善、五失、讲礼、重民、德政等，这些观点基本来自儒学。儒家在秦国不同时期有不同的境遇，从来没有因为受压制而停滞活动，儒家思想的火苗在秦代社会生活中从来没熄灭过。所以，秦始皇取缔儒学很可能是其他原因导致的，甚至秦始皇可能仅仅是不提倡儒学传播而已，这也为秦始皇没有"坑儒"的假说增加了一个有力的证明。

谁能想到，就是这些砖，其中也存在着争议。无论是渭河北还是渭河南，既是秦都咸阳城所在，也是西汉长安城或帝王陵园的辖区，那么，问题来了，有些砖到底该姓秦还是该姓汉呢？

考古资料显示，西北大学和陕西师范大学的校内博物馆都收藏有空心砖，都说是采集自咸阳窑店镇，都说是秦宫殿遗物。而且这些砖的图案有二龙拱璧、双凤含珠，规格与发掘出土的秦砖一样，但纹饰制法、构图方式却截然不同。

二龙拱璧砖的正面纹饰以玉璧为中心，双龙分别置于左右，呈回首顾盼、前爪拱璧的姿态。璧的上方和龙的足下各有一对叶形云纹；璧的下方和龙背上方各有一株灵芝草。整幅画面构成二龙拱璧的情景，构图风格左右对称，双龙飞腾。图案是模印的阳文，具有减地浅浮雕（剔地浮雕法，在一块平板上剔地去料，将要塑造的形象雕刻出来，使它脱离原来材料的平面，图像造型浮凸于材料表面）的效果。而秦代的空心砖，纹样以飞龙为主体，技法是阴刻。

类似这种制作风格的空心砖，在西汉长安城或皇帝陵园中比较多，也有建造台阶之用。其以青龙、白虎、朱雀、玄武四种动物图像做主体纹饰，按照东、西、南、北四个方位布置，被称为"四神"空心砖。

四神砖的纹饰基本都和天象有关，与天上的星宿相对应。古人上不了天，经常抬头望向天空，满天的星斗激发了古人对天宫的好奇。关于二十八个星宿、四种神异动物，前面已经提到过，这里就不再细说。

1987 年，考古工作者对河南濮阳西水坡一座年代为公元前 4500 年的墓葬进行了发掘。经过考古发掘发现，这座墓葬的主人是一位男性，年龄偏大，墓葬主人头向南，脚在北，呈上南下北的状态；墓圹边缘分别有三具儿童殉人，墓葬主人身体的两侧和脚下还有三组由蚌壳组成的图像。在墓葬主人右侧，东边是龙，昂首弓背，前爪呈扒取之态，后爪呈强有力的蹬地状；墓葬主人的左侧，西边是虎，四爪分开，其中一只后爪张开，一爪呈蹬地状；墓葬主人的脚下，北面的东侧还摆放了两根人的胫骨。令人惊叹的是，所有蚌壳图像构成的画面是一幅二十八宿星象图。

在湖北出土的战国早期曾侯乙墓的漆箱盖上，二十八宿星象图更加明确。箱盖的中央有"斗"字。"斗"字的周围，绕圆书写有二十八宿的名称。箱子的东侧是龙，西侧是虎。

不论是濮阳西水坡的墓葬，曾侯乙墓的漆箱盖，秦汉时期简牍地图方向的上南下北、左东右西，还是秦始皇都城和陵园地宫，帝国中轴线上的阿房宫，甚至是西汉时期的大地中心天脐坑和四神砖，这些代表中华文明的发生、发展的遗存，如同一卷长长的画轴徐徐地铺开。

自秦始皇帝陵开始，之后的各朝各代便把祭祀先皇的活动转移到陵园内举行。在陵园内还设置了寝殿、便殿等一系列地面建筑。寝殿是供皇帝灵魂起居用的，里面陈设着皇帝的遗物。宦官宫女、陪陵人员要按时按点地到寝殿内整理被褥、端茶倒水，并且日上四食，完全像侍奉活人一般。便殿是皇帝灵魂休闲宴饮的场所，各式各样的物品，一应俱全。而贵族或者一般百姓，也参照皇帝的做法，将祭祀活动挪到墓地上举行，只不过规模要小很多。

在秦朝灭亡之后，咸阳塬成为西汉皇帝的陵区。从东向西依次排列了九位皇帝的陵园。第一代皇帝刘邦及吕后、第二代皇帝刘盈及张皇后、长公主鲁元公主以及各自的近臣、亲朋好友，死后都被埋葬到了秦咸阳城旧址。这些人不仅在地下建造墓穴，还在地上加盖祭祀的建筑，杨家湾汉墓群就属于这种情况。

陕西省咸阳市杨家湾村附近发现的西汉时期墓葬群，位于咸阳宫殿区东南部，共发现墓葬 73 座。据考古学家推测，这可能是汉高祖刘邦的陪葬墓。考古工作者对其中两座进行了发掘，发现墓葬为竖穴土坑墓，曲尺形墓道，原本有复杂的木质结构建筑，但是已经被焚毁。该墓葬也有封土，在墓道填土中与墓道外还有数个陪葬坑。

两座墓葬中各发现玉衣片 200 余枚，其中玉衣片上还有银缕。让人意外的是，考古工作人员还清理出了随葬兵马俑坑 11 座，均为带竖井坑道的洞室，出土兵马俑、步兵俑、舞乐杂役俑数千件。显然该墓的主人身份很高。这些陶俑都经过彩绘，并且细致地刻画了衣服、甲具、发式等，从而反映出了西汉军队战阵的情况。考古学家推测这两座墓葬的主人或者是周勃父子，或者是王侯贵族。1980 年该地再次出土了虎纹和朱雀纹空心砖。

考古研究不仅仅是对古物的勘探发掘，还要考虑到当时的历史背景和地区沿革，才能结合古物推断出墓主的相关信息。在考古学中，如果有明确地层，发掘遗物时代误判的可能性才会相对小些，采集遗物就得反复进行推敲了。首要考虑的就是本地曾经都有哪些不同时代的遗存，接着要对比不同时代遗物的制作风格，甚至要查找同时代、不同地域的一些发现，比对之后才好下结论，这是一个复杂且需要仔细、耐心的过程。

面对咸阳塬上秦宫和汉陵建筑混杂的局面，考古工作者在发掘现场时需要更加仔细地分辨地层关系。两所高校博物馆所藏的"二龙""二凤"空心砖属采集品，从根本上缺失了埋藏信息，仅根据出土地在咸阳城故址，并不能肯定那就是秦宫的遗物。

从咸阳城宫殿到秦始皇帝陵园，从残砖到兵马俑，从制作痕迹到工艺技术，都是我们逐渐了解秦代，了解秦始皇，了解那一段历史的有效途径。

由于秦砖整体坚硬、内质密实，很多人称它为铅砖。砖是建筑中的一种辅料，虽然只是秦代建筑材料里面的配角，但不能因此抹掉其重要性。我国古代建筑的传统风格，制陶业承载的民族记忆，礼俗规制的沿革，秦帝都咸阳城的恢弘气势，这些都是值得我们关注、重视、保护的历史遗物，更表现了我国文明的传承。

五、走进秦国

据资料记载，1912 年，中华民国政府组织人力续修陇海铁路的时候，发生了一件令人震惊的事情。当铁路修建到河南新安义马一带时，工人们深入地下的铁镐从土层中挖出了累累白骨。

从考古的角度讲，这么多的白骨，大概和墓葬有关。此前，考古工作者曾在秦始皇帝陵园附近的修陵人墓地，以及汉景帝阳陵的刑徒墓地也发现过这样大量的人骨堆积。只不过，河南新安这里没有像秦始皇陵那样规模庞大的帝王陵园，而且历史上记载的长平古战场也远在 70 千米之外。那么，这些人骨从何而来，为何惨死于此呢？

义安的人骨坑被称为"楚坑"，这里是历史上项羽坑杀 20 万秦军降卒的遗址，位于千秋镇二十里铺村西南。楚坑呈东西走向，东西长 400米，南北宽 250 米，总面积约 10 万平方米。由于当时军阀混战，遗址并没有得到继续发掘或保存。直到 20 世纪 70 年代，农民在坑内平整土地时，还能时常挖出大量人骨。

楚坑虽然经历了多年的风蚀雨淋，但规模依旧清晰可辨。它被掩盖在高大的白杨和葱绿的麦田之中，任人如何想象，都无法把它与 20 万秦兵降卒的葬身之地联系在一起。当散落的尸骨与铁矛碎片被考古学家拼接复原后，那悲叫连天的杀戮画面随之进入人们脑海，眼前仿佛出现那一张张震惊、悲痛、惊恐、决绝的脸。项羽进行杀戮的场面，让人无法想象；一具具尸身倒地，血流成河的场面，也让人无法想象；一声声声嘶力竭，悲叹漫天的场面，更是让人无法想象。20 万人，多么庞大的数字，骁勇善战的秦军，为何落得如此下场？曾经让秦始皇引以为傲的虎狼之师，又为何被迫投降？

而这一切的发生，跟一个人脱不了关系，这个人就是将秦国推向深渊的幕后黑手——赵高。

赵高何许人也？我国历史上第一次宦官当政的主角。从他的经历来看，能坐到那么高的位置，不仅仅有灵活的脑子，还有极高的情商和令人刮目相看的闪光点，否则，怎么会被秦始皇重用？

在赵高身上，有一点一直饱受争议，就是他的宦官身份。在古代，基本上都认定赵高是宦官。

《史记·蒙恬列传》中有这样一段记载："赵高昆弟数人，皆生隐宫，其母被刑僇，世世卑贱。"《史记索隐》中认为"隐宫"就是"宦官"的称号。意思是赵高在小时候就受了宫刑。但这跟赵高有个女儿的事实相冲突，若是从小就受了宫刑，那女儿从何而来？

现代历史学家指出，"隐宫"实为"隐官"之误。隐官就是官府的手工作坊，收容赦免后身体有残缺的受刑者做工。《史记·蒙恬列传》中称赵高母子是受了刑的，被安排到隐官做工，如果是这样，就合情合理了。

赵高曾是赵国王室的远房亲戚，虽然算不得豪门，但也过着小康生活。直到他父亲这一辈时，家道中落，母亲也被判了罪，受了刑。所以，赵高出生时身份十分卑微。但是，赵高没有自怨自艾，凭借着身强体壮、精通狱法和一手好字，成功地得到了秦始皇的赏识和重用。可惜的是，他没有珍惜得之不易的成功，知法犯法，差点丢掉性命。当时审理赵高一案的是蒙毅，一位刚正不阿的大将军，在判处赵高死刑后，秦始皇将其赦免了，自此，赵高就怨恨上了蒙毅。而秦始皇的病逝给了他除掉心腹大患的机会。

在秦始皇最后一次东巡的途中，车队抵达沙丘平台（今河北广宗境内）时，秦始皇的病情急剧恶化。秦始皇也知道自己的时日不多了，便在病榻前，口授遗诏给公子扶苏，代笔人是赵高。让人感到意外的是，秦始皇只交代了七个字："与丧会咸阳而葬。"（《史记·秦始皇本纪》）

秦始皇将后事托付给长子扶苏，诏令扶苏从上郡回到咸阳，主持丧葬等一切事宜，独独没有明确交代传位于谁。不过即便是说明白了，代笔人也未必会写明白，就算代笔人写明白了，也未必会让世人知道遗诏的内容。赵高并没有将信给公子扶苏，而是偷偷地扣下了，狼子野心显露无遗。

没过多久，秦始皇就病逝于沙丘平台。当时，随行的只有少子胡亥、赵高、丞相李斯和几个宦官。

蒙恬、蒙毅两兄弟是秦始皇生前最为信任之人，在军事方面是领军人物，与公子扶苏的私人关系特别好。试想一下，若是公子扶苏继承了皇位，那么，蒙氏兄弟必定大权在握。到时朝堂之上，就不会再有赵高的位置了。况且，蒙氏兄弟都是刚正不阿之人，怎么会留下赵高这等小人？不管怎么想，赵高一定不会把信交给公子扶苏，也不会公之于众，更不会让公子扶苏登上皇位，所以，他需要盟友，需要一位听信自己的新皇帝。于是，赵高找到了李斯和胡亥。

李斯知道秦始皇去世后，震惊之余，迅速地作出了反应。第一件事就是封锁秦始皇去世的消息。皇帝暴死于东巡途中，若是传出去，定会引起天下大乱。最关键的是，秦始皇生前没有册立太子，若这时发丧，局势就很难控制了。面对如此复杂的局面，李斯表现得十分镇定。

李斯做的第二件事，就是安置秦始皇的尸体。李斯命人把棺材放在了辒辌车上。辒辌车，就是外表看上去是密闭的，实际上通风性极好的车，有人可以躺着的车厢。为了营造秦始皇还活着的假象，李斯让那几个知情的宦官留在车上，每天都按时给车里送菜送饭。随行的大臣们也跟平时一样，在秦始皇的车外奏事，躲在车上的宦官就代秦始皇批签。

秦始皇去世时，正值暑天，所以，秦始皇尸体腐烂的速度很快，发出令人恶心的臭味。这时，李斯为了继续隐瞒，命人购买了大量的腌鱼，并把这些腌鱼装在车上，这样就分不清是腌鱼散发出的味道还是尸臭。

李斯这边忙着"瞒天过海"，赵高那边为了保全自己，决定冒险导演一场宫廷政变。

赵高先是控制了对他宠幸有加的胡亥，又胁迫利诱李斯，伪造遗诏立胡亥为二世皇帝，并以捏造的罪名，赐死远在北方边境督修长城的公子扶苏和蒙恬。随后，赵高等人才命令车队加速返回咸阳，一切布置妥当后，才宣布秦始皇驾崩的消息。

胡亥即位后，是为秦二世，并任命赵高为郎中令。此时的他们还不知道，秦帝国在他们的手里，正一步步地走向黑暗。

胡亥即位的第二年，在一个名为"大泽乡"的小地方，一群手无寸铁的农民，不堪秦朝政府的压迫，决定起兵造反，领头人是喊出了"王侯将相宁有种乎"口号的陈胜。

陈胜出身贫寒，生活在当时社会的最底层，靠着给别人种地维持生计。然而，内心丰富的他，无时无刻不在憧憬着美好的未来。有一回，在田间休息的时候，他跟身边的人说要是以后富贵了，不要忘记了彼此。身边的人都笑他，一个耕夫，哪里来的大富贵呢？陈胜看了看身边的人叹道："嗟乎！燕雀安知鸿鹄之志哉！"明明是一只鸿鹄，却被困在这群胸无大志的燕雀之中，在陈胜展翅高飞之前，他的内心深处早已是鸿鹄了。

在一片雄心壮志中，陈胜踏上了起义之路，并结识了好友吴广。陈胜跟吴广一起被送往边境一个叫渔阳的地方充军，行至大泽乡时，刚好碰上大雨，道路不通，因此他们在大泽乡停留了好几天。按照当时的法律，一旦被征去当兵或从事劳役的人不能在规定日期内抵达目的地，全体都将被处以死刑。眼下这种情况，他们无论如何都不可能在规定的时间内到达目的地。鉴于对秦法的恐惧，陈胜和吴广商量说："今亡亦死，举大计亦死，等死，死国可乎？"两人本着去也是死、逃也是死的想法，决定放手一搏，揭竿而起，燃起了造反的烽火。

为了提升起义队伍的号召力，陈胜借助了公子扶苏和楚国大将项燕的名义。当时公子扶苏和项燕都已不在人世，但是，打着他们的名号，总是事半功倍的。而吴广则成为一名称职的辅助者，在他的帮助下，在陈胜慷慨激昂的"王侯将相宁有种乎"的呐喊声中，起义队伍成功地收获了一批忠心的部下。陈胜吴广起义，就此拉开了序幕。

当时，秦二世刚刚即位，还没有治国的理念，更没有行政经验，一旦出现星星之火，便可在短时间内达到燎原之势。而身为郎中令的赵高，对烽烟四起的叛乱之火熟视无睹，痴迷于在宫廷密室之内扩张自己的权力。

赵高本就精通法律，此时正忙于给每一个对手罗织出罪状，再一个一个地依法处决他们。其中包括秦始皇的十二位公子和十位公主，都没能幸免于难，更不用说元老重臣们，也都遭遇了同样的打击。

《史记·李斯列传》中记载："二世然高之言，乃更为法律。于是群臣诸公子有罪，辄下高，令鞠治之。杀大臣蒙毅等。公子十二人僇死咸阳市，十公主磔死于杜，财物入于县官。相连坐者不可胜数。"十二位公子，在咸阳城的街头被斩首示众。十位公主在杜县被处以死刑，行刑的场面惨不忍睹，而被连带一同治罪的更是不计其数。

在解决了公子、公主、重臣之后，就剩李斯这颗眼中钉了，恰巧这时关东地区接踵而至的起义烽火，给了赵高一个除掉李斯的机会。

赵高心生一计，他假意让李斯去劝谏整日寻欢作乐、不务正业的秦二世，让秦二世能够意识到关东起义的严重性，李斯想也没想地就答应了。在李斯被赵高的忧国忧民之举感动之时，他的一只脚已经迈入深渊。

当秦二世沉溺于后宫的花天酒地之时，赵高便会通知李斯，李斯就火速赶到宫中，进行劝谏。秦二世哪里还有心思去听李斯苦口婆心的劝谏，只觉得兴致被李斯搅和没了。这种情况持续了几次，秦二世已经对李斯心生怨恨，认为李斯是故意找茬，跟自己对着干。慢慢地，君臣关系变得紧张起来。看着秦二世对李斯心生不悦，赵高认为借秦二世之手除掉李斯的时机成熟了，便在秦二世面前诋毁李斯，甚至连李斯的儿子李由也没放过，竟诬陷李由与起义军暗中勾结。

秦二世怒气冲天，下令调查李由与起义军私通一事。李斯好歹位列丞相，也不是善茬，他连连上书，怒斥赵高祸国殃民的行为。两人也算是撕破脸了，但是秦二世的态度让李斯心凉了半截，他处处维护赵高。若是李斯在这时能够知难而退，没准儿还有一线生机，可他却选择跟赵高一样，对秦二世阿谀奉承。

赵高又怎么可能轻易地放过李斯呢？恰巧此时，李斯给了赵高一个绝佳的机会。李斯找到右丞相冯去疾、将军冯劫，想要联合他二人一同劝谏秦二世。三人的劝谏彻底地激怒了秦二世，他直接下旨将李斯、冯去疾、冯劫三人下狱问罪。

冯去疾、冯劫不能忍受凌辱，在狱中自杀而亡。即便到了这时，李斯还要上书，以示清白。秦二世没有再给他机会，赵高更没有心慈手软，将李斯处以极刑。先是黥面（在脸上刺字，是秦朝的一种侮辱刑罚），然后劓（割鼻子，也是秦朝的一种酷刑）、刖（砍掉左右脚），又腰斩（拦腰斩断），最后是醢（剁成肉酱），这在当时是最残忍的一种刑罚，叫作"具五刑"。没想到，一个有开国之功的重臣，就这样惨死在赵高的手中。

可以说，大秦帝国的毁灭，要从李斯在咸阳城被处以极刑的那一刻算起。这项大规模的清除异己行动，无疑加剧了政局的混乱。

在秦二世的统治下，已经没有人可以与赵高抗衡了，但是这也没能让赵高停下罪恶之手。此时的章邯已经从主管皇帝事务的少府摇身一变，成为平定起义军的将军，而且深受士兵的尊敬和信赖。

章邯是一名骁勇善战，且带着一点儿手艺人气质的武将，他把每一次的对战，都看作自己的作品。在他的心里，秦国的安定才是最重要的，所以他一心扑在如何打胜仗上面，对朝堂之事和帝国政治从不放在心上，更不会过多地考虑。他只管部署打仗，专心致志地将反叛军彻底击溃。

在平定叛乱之初，章邯所率领的平叛大军屡屡传来捷报，确实让朝廷高兴了一阵子。唯独一个人不高兴，就是疑心颇重的赵高，他担心章邯手握重兵，居功自傲，将来会对自己不利。于是，赵高安排亲信，暗中监视章邯的一举一动。更过分的是，后来连战况也由他酌情编排，向秦二世报告。秦二世根本不知道前线的真实情况，而身在前线为秦帝国浴血奋战的章邯，再也没有得到秦二世的任何回应。

渐渐地，战况朝着不利于秦军的方向发展。在项梁死后，章邯面临的最大敌人就是项羽所率领的军队。巨鹿之战后，虽然秦军大败，但章邯所率领的部队仍保存着一定的实力。后来和项羽的军队多次交锋，秦军屡受重创。而仗一旦打不好，章邯必定会受到秦二世的问责。秦二世一向以心狠手辣而闻名，不论定谁的罪，谁都害怕。何况他身边还有一个阴险狡诈、不择手段的赵高。

章邯会不定期地派司马欣向秦二世汇报战况，以此来消除秦二世心中的忧患。因为赵高的从中作梗，司马欣就算进了咸阳城，也根本见不到秦二世。司马欣得知赵高每次都是报喜不报忧，并且封锁一切前线的消息，不让秦二世了解真实的战况，深感不妙，于是连夜逃离了咸阳，回去向章邯复命。

司马欣告诉章邯，赵高掌权封锁消息，陛下根本不知道真实战况。即便章邯打了胜仗，他们也担心他拥兵自重，若是章邯回到咸阳，他们肯定不会放过他。如果章邯打了败仗，那结局不用想也知道，肯定还是被杀。

一位忠心耿耿的将军在前线浴血奋战，可是呢，打胜了回去要被杀，打败了回去也要被杀，可想而知，章邯此时此刻的心情，该是多么悲愤。

反正都是被杀，那何必再为这个混乱不堪、摇摇欲坠的帝国卖命呢？无奈之下，被逼入绝境的章邯，向项羽低下了头，换取了自己的一条生路。此时的章邯，心中也是存有疑虑的，毕竟项羽的叔父项梁就是死在他的刀下，但是项羽却表现出非常人所有的冷静和大度，把他留在了大本营，并且封他为雍王，担负指挥二十多万秦国降军的任务。

章邯率领部下降于项羽，实属无奈之举，他也是想保全这些跟他出生入死的兄弟。令他万万没有想到的是，项羽、范增等人担心这二十万秦军会在途中造反，于是在新安（今河南新安）坑杀了这群手无寸铁的秦国士兵。二十万鲜活的生命，就这样断送在了他乡的土地上，在经过了两千年的风雨后，终于被发现。

考古工作人员曾在距离咸阳城宫殿核心区不足三百米的地方，也发现了大量散落的骨头，一时间引起轩然大波。难道又是死在异乡的将士吗？

经过考古检测，这些骨条、骨块都明显有人为切割、打磨的痕迹，有的还有红颜色和花纹，可以确定的是，这些并不是人骨，而是用动物骨头制作的某些器具。骨器容易损坏、腐朽，在咸阳城考古发掘出土的实物并不多。

这次考古发掘的物件都与骨器制造有关，由此推断，这应该是一家有规模的骨器制作厂。原料来源于黄牛，差不多有二百头。取料方式一致，把黄牛腿骨割去两端关节，再分成长条形或正方形的片、块和条。制作的产品只适合做装饰或娱乐之用，在当时属于奢侈品，而不是人们的生活必需品。

历朝历代，都有自己专属的制造业，秦国也不例外。当时制造业分为官营和私营两类，官营属于国字号，由内史监管，地方的由郡守、县令和县丞监管。在此监管体系下，工官、吏、佐、曹长等是工厂里的各级主管，当然还有工人，主要是工师和徒。从这家制造厂的厂址来看，能够离宫区这么近，应该属于国字号的官营，隶属少府。

这家制造厂生产的产品，看着不起眼，圆环直径不到 2 厘米，马嘴两边使用的镳只有一拃长，棋子和麻将块差不多，算筹比牙签长不了多少。但其中有几件半成品，值得细细推敲。比如带具，大小、外形都像现代人使用的皮带扣，其实是车马器，用来固定马鞍和辔具。此物做得十分小巧、精致，围绕椭圆形的穿孔，阴线刻了一条盘旋的飞龙，龙须毛飘扬，还有红色的绘彩，龙眼睛和身体的一些部位钻有深窝，很可能是为后期镶嵌宝石类的东西做准备。

这是哪种车马上使用的小部件，目前还不清楚，但是一个小部件都能如此精致，使用此车马的人定不普通。在历史资料中，没有找到这家制造厂的相关信息，但是，从产品的精致度能够看出，供应的群体，应该都是些有身份地位之人。

关于秦代手工业制造的记载，基本都来自出土的竹简，在前边已经提到过。据秦简记载，当时官营手工业生产要按照"命书"也就是订单才能生产，无"命书"擅自制作其他器物者，工师和县丞都要受惩罚。而且工匠在选料、用料时不得浪费，把尚能使用的材料定为不可用，也要受惩罚。

从最初的骨料到初步形成的坯料再到半成品，不同环节的标本数量明显减少，最后的成品率不是很高，而且钻孔做穿的方法并不科学，具体位置容易失控，孔的大小也难以保证完全一致。这也从侧面说明了，当时的生产手段是很落后的，所以导致了成品率低。

可想而知，若是要制作一件石铠甲，以当时的制造技术，是十分艰难的。考古资料显示，在陪葬坑内，出土了至少六千件石铠甲，那得需要多少时间、多少人力，付出多少汗水才能制作完成。

由此可以看出，秦代的工匠是一个庞大的群体。大工匠就是工师，工师之下有作为小跟班的工徒，还有"工城旦""工鬼薪""工隶臣""冗隶妾"等临时工，有男有女，没有性别歧视。所以，国家的富强，民族的振兴，其中少不了大国工匠的贡献。

考古资料显示，西周丰镐遗址，是与咸阳城时间、地点最接近的制骨遗址，已经发现了6处制骨遗存，整体分布范围近一万平方米。这里的原料有黄牛、水牛、鹿、猪、马，不仅有动物的四肢骨，还有肩胛骨、肋骨、角等，跟咸阳城的相比，所用原料更加杂乱。产品种类更是五花八门，有束发的笄，以及耳勺、锥子、箭镞、铲子等。很明显，咸阳城的发现续接了骨器制作的历史，体现了手工业细致分工的进步。

不仅如此，秦代的畜牧产品也有相应的指导细则，《睡虎地秦墓竹简·秦律十八种·厩苑律》中就细说了"剥卖"畜牧产品的具体操作规程。公家的马牛等牲畜死掉了要及时出卖，防止腐烂贬值，卖了多少钱要上报。"乘服公马牛亡马者而死县"，马、牛出行时死在了途中，死在了其他县境内，要就近分割定价出卖，及时止损。如此精打细算，以保证政府的损失降到最低。

在先秦时期，由于各地与中央距离远近不一，为了照顾大家的情绪，政府会按照运输成本适当地增减供奉数量。到了汉武帝时期，任用桑弘羊为大农丞，实行均输法，并很快取得成效。

均输法的基本办法是各郡国应缴的贡物，除了特需、品质特优者外，一般贡品就不再费劲地转送到京师，而是在当地销售变现。所获为本，再购特产运往其他地方倒卖，从中赚取差价。这样，既减少贡赋的运输成本，减少百姓辛苦，避免了皇室贡品积压，也获取了商业利润，还限制了大商人的私人垄断，可谓一举多得。

而秦国政府也一直在参与商品经济，并从中获益良多，但是，秦国重农抑商的基本国策却一直没变。

看着咸阳城的过去，仿佛也看到了秦始皇的过去，说咸阳城是秦始皇的履历表也不为过。秦始皇的一生，就在这张表上勾勾画画。秦始皇的这张表在咸阳城中只能占据一页的位置，因为咸阳城不只有他一人，所以说，咸阳城遗址可谓遍地是宝。

咸阳城的考古并没有像兵马俑坑那样得到世界的关注，咸阳城遗址也没有秦始皇陵神秘，更没有多么惊人的奇迹，但是它却是秦始皇生活过的地方，是几代秦国君主生活过的地方，是最接近秦代历史的地方。默默无闻是它的韵味，处处惊喜是它的独特。所以，它一定会带给我们更多不一样的珍贵内涵。

六、石磬，礼制的代表

2016 年，咸阳城的主动发掘工作开始了。

翻阅考古资料可以知道，所有考古发掘项目必须报请国家文物局审批。项目性质有两种，一是主动发掘，为解决考古学研究的某些问题。二是抢救性发掘，由于基建工程、保护条件等原因，不得不对遗址或墓葬进行清理。为了更好地保护地下埋藏的文物，主动发掘很少，面积控制得也很严格。

经过考古调查、勘探，考古工作者发现了多处夯土建筑。其中一处夯土建筑平面是长方形，总长 100 多米，四面的外墙很厚，单体房屋面积 300 多平方米。屋顶全部坍塌，瓦的时代特征属于秦代，经鉴定，建筑是被烈火焚毁的。大火烧得木柱只留下础石，墙壁和地面一片焦土。那么，这个建筑是用来做什么的呢？

经考古专家推断，该夯土建筑的平面结构和武库有些相似。武库，就是军械库，存放武器和军事装备的地方。

长安城偏西南部曾发现西汉时期的武库，出土了很多和武器有关的遗物，比如铁铠甲、箭镞、骨弭。考古工作人员清理了该夯土建筑，并没有发现任何遗物，但是在五花土夯层中却发现了夹杂的石块。五花土是墓葬的指征，与夯土、道路踩踏土一样，都属于活土（经耕作熟化后的土壤），与之对应的是死土，又称生土，是未经人类扰乱过的原生土壤。墓穴从地表开始挖坑，由浅至深，不同颜色的活土和生土经过开挖、回填，翻搅在一起，各种土色掺杂形成五花土。

随着考古发掘，越来越多的残石块堆放在一起，最大的不超过一个巴掌，看不出完整的复原形状。考古学家根据夹杂的石块推断，这很有可能是晚期墓葬破坏了早期建筑。根据墓形判断，后代墓葬应该属于南北朝或隋唐时期，因为那个时期常常使用石棺或者石椁。那么，石块是墓葬被盗后打碎的葬具，还是夹杂了秦代的石台阶呢？

考古工作人员在众多石块中，发现其中一块上面有"乐府""北宫"四个字，若隐若现，所以，这应该是乐府使用的乐器石磬。磬是一种打击乐器，主要特点是顶部有孔，悬挂敲击。孔称为倨句，敲击的面称为旁，侧面为博，孔两侧的边一长一短，短边为股，长边为鼓。

北宫是咸阳城渭河以北宫殿的统称，曾经出土过很多封泥。乐府一词的含义有两个：一是指古代中央官署设立的国家乐团，隶属少府，团长称乐府令丞，负责采集民歌，或为诗文谱曲，组织歌舞演唱；二是指带有音乐性的文学诗体，产生于西汉武帝时期。

考古专家曾偶然间发现一件带有"乐府"二字的错金银编钟，称之为乐府钟。乐府钟与后来发现的秦"乐府令丞"封泥，以事实证明乐府机构始创于秦代。因此，可以说在带有"乐府"二字的秦代乐器中，石磬是目前可见的唯一实例。

在宫殿遗址的核心区，考古学家还发现了一块石头。考古工作者按照残缺部分复原大概形状，结果与秦汉时期的石磬造型相吻合。

在这次考古发掘中，共计出土石磬残块约650公斤，由于数量太多，且都是残块，已经无法判断具体的件数。考古工作者只能通过残块上的刻字内容，包括宫、商、角、徵、羽五音和左、右、四、八之类的编号数字，判断出这些应该是很多套的编磬，继而也推断出整体建筑的用途，应该是秦代的一处府库，就是储藏物资的库房。

《尚书·益稷》中记载："戛击鸣球……予击石拊石，百兽率舞。"这种乐器起源于远古时期，当时的人们发现某些石头可发出悦耳的声音，于是在闲暇时敲击石头，还装扮成各种野兽的形象跳舞助兴。"石"逐渐演变成"石磬"，"击石拊石，百兽率舞"逐渐成为原始的祭祀仪式。

在我国古代，祭祀和军事战争一样，都是国家的头等大事。所以，在国家级别的活动中，使用的器具往往是国家重器。石磬就是这类礼仪乐器，有定国安邦的重要作用。石磬有独立悬挂的特磬，多数是高低音节不同的编磬。演奏时将磬依次悬挂在架上，用木槌敲击，旋律悠扬，悦耳动听。

考古资料显示，在考古发掘中出土的石磬的数量其实很多，比如殷墟遗址的特磬、湖北随州战国曾侯乙墓的编磬。秦国的石磬，在咸阳城府库发现之前只有3批：甘肃礼县大堡子山秦公陵园祭祀坑，有编磬两组共计10件；凤翔雍城秦公一号大墓，有30件石磬和石磬残块；长安神禾塬战国秦陵园，有16件石磬，部分有"北宫乐府"刻字，原本应悬挂于木架之上，可惜的是，被大火焚毁。

石磬的发现，也从侧面说明了秦始皇是有礼制观念的。很多人认为，秦国之所以能够登上历史的舞台，并最终在秦始皇时期达到天下一统的高峰，是因为祖先非子拥有养马的一技之长。在大多数人眼中，他们久居西部地区，礼制观念薄弱，受中原地区礼仪制度的影响较少，蛮夷之风严重，对《诗》《书》《礼》《乐》的宗周文明从根本上就不会接受，以至于"孔子西行不到秦"的故事流传到现在。当年，孔子为了复兴周礼，东周时期曾车前挂上石磬，带着门徒周游列国，唯独没有去过秦国，故事被流传成各式各样的版本。

据说孔子带着学生周游列国，到了楚国之后，由于楚国令尹子西的反对，孔子在楚国并没有得到重用，于是他就打算去秦国试试。楚王得知孔子要去秦国时，有些担忧，怕秦国重用贤人孔子，于是佯送暗阻。当孔子师徒一行人风尘仆仆地赶到白羽城（今河南西峡一带）东门外的时候，楚人使诈关闭了城门。士兵假装骂道："你们这伙冒充孔丘的强盗，连日来攻城骂战，今日又来公开欺诈。"孔子往东一看，果然有一队人马要攻城。一会儿工夫，两方就打起来了，在城外一场混战。孔子见势不妙，便掉转车头，向东逃去。孔子西行虽有惊无险，但最终去秦不能，归楚不得，只好打道回府，回了鲁国。

这个故事传着传着就变了味儿，最后竟变成因为秦国不讲礼制，所以孔子才不去秦国的，就算孔子到了秦国，也是没用，秦王根本不会接受儒学，孔子反而有性命之忧。而之后发生的秦始皇"坑儒"事件，仿佛坐实了秦国不讲礼制。事实真的是这样吗？前面提到过，"坑儒"事件中，并没有儒生，而是方士。还有一件事情，也可以说明秦国是讲礼制的，秦始皇更是对礼乐颇有研究。

秦昭襄王统治期间，曾邀赵惠文王于渑池会面，准备喝喝茶，聊聊天，和赵国谈判讲和。赵惠文王带着大臣蔺相如一同前往。秦昭襄王设宴，热情款待他们。酒过三巡，秦昭襄王佯装有些醉意，提议让赵惠文王奏瑟一曲。赵惠文王喝了酒后，兴致颇高，当场奏瑟一曲。这时秦国的史官上前记录道：某年某月某日，秦王与赵王一起饮酒，令赵王奏瑟一曲。这是对赵惠文王的公开侮辱，蔺相如不甘示弱，以其人之道还治其人之身，以性命要求秦昭襄王击缶助兴。缶就是装酒的瓦罐，秦人经常击缶而歌。无奈之下，秦昭襄王勉强用筷子敲打了一下缶。蔺相如让赵国的史官记下来：某年某月某日，秦王为赵王击缶。

看来秦人确实有"击缶而歌"的习惯，这是一种自娱自乐的酒间助兴，秦人乐在其中，但由于人们的一些偏见，却被斥为粗俗不堪、低俗下流的野调。

1978 年，陕西宝鸡太公庙出土了保存完好的青铜钟五件、镈三件，有铭文，属于秦国某位王用器。考古资料显示，五件钟应为一组编钟，发音规律与西周铜钟相同。按照时间顺序排列一下就会发现，秦国最晚在春秋中期之时就已经有了礼乐制度。

战国中后期，秦国引入商音和周乐，逐渐向高雅艺术靠拢。商音主要保留于今河南省中部的郑、卫两地，称为郑卫之音。周乐是王室宫廷的韶乐，也称舜乐，更属传统的宫廷音乐。也就是说，在秦国乐坛中，有很多种高雅音乐。

根据历史资料中记载，秦始皇时期悉纳六国礼仪，采择其善。健全后的皇家音乐机构形成两套系统建制。奉常所属的"太乐"，服务于去世之人，出土乐器对应秦始皇陵乐府钟。太乐机构原本是全部在城里办公，自秦始皇陵开始，帝王陵园中设立寝殿，隔三岔五现场组织祭祀活动，秦乐助祭少不了。少府所辖的"乐府"，服务在世之人，出土乐器对应咸阳城府库石磬。乐府钟、北宫乐府石磬相继在秦始皇陵园和夏太后陵园被分别发掘，应该属于部门之间调拨。

所以，如果还有人问秦国有没有雅乐，讲不讲礼法，答案不言而喻，规矩一直在，礼制一直讲。

那么，编磬作为重要的国礼乐器，府库所见的为何会是一堆碎块呢？我们都知道，秦国歌舞升平的局面并没有持续很久，秦朝末年，战争的硝烟很快弥漫在咸阳城的上空。

在秦始皇病逝后，秦二世即位，随后秦国便踏上了灭亡之路。从项梁叔侄杀了会稽郡守殷通，举起义旗的那刻起，秦国就注定了不会再走多远。

项梁叔侄召集了二十余万兵马，从民间找来了楚怀王的孙子熊心，拥立其为楚王，并与刘邦所带领的部队于薛城会合。各路人马很快会师，并暂时结成统一战线，在一番商议之后，决定采取分工的组合模式，分头进军。

项羽率领一队人马北向救赵，解巨鹿之围后，从北路向西攻秦。刘邦则率军从南路西进，向关中进发。据《史记·高祖本纪》记载，楚王与诸将约定："先入定关中者王之。"意思是，谁先进入函谷关平定关中，就让谁在关中为王。这个奖励太有诱惑性了，项羽的目标便是拿下关中，自己称王，不再受制于人。而刘邦这边也不甘示弱，勇往直前，有了张良的协助，很快就兵临咸阳城。

公元前 207 年，秦王子婴元年，"秦王子婴素车白马，系颈以组，封皇帝玺符节，降轵道旁"（《史记·高祖本纪》）。子婴见大势已去，无力回天，便和妻子、儿子们用绳子将自己捆绑起来，坐上由白马拉着的车，身着死者葬礼所穿的白色装束，带着皇帝御用的玉玺、兵符等物，到刘邦的西征军前投降。

随着子婴的投降，秦朝也正式灭亡。

胜利来得太快，刘邦头脑一热，便想进入秦宫，享受一下秦始皇生前的生活。还好在关键时刻，有樊哙、张良二人对刘邦劝诫，刘邦也是听劝的人，随后与百姓约法三章，取信于众，妇女无所幸，财物无所掠，封府库宫室，把咸阳城完完整整地交给了项羽。

项羽出身将门世家，家族世代都为楚将，这也是为何项羽如此痛恨秦国，而秦都咸阳城对他而言，是发泄国仇家恨的出口。《史记·项羽本纪》中曾记载了项羽说的一句话："富贵不归故乡，如衣绣夜行，谁知之者！"意思是，富贵之后，若不荣归故里，显示一番，就像穿着锦绣衣裳在黑夜里行走，谁也看不见。

项羽的这番壮志雄心，化为了一种毁灭性的力量，咸阳城被付之一炬。

考古工作人员发掘的府库建筑，就有明显的被大火焚烧过的痕迹。其中个别房间的地面在焚烧前被翻动过，留下了杂乱的深坑。不止一件石磬上有人为砸击的痕迹，就连与石磬搭配使用的金属乐器也只剩下了一件残柄。若是当时有人劝阻一下项羽该有多好，起码很多珍贵的古物就不会被这么毁掉，那是多少人付出汗水与心血才得以建造的。那时的咸阳城正遭遇着前所未有的磨难。

而石磬，在经历了两千多年的磨难后，能够被发现，实属难得。在府库发掘出土的石磬总量约650公斤，绝大多数成了碎片，完整石磬竟然只有3件。这么大量的石磬，也恰恰反映了秦帝国雄厚的实力和对传统礼制的继承，被砸击的点点疤痕也为我们展现了当年的一场血雨腥风。

七、跨越千年的防火系统

2018年，府库遗址考古发掘结束，但是咸阳城的考古并没有结束，人们对这座古城也有了更多的关注。

考古资料显示，这组建筑平面的形状像横过来的英文字母"L"，坐北朝南。建筑东西长105.8米，南北宽20.3米。四面垣墙宽2.4米，复原高度约4.9米。内部隔墙宽3.3米，分3层夯打。建筑分为五大房间，由西至东编号依次为F1—F4和F7。单间套内面积约330平方米，立木柱的柱石，横四纵三，共计12块。在建筑行业中，有专业术语，称为面阔五间，进深四间，平层大开间。府库遗址结构清楚、规模宏大，有巨量石磬，考古成果的意义非常大。

20世纪90年代，渭河南相家巷出土了秦汉封泥，这与咸阳城考古关系尤其密切，由此猜测，府库里也可能有封泥。

封泥，亦称泥封，流行于秦汉时期。古时简牍文书以绳捆绑，在绳结处加检木，上封盖有钤印的胶泥块，以防止泄密、备检核。从外形看，封泥就是一块干泥，比橡皮稍微大点。若是简单点揪一块泥直接使用，封泥的形状会不规则；再讲究点搭配使用封泥匣，封泥的形状便方方正正。封泥匣，相当于今天的信封，古人会在顶端写上文字，一般为发出地点、收件人等信息，由此得来"一封信"的数量单位"封"。公文到达目的地，阅读者取下泥块叫"开封"。

封泥很小，要想在废墟中发现橡皮大小的封泥，还真是有难度。不过，在考古工作者细心的发掘中，竟然发现出土了一枚封泥。

考古资料显示，封泥上有四个字，内容是"大某缯官"。第二个字很模糊，也许是"府"，也许是"内"。大府和大内，一个属于天子系统，一个属于国家系统，总之是财政部之类的单位，负责财政和物资调拨，建筑是府库的属性判断依据又增加了一层。第三个"缯"字非常清楚，所以建筑里面放置的物品至少有丝织物。缯，本义是古代对丝织品的总称。同时缯也是祭祀品，古代国家大型祭祀，除了献玉、献肉，也埋缯帛。但是，查阅历史资料，并没有在职官单上找到缯官一职，他们很可能是基层的小官。

封泥在古代，用途实在是太多了，也许是公文、织物、库房门上的封缄。秦律规定，一千枚半两钱是一个计数单位，装筐以后需要丞令盖印封缄。（《睡虎地秦墓竹简·秦律十八种·金布律》）七零八碎的东西打包，担心别人擅自拆启，也要封缄。总之，很难断定这枚封泥的真实用途。但是，通过这枚封泥，考古学家推断出，建筑内存放的物品应该有织物。

随后，考古工作人员的发掘发现。在建筑的北部 3—5 米处有水沟、水池、陶水管等设施。其对应的很可能是存放织物的房间，该建筑的水池规格最大，出水量可达 200 多立方米。水池的东北部与一条陶水管道相连。陶水管道的直径一头大、一头小，套合延伸的总长达到了 54.7 米。织物属于易燃品，屋外对应一个大号水池，也就是说，这个水池很可能就是消防储水池。

防火，是我国古代建筑传统伴生的另外一个传统。

火灾是一种难以控制且破坏力巨大的灾害，而我国建筑土木结构的特点，更是容易引发火灾。所以，防患于未然非常重要，因此历朝历代都很重视防火。

商周时期虽然强调农牧并举、重视水利，但防火更是重中之重。《管子·立政》中记载："君之所务者五：一曰山泽不救于火，草木不殖成，国之贫也。二曰沟渎不遂于隘，障水不安其藏，国之贫也。三曰桑麻不殖于野，五谷不宜其地，国之贫也。四曰六畜不育于家，瓜瓠荤菜百果不备具，国之贫也。五曰工事竞于刻镂，女事繁于文章，国之贫也。"东汉荀悦曾说，防为上，救次之，戒为下，防范胜于救灾，出了事再怎样处罚都是下策。

到了秦代，也有防火方面的法律规定，尤其对府库类建筑的防火问题更是重视。据文献中记载，贮藏谷物的地方要高筑墙。其他建筑的墙如果和库房建筑相连，那就把存放草料的房舍和茅草覆盖的粮仓单独加高。无关人员不能靠近库房。不是本官府人员，不准在其中居住。加强值班，严格警戒。夜间应严加守卫，开仓门时即应注意灭掉附近的火。

不准把火带进库房或文书档案室。主管领导负责办理物品的入库手续，物品一旦入库，基层领导比如官啬夫和吏，得轮班值夜看守。经检查没有火才可开闭门户。巡察自己管理的府库是令史的职责。有违反法令而遗失、损坏或失火的，其官吏有重罪，上级大啬夫、丞也须承担连带罪责。

不管是古代，还是现代，防火从来都不是一件小事。即便是技术更为发达的现代，也同样重视防火，防火的宣传片、宣传语随处可见，无不在提醒我们，注意防火，安全第一。在防火这个问题上，不仅仅要做到防范，采取积极有效的措施也十分重要。若真的发生意外，也要在最短的时间里消灭火灾。

据考古资料记录，汉墓中经常出土一些陶质水井明器，有时会在井栏上印着"东井"和"灭火"一类的文字，这些都属于汉代救火设备的仿照。考古工作者虽然在我国已经发掘了很多秦国的大型建筑，但明确有救火设施的并不多。所以，府库附属设施的发现，十分有意义，起码让我们看到了，秦国也是在真真切切地重视防火的装备设施，也表现了秦国对防火的重视。

消防储水池的发现，可以说明该建筑极有可能是存放织物所用。经过考古发掘，在咸阳城宫殿出土了纺织物，种类有锦、绮、绢和麻。成品包括单衣、夹衣、丝锦衣和包袱皮。由于陕西地理条件的限制，能够在这发现秦代的纺织品，实属不易。

其中，在一些锦和绢地锁绣上面可以看到以菱形几何纹为主体的图案。比如绢地锁绣，菱形图案内部的上下有头向一致、背尾相对站立的小鸟。菱形图案外面的交叉处有头背相对的走兽。兽和鸟遥相呼应，使整个图案看上去更加生动有灵性。这些图案是用不同颜色的平纹织物裁成斜条贴绣上去的，绣花线是合成的彩色缙线。

值得注意的是，发现封泥的府库遗址与咸阳城宫殿相距一千多米，可以想象一下，也许这些织物就是缙官给办理的出库或检验手续，才能被送到宫殿中去。幸运的是，织物躲过了秦末的烈火，躲过了两千多年岁月的侵蚀，得以保存下来，最后被发现，成为咸阳城考古的巨大收获。

这不仅仅是咸阳城给予我们的宝物，更是这些古物带给我们的工艺美术设计、城市规划设计的启迪。

也许在我们很多人的眼中，封泥就是一块不起眼、干燥的泥块，但是它的使用范围非常广，是办公必备的耗材，当时是有专职人员对其进行管理的。《后汉书·百官志》中记载："守宫令一人，六百石。本注曰：主御纸笔墨及尚书财用诸物及封泥。丞一人。"就是说，皇帝使用的封泥有专门的管理员、特定的产地和特定的颜色。

在先秦两汉的史书中，对封泥所用的泥质有明确的记载，有"金泥""紫泥""青泥""石泥""芝泥"等。其中，关于紫泥的有《旧汉仪》中的记载："事天地鬼神，以天子信玺。皆以武都紫泥封，青布囊，白素里，两端无缝，尺一板中约署。"紫泥之紫，在古文中的意思是赤红。西汉时期，政府强调皇室出自赤帝，而炎汉之观念日渐为人所接受，于是赤红色在汉朝有了特殊的含义，成为皇室御用色调。这也就解释了武都紫泥为皇帝的御用品的原因。

时间流逝，2018 年，关于府库的发掘全部结束，现场整体回填。历时两年多的考古发掘，从考古工作者发现府库建筑，在建筑内发掘出土了礼乐器石磬，到在建筑内的其他房间发现了封泥，又找到了用于防火的储水池，就这样一点一点地打开了咸阳城工程建设的巧思。同时，也让我们知道了原来咸阳城里还有这样一位掌管织物的小官，让我们了解了咸阳城国库物资的存放方式、礼乐制度和消防设施。

咸阳城也曾五彩斑斓、流光溢彩，也曾轻歌曼舞、纸醉金迷，能够一点一滴地体会咸阳城的韵味，对于我们来说，已经是件很幸运的事情了。

八、秦半两，统一后的币制

考古工作者在府库南侧的一个砖厂里发现了一大堆各式建材，比如屋顶覆盖的瓦、瓦前使用的瓦当、龙纹空心砖、石磬半成品、磨石、立木柱的础石、一端凸出一端内凹的榫卯砖、手印砖等。

其中发现的半成品的石磬和磨石，应当与库房石磬制作有关系，由此推断，这应该是石磬的加工地。而龙纹空心砖、柱石、筒瓦和板瓦的出现，似乎在告诉我们，这个地方原来有高级建筑。还有榫卯砖和手印砖，是汉唐时期墓葬的建筑材料，也从侧面反映了这个地方的历史沿革。

资料显示，在这个砖厂里，还出土了一件极具代表性的器物。其外形有点像铲子，上边有喇叭形的浇口，下边有主、次浇道和钱型，钱型位于主浇道两侧，各有两排，钱径约 2.7 厘米。个别残块表面有黄色细砂和黑垢，浇口、浇道和"半两"字样都赫然凸起，原来这是翻铸过钱范的模。

有专家称之为模范。模范，就是模具，这个词代表了金属铸造的两个流程，先做模再翻版出范。很多范组合在一起形成内外两层、中间空心的合范，空心里边浇注金属液体，液体凝固后打烂模具才得到成品，也就是脱模成范，以范成器。

秦始皇统一天下后，半两是法定钱币，俗称"秦半两"。所以，铸钱的遗物显得格外珍贵，而这半两钱，可以将秦国在咸阳期间的兴衰史串联起来。

公元前 336 年，秦惠文王二年初行钱，秦国开始统一铸造铜币，流通于市。铜币形制为无郭圆钱，有"一珠重一两""半两"等种类，以两为重量单位。由是，半两钱开始规范发行，秦国独立的金融系统正式确定。也是从秦惠文王开始，秦国君改称为"王"，之前一直是"公"。

西周男子有公、侯、伯、子、男五等爵，最上为天子周王，而公的政治地位要比王低，虽然只是一字之差，代表的身份等级却大不相同。秦国君爵位上调到顶格的时间，比其金融系统独立晚了十余年。弹指一挥间，如果了解这些年秦惠文王所经历的大事，便可知道成事者的艰难。

公元前 335 年，秦攻取韩宜阳。秦惠文王行冠礼。

公元前 333 年，公孙衍率兵攻打魏国河西的雕阴城，秦军大胜，公孙衍升任为大良造。张仪来到秦国。

公元前 332 年，魏献阴晋给秦，秦更名阴晋为宁秦。

公元前 331 年，义渠发生内乱，秦派庶长操率军前往平定。秦国借着平定义渠内乱之机，进驻军队，逐渐控制义渠。随后开始对魏国大规模进攻。

公元前 330 年，大良造公孙衍破魏军于雕阴，虏龙贾，斩首八万，魏献河西之地。

公元前 329 年，伐魏渡河，取汾阴、皮氏，围焦降之。

公元前 328 年，秦仿效他国制度，开始设置丞相，客卿张仪为第一任相国。魏献上郡十五县予秦，自此魏在黄河以西的领土全部归属于秦。

公元前 327 年，秦夺魏国河西、上郡七百里地。义渠君称臣。

公元前 325 年，秦国经过数年的攻伐，领土扩展到河西地区，国力更为强大。秦惠文君于即位后第十三年，自称为王，史称秦惠文王。

秦惠文王在战争、动乱、政体改革中，整整耗费了十年的时间。秦国国君从"公"到"王"的变化，政治地位的升格，也是秦国开始崛起的标志，不仅金融独立，政治地位也可以和周王比肩。秦惠文王在他的努力奋斗下，按下了大秦帝国崛起的启动键，为之后秦始皇的统一打下了坚实的基础。

秦国自初行钱到秦始皇分一国之币为三等，经历了百年。《史记·平准书》中记载："及至秦，中一国之币为三（二）等，黄金以溢（镒）为名，为上币；铜钱识曰半两，重如其文，为下币。而珠玉、龟贝、银锡之属为器饰宝藏，不为币。"就是说，黄金为上币，以镒为单位，一镒为二十两，供巨额支付，比如进贡、馈赠；圆形方孔的半两铜钱为下币，并明铸金币"半两"二字，供日常交易使用。而原来六国通行的珠玉、龟贝、银锡等不得再充当货币。

到秦二世时的"复行钱",又经历了十余载,再次推进半两钱的通行。《史记·六国年表》中记载:"(始皇)三十七(年)十月,帝之会稽、琅邪,还至沙丘崩。子胡亥立,为二世皇帝。杀蒙恬,道九原入。复行钱。"有学者认为,复行钱是秦始皇预定的事务,但具体落实是秦二世继位后的事。

汉代时期,在长安城就设有铸钱工厂,钟官便是其中之一。钟官,在今西安市南户县鄠邑区兆伦村,被誉为"目前唯一确知的、世界最早、规模最大、时间最长的国家级铸币场",是西汉王朝的"中央银行"。这个国家铸币场,前身是秦国上林苑内的一处金属铸造厂,铸钱工艺使用的是陶钱模,和考古工作者采集的一致。

据考古资料的记录,我们可以了解到钱模的设计尺寸。秦一尺约合今 23.1 厘米,一寸为 2.31 厘米,一寸半为 3.47 厘米。钱模是以接近 3.5 厘米为长度单位进行的设计,浇口高 ≈ 3.5 厘米,顶部长径 ≈ 7 厘米,底部长径 ≈ 10.5 厘米,短径 ≈ 7 厘米,浇口口径 ≈ 3.5 厘米,钱模总厚度 ≈ 3.5 厘米,钱与钱的中心距离 ≈ 3.5 厘米,也就是一寸半。这些精细的数据,让我们头脑发蒙,惊讶于它们的精细。同时,这些数据也体现出了秦代工艺的精致、严谨。

铸钱模具一合分为面和盖两片,使用时二者合扣。跟上面的数据相比,盖反而低调了很多,其表面平整没有凹槽,因为接触了金属液体,留有钱形和一些黑垢。

如果查阅资料,我们就会知道,我国古代钱币,包括半两钱在内,都是外圆、内有方孔,这也恰恰体现了我们民族的传统。而外圆内方这个造型的寓意衍生了很多神乎其神的说法,比如外圆象征天、内有方孔象征地,这样钱便浓缩了天地之精华。关于天圆地方说,还有一则故事专门解释了一下。

孔子的学生单居离向先生请教道:"天是圆形,地是方形,是不是真的呀？"没等孔子回答，单居离的同窗曾子替先生回答了他："如果形状真是这样，地的四角盖不严实啊。"

正所谓"天道曰圆，地道曰方"，但是说的并不是天空和大地的自然形状，而是我国古代的一种哲学思想，是阴阳学说的一种体现。天与圆象征着运动，地与方象征着静止，两者的结合则是阴阳平衡、动静互补。而天圆地方的设计理念，深深地影响了我国古代的建筑以及钱币。

比如秦始皇陵出土的铜车马，二号车前、后室有穹隆式的篷盖，能防风避雨、防尘防晒。这时，常常有人说这种造型来自天地的形状，象征着秦始皇虽然身在车辇却胸怀天下，很神。而铜车马篷盖的设计也真是"神"，它的"神"奇之处并不在于形状，而是制造工艺。曲面的篷盖中间最厚处不超过一枚硬币的厚度，制法是先铸造一块小铜片，然后从中间向四周加热锻打。整个车篷那么大，不仅需要合金延展性好、温度控制得当，还少不了多人合作，一气呵成，制造工艺十分精湛。

而钱币之所以铸造成圆形，应该只是为了方便携带。我们知道，铸造铜钱的模具上一版有很多枚，从版面上掰下来，边缘一定会有毛糙的断茬。为了集中打磨毛茬，秦人想到了一个办法，就是在钱孔中间插一根木棍，方孔中插木棍最稳当，能够保证打磨时不晃动。

先秦时期，各诸侯国的货币形状都不一样，有的是刀形，有的是铲形，还有贝形和圜形等，各式各样，种类繁多。而这些造型的灵感，大多来源于日常生活。在古时，食物吃不了、布料用不完，就会拿出来与人交换，各取所需，久而久之，便出现了货币。

铲形的布币似耕田翻土的农具耒耜，刀币可能是仿自游牧、半游牧的戎狄部族，因为草原人更喜欢随身携带削刀。贝形的鬼脸钱又称蚁鼻钱，样子像海贝。圜钱，圆形、圆孔，初看像玉璧，玉璧象征大地，大地象征母亲，母亲织布必用纺轮。魏国、秦国在战国时期先后使用过圜钱。而方孔圆钱大量出土于燕国和齐国，后来被秦国借鉴。

　　所以说，外圆内方的钱币并不是秦始皇创造的，只能说在秦始皇统一货币以后，外圆内方的形状被彻底固定下来。而外圆内方的钱币造型，一直沿用至清代。

　　钱币是以黄铜为主的二元合金铸造的，黄铜加锡成为吉金，一个象征品德，一个体现财富。咸阳城里曾经出现过不少黄澄澄的真金，有时是各种器物的错金装饰，有时是金版。而秦人对黄金的崇尚，可以说是来源于外界的刺激。从甘肃礼县、陕西宝鸡地区，到咸阳城和秦始皇陵，黄金和秦人的脚步如影随形，但从未喧宾夺主。秦始皇仍然强调黄金以镒为单位、不流通，这是遵循传统的另一种表现。

　　秦始皇所处的时代，是一个战火纷飞的时代，也是一个可以充分展现外交手段的时代。各国之间除了打仗，还有生意上的往来。所以说，在统一天下的基础上，统一货币的愿望在秦始皇的心中埋下了一颗种子，并且慢慢发芽长大。

　　秦始皇统一六国目标的实现，也为其统一货币奠定了基础。秦始皇不仅将货币分了等级，还下令由国家统一铸币，严惩私人铸币，将货币的制造权掌握在国家手中。而统一货币的意义，则是消除了各地区间币制上的不统一状态。

　　那么，秦始皇统治时期，究竟发行了多少秦半两呢？这是个没有答案的问题。金属属于国防物资，销毁再用是惯例。《史记·平准书》中曾记载："各随时而轻重无常。"这便是当时市场流通货币的真实状况。

　　考古工作者在西安市南郊的一件陶器里面，发现了一千枚铜钱，经过清点，发现大多是秦半两，其中也夹杂着几枚其他钱币，比如战国时期齐国的赒化、秦国的两甾。两甾钱是秦半两的异形钱，两者的面值相同。

　　而在西安市北郊张家堡的秦人墓地，出土的秦半两约三千枚，涉及四大版型，有的版型又被划分为五式。其中一位墓主似乎有收藏钱币的爱好，独占 2525 枚，其中包括一枚两甾钱。即使都是半两钱，却有着四种不同的版型。

很难想象，三千多枚钱币，分成了四型五式，这就说明了钱版有很多。兵马俑坑也出土过半两钱，有的直径为 3.1 厘米，有的直径为 2.4 厘米。而陵园内出土的半两钱，直径只有 1.9 厘米。就算是考虑铜钱残损、生锈造成的误差，也不可能相差这么多。由此可见，尽管秦始皇一直很努力地在搞货币统一，但事与愿违，他并没有完全地实现统一货币的理想。

即便是秦始皇规定了由国家统一铸币，但实际情况是秦国铸钱不限于中央，地方也铸。《睡虎地秦墓竹简·封诊式》中就记录了一桩假钞案，说某个地方查获了私铸的新钱 110 枚，钱范二合，人赃俱获。正是因为中央、地方均铸钱，再加上民间私铸，要想实现半两钱版型完全一致、重量标准丝毫不差，显然是不可能的。

《睡虎地秦墓竹简·秦律十八种·金布律》中记载："钱善不善，杂实之……百姓市用钱美恶杂之，勿敢异。"也就是说，在当时钱只按照数量计算，大小、轻重并不在考虑范围之内，交杂在一起使用，而且还有不许拒收残币的规定。可见当时就一个字，乱。统一之初，需要一段时间的过渡，存在乱象也很正常，关键的是要考虑接下来要怎么深入去稳定这个局面。深入的具体程度与国家经济形势息息相关，国泰民安，金融秩序便会稳定，钱的大小、重量都能按照标准严格铸造。若是相反，钱就会越来越小，越来越轻薄。

然而，在一切还没有达到秦始皇的理想状态的时候，他就病逝了。继位的秦二世也想消除乱的现象，随即复行钱，只是这一切刚刚开始，便被秦末的风云打乱了钱币统一的节奏。这还不是最糟的情况，半两钱最乱的时代还在后头。

据文献记载，西汉直至吕后时期开始铸造汉半两，直径约 2.3 厘米，大小、版别和秦末半两钱相差无几，很难区分。从总体趋势看，钱文笔画越来越直折，钱径越来越小。由于放纵私铸，在文帝时期，榆荚半两大量出现，榆荚钱质地轻薄，有的小如鸡眼。这时，只能将改善货币乱象的接力棒交给汉武帝了。

汉武帝于公元前 113 年（元鼎四年），下令禁止郡国铸钱，把各地私铸的钱币运到京师销毁，将铸币大权收归中央，并且成立了专门的铸币机构，即由水衡都尉的属官（钟官、辨铜、技巧三官）负责铸钱。其中，钟官负责铸造，辨铜负责审查铜的质量成色，技巧负责刻范。面文"五铢"二字的钱币，最初铸于汉武帝公元前118年（元狩五年），重如其文，故称为五铢钱。随着五铢钱的发行，半两钱终于成为历史。

从以上内容不难发现，小小的半两钱竟然经历了秦国、秦代和西汉前期三个阶段，那么，墓中的采集钱模究竟属于哪个时期就需要追究了。

考古工作者经过测量，发现西汉的半两钱直径在 2.3 厘米左右，采集钱模的直径是 2.7 厘米，测量一下模上的钱型直径便可以将西汉排除。那钱模是属于秦始皇的时代，还是秦二世的时代呢？

据考古学家的推断，同一型半两钱按照式的分组，从第一式排队，直径越来越小是已经掌握的变化规律，采集钱模的直径 2.7 厘米，属于稍大类，那么时代就会稍微早一点，所以，属于秦始皇时代的可能性更大。考古资料显示，现在全国范围内发现的半两钱模和范大约有 32 处，质地有铜、铅、石、陶。陶模翻铸铜范，属于铸钱工艺发展的高级阶段，时间要晚一些。

既然秦始皇下定决心要统一货币，那么面临的首要任务就是确定钱版。官方钱版的钱文、钱型应该是非常规范的。从砖厂发现的这些钱模正是如此，尤其是钱文，虽然是篆体，但笔画方正，已经很接近隶书了，并不是战国晚期的篆体风格。由此断定，采集钱模属于秦始皇时期的标准版型。

传说秦代半两钱版的文字是李斯手书。李斯不仅是丞相，还是一位著名的书法家。秦始皇于公元前221年发布了"书同文"的诏令，规定以秦国小篆为统一书体，与小篆不同的全部废除。为了推广小篆字，秦始皇还命李斯、赵高、胡毋敬分别用小篆书写《仓颉》《爰历》《博学》三篇，作为文字范本。可见，秦始皇对李斯的字是相当认可的。

而且史料中还记载，一些石刻也都是出自李斯的手笔，其中泰山刻石存有九字，峄山刻石有南唐的摹本，琅琊台刻石尚存八十六字。那么，这些钱模上的文字有没有可能是李斯的笔迹呢？也许应该有吧，可是没有确凿的证据证明。但毕竟是在咸阳城发现的钱模，而且砖厂紧邻咸阳城宫区，加上出土环境的特点，种种资料加在一起，李斯亲笔书写的可能性比较大。

李斯奉秦始皇指示，对史籀大篆再加工形成简化字，为了尊崇大篆，新字称"小"篆，成为官方用字。然而，"书同文"的落实情况和钱币一样没有一刀切。

在秦国，除了小篆以外，还有第二种简化字，就是隶书。有人认为隶书是程邈创造的，而实际上是当时的小公务员在抄写公文狱讼时，仓促中用了不规则的草书篆体，慢慢地衍生出来的。经过整理后的隶书，笔画直线方折、结构平整、书写方便，不仅民间使用广泛，各级政府的官员也多用隶书。钱版所见的"半两"二字，笔画平直，就有隶书的韵味。

从秦始皇的治国措施中，我们可以看到秦始皇对历史的继承，比如半两钱的定型，还有对品行的崇尚，比如小篆之"小"，体现出了谦卑和低调。继承传统，尊重历史和现实，这跟我们刻板印象中的那个不可一世、唯我独尊的秦始皇相差甚远，也让我们看到了秦始皇恭谦的一面。

考古工作者在咸阳地区发现的钱模或范的数量大约有8例。在临潼芷阳宫遗址也发现了一件铜模，和秦代陶模相比，它的支浇道略斜，不太直。

据资料记载，芷阳得名与兹水有关，霸河古称兹水。春秋时期秦穆公在河岸东坡上修建离宫，取名霸宫，改兹水为霸水。战国时期秦昭襄王将霸宫改名为芷阳宫，并设县。从芷阳所处的地理位置可以发现，其向东通向三晋地区的函谷关、向南直达楚地的武关，属于战略交通要塞。

除了芷阳、咸阳的钱模之外，其余是范。从铸造工艺看，有7例是面、背扣合浇铸，1例是盘状叠铸。叠铸是古代的一种金属铸造技术，就是将多件铸范（铸型）叠合成型，共用一个浇口浇注，一次可得多个铸件的古老铸造工艺。钱型绕圈排列，铸造好以后把钱掰下来形成的毛茬会多一些。

钱模残块虽然没有兵马俑那么出名，也不如铜车马那般亮丽，但是其背后，代表了一个真实的秦朝，一个真实的秦始皇，还是值得我们去关注一下的。

九、会"跑"的银盘

2018年，出自距离宫殿区西南4公里的渭河滩地的800多枚楚国蚁鼻钱流入了古玩市场。就因为这个地方不是古遗址保护区，一些盗掘者便肆无忌惮地盗墓。这次流传出去的钱币数量之多，品相之好，藏家遇到自然欢喜，谁又能真切地理解"没有买卖就没有伤害"呢？真的是可惜、可叹。

渭河滩地这片区域与咸阳城的"长陵车站手工业作坊"遗址文物保护区南北相连，出现多国货币已经不是第一次了。因为河滩地出现古钱币，考古学家实地勘察、发掘，在渭河两岸长约3公里的范围内，不仅沙滩里常见板瓦、筒瓦、瓦当一类的建筑材料，探铲穿透河沙近3米的土样中也发现了有人类活动形成的活土、黑色木炭颗粒、陶片。

在考古专家写的《秦都咸阳考古报告》中，有大篇幅内容介绍"长陵车站手工业作坊"遗址的一些情况。

长陵车站区域是咸阳考古的第一站，从 1962 年至 1982 年出土过非常多的金属残器，有公元前 221 年（秦始皇二十六年）和秦二世时期的诏版、刻有"私库"文字的太后或皇家用器、巨大的铜板、各国钱币，还有一批设计精巧、制作讲究的高档器物的残件。

考古报告或简报的插图叫线图，通过直角坐标正投影的方式绘制，以正投影体现外廓，以剖面表现内部结构，具有文字、摄影、拓本等手段不具备的优势。其中一件第七号窖藏所出的器座线图引人注意，考古队学者通过翻绘，呈现出了纹饰的精美细节。

大小像茶托的底座上部布满错金银的凤鸟和云朵，两只凤鸟侧面相对，身体却缠绕、勾连在一起。头部的细节有区别，外侧的一只顶部是短冠，内侧的那只顶部平直的长羽像花翎，应该代表了一雌一雄。两鸟的周边填空一样地布满了旋涡状的云纹。器底下半部是勾连云纹。纹饰线条纤细、婉转，不禁让人感受到了秦国工匠手艺的精巧。

20 世纪 70 年代末，考古工作人员发掘了位于山东省淄博市的西汉齐王墓外围的 5 个陪葬坑。

西汉齐王墓明显承袭了战国晚期的大墓风格，与战国后期的河北平山中山王墓大致相同，和西汉中期开始流行的石室墓、洞室墓却有着明显的不同。经考证，墓主可能是西汉初年第二代齐王刘襄。

位于北墓道西侧的一号随葬坑，坑长 19.9 米，宽 4.1 米，深 3 米，是一处器物坑。随葬品极其丰富，比如铜器、陶器、银器、铁器、漆器等，以礼器和生活用具为主。其中出土的 3 件银盘，均制作精良，装饰华丽，在国内首次发现，属于我国早期金银器中难得的珍品。

据历史文献记载，汉代初期，刘邦在稳定政局之后，立嫡长子刘盈为太子。而作为长子的刘肥，虽然比刘盈年长，却因庶子的身份不能继承皇位。《史记·齐悼惠王世家》中记载："高祖六年，立肥为齐王，食七十城，诸民能齐言者皆予齐王。"刘邦于心不忍，为了弥补心中的愧疚，便册封刘肥为齐王，在今天的山东临淄一带，封地七十余城，百姓中凡是能讲齐国话的都归属齐王。齐国是汉初第一大封国，疆域辽阔，人口众多，十分富庶。看得出来，刘邦很重视这个庶长子。

公元前195年（汉高帝八年），汉高祖去世，刘盈即位，是为汉惠帝。公元前193年（汉惠帝二年），刘盈在长安设宴款待刘肥，因刘肥是自己的兄长，就按照家人礼节，让刘肥坐在上首。吕后得知后，对此相当不满，起了杀心。她命人准备了两杯毒酒，摆在刘肥面前，让他敬酒。刘肥并不知道其中的阴谋，便起身敬酒，而这时刘盈拿起另一杯酒，准备与刘肥一同敬母后，吕后怕毒死自己的儿子，急忙起身打翻了刘盈手中的酒杯。这一切刘肥都看在眼里，觉得事有蹊跷，便借醉酒赶紧跑了。

刘肥侥幸逃回齐国后，身边的内史劝他忍痛割地，以此来讨好吕后。刘肥为了保全性命，把城阳郡献给了吕后，并请求以此地作为妹妹就是吕后的女儿鲁元公主的汤沐邑。汤沐邑，是指诸侯朝见天子，天子赐以王畿以内的、供住宿和斋戒沐浴的封邑，后来指国君、皇后、公主等受封者收取赋税的私邑。

吕后十分高兴，暂时放了刘肥一马。但吕后对刘肥的压榨才刚刚开始。"高后立其兄子郦侯吕台为吕王，割齐之济南郡为吕王奉邑。"（《史记·齐悼惠王世家》）接着刘肥又割济南郡以封吕后侄子吕台为吕王。这还没完，在吕后的操控下，刘肥又割琅琊郡给吕后的妹妹吕须的女婿刘泽以封琅琊王。

齐国七郡严重缩水，而刘肥在精神上受到了极大的伤害。"悼惠王即位十三年，以惠帝六年卒。子襄立，是为哀王。"（《史记·齐悼惠王世家》）悼惠王的谥号算是刘肥一生的总结。他的儿子刘襄继承了诸侯王位，即齐哀王。

直到吕后去世，西汉刘姓宗亲、开国功臣们开始清算吕家势力。刘襄率先发难，起兵诛诸吕，成功之后，大家投票选举新皇。惠帝刘盈早逝没有子嗣，此时的刘襄呼声最高、功劳最大，但事与愿违，近在眼前的皇位被毫无功劳的代王刘恒取代。自此，刘襄郁郁寡欢，直至去世。吃穿用度、稀世珍宝随之埋入地下，其中就包括那套三件鎏金银盘。

三件银盘造型规整，纹饰精美。一号最大、最重，纹饰最繁复，整个盘面铺满变形的龙凤纹。二号和三号的大小、重量和纹饰完全相同，有波折和花叶、云朵和游龙，装饰简洁。让人意外的是，这些纹饰和咸阳的残器座纹饰是一样的。

在考古学中，文物按照属性划分为可移动和不可移动两类。齐王墓陪葬坑属于不可移动，但是，其中的陪葬物银盘可移动。原本三件是一套，现在分别入藏中国国家博物馆、山东省淄博市博物馆。

考古资料记载，三件银盘都刻有铭文，尤其是一号内容最多。底部文字内容包括容量、重量和使用部门"御羞"，属西汉时期的特点。口沿文字有四段，由上至下分别是"三十三年左工（疾）""名吉七重六斤十二两廿一朱""奇千三百廿二鈂""六斤十三两二斗名东"。

第一段文字记的是制作年代和制作者，第二段文字是器物的重量。虽然有留白，前段文字笔画较粗重，后段稍微细浅，但内容连贯，由此可以看出，从制作者到器物重量、容量，交代得清清楚楚。刻字形体比较小，笔画特点并不是秦代规范的小篆。

而第三段文字和前面两段文字显然不是同次形成的，字迹相对潦草，结构松散，间距也大，内容涉及器物重量有"鈂"字。这是战国时期韩、赵、魏三国的计重单位，也就是说器物曾与三国之一的某个国家有关。第四段和第三段之间有一点空白，内容包括重量和物品属于谁。

由于每次所刻铭文记载的银盘容积、重量、价值不一样，反映的年代、国别也不相同，因此判断三件银盘曾经多次、多地辗转易主。

发掘者为银盘复原了一条行走路线：战国时期，在韩、赵、魏之一制造；到了秦始皇时期作为战利品成为咸阳城宫殿中的宝器；然后到了西汉时期，刘邦攻占咸阳，获取宝物并在御羞校验；最后辗转到了山东齐王府中。

经过分析，铭文顺序应该是从第三段跳跃到第一段、第二段，再回到第四段。确定这样的先后顺序和故事情节，有一定的合理性，与历史事件并不冲突。不论是西汉前期的皇帝还是齐国诸侯王，谁都没有在位"三十三年"，在这一时期秦始皇在位 37 年，符合该条件，且银盘的龙凤纹图案又具有战国时代的特点。

战国时期，在位"三十三年"的秦王不止秦始皇一位，还有秦昭襄王，就是秦始皇的太爷爷，他统治的时间超过了前任孝公、惠文王、武王的总和，也超过了后面孝文王、庄襄王和始皇帝的总和。

秦昭襄王治国期间，秦之国力得以上升，特别是军事成就，毫不逊色于秦始皇。

秦昭襄王重用谋士范雎、勇将白起，采取远交近攻策略，取得了对六国兼并的决定性胜利。据文献记载，公元前 256 年，立国 879 年的赫赫宗周正式终结。周王投降认罪，献出了三十六座城邑，人口三万。象征天下的九鼎被摆放到了咸阳城，秦国正式成为天下共主，诸侯皆来归顺。

公元前 274 年，即秦昭襄王三十三年，秦昭襄王派穰侯魏冉攻打魏国，攻城四座，斩首四万。或许正是因为这次战争，银盘才来到了咸阳城里的秦宫。很多人会问，有没有可能银盘是秦器，流传到了三晋地区？

可能性有，但绝对不是以武力的手段夺取的。虽然韩、赵、魏都与秦国有过交集，也曾多次交手，但都不曾攻占过咸阳。如果银盘是秦宫之物，那就是咸阳城中的宝贝，三晋又是怎么从秦宫中得到它的呢？

各朝各代，也有皇室的宝物重器流散在外的情况发生。原因有很多：有的是因国难，比如国家博物馆新藏虎蓥，八国联军攻占北京城时被英国人所得；有的是因为赠予或交换，比如和氏璧，如果当初秦王如约给赵王十五城，玉璧也就归秦王所有了。

秦宫的宝物流传到外地的情况也是非常多的。据资料记载，考古工作者曾在湖南常德地区发掘了一座二椁二棺的楚人墓，根据铜印章可知墓主是一位大夫。陪葬品包括一件扣器漆盒，金属扣边上有针刻铭文。内容是"十七年太后詹事丞某、工师某、工季"。铭文和口、底部位的纹饰具有典型的秦宫漆器特点。和银盘一样，漆盒文字内容包括了纪年和制作者、所有者。

我们可以根据铭文的内容，大致推断出漆盒的主人。首先是纪年，战国晚期在位时间超过17年的秦王有惠文王、昭襄王和秦始皇三位。而太后头衔，始于昭襄王的母亲宣太后，因此可以排除惠文王；再看秦始皇时期的太后，有祖母华阳太后和夏太后，母亲赵太后，十七年即公元前230年，此时华阳太后已经去世了，不可能再为她制作用品。经过一连串的排除之后，只剩宣太后、夏太后、赵太后三人可能是漆盒的主人。

漆盒能流传到湖南，首先可以排除楚人以武力得到漆盒的可能。因为楚人不曾攻占过咸阳，自然不可能以战争手段获得秦宫的珍品。那么，最有可能的应该就是赠予。器铭写着"廿九年，大（太）后詹事丞向，右工帀（师）象，工大人台"。廿九年，应该就是公元前278年（昭襄王廿九年），太后所指应该是宣太后。众所周知，宣太后是楚国人，入秦以后跟娘家人一直保持联系。在她掌握政权时期，秦、楚关系十分融洽。所以，宣太后以自己宫内的器物赠予母家或楚国友人，是最具可能性的。

在秦昭襄王统治时期，秦国和三晋地区的外交局面一直不稳定，打了和，和了打。而穰侯魏冉攻打魏国，掠夺银盘入秦宫是一种可能；

三十三年之后本为秦宫所用的银盘作为示好的礼物，以赠予的方式辗转到了三晋，也是一种可能。

公元前 271 年，即秦昭襄王三十六年，秦昭襄王派使臣王稽出访魏国，并挖到一位能人，此人就是范雎。《史记·范雎蔡泽列传》中记载："昭王曰：'吾欲亲魏久矣，而魏多变之国也，寡人不能亲。请问亲魏奈何？'"范雎和昭襄王见面后促膝长谈，昭襄王说："寡人早就想亲近魏国了，可是魏国是个变化无常的国家，我无法同它亲近，这可如何是好？"

范雎来自魏国，对魏王的秉性知根知底，于是他说道："王卑词重币以事之；不可，则割地而赂之；不可，因举兵而伐之。"（《史记·范雎蔡泽列传》）范雎提议，先说好话送厚礼来奉承；不行的话，就割让土地收买；再不行，寻找机会发兵攻打。

至于秦昭襄王给了魏国多少重币，无从得知，可以肯定的是没有拿下魏国，所以才会使五大夫绾伐魏，攻取怀邑；两年后又占领了邢丘。

而且，在昭襄王时期，秦、魏王室之间联姻频繁。昭襄王的嫡母、父王的王后是魏女；哥哥武王的王后也是魏女。所以，这套银盘虽然跑到了西汉齐国临淄，但在之前某一阶段一定曾属于过秦宫，在今天陕西咸阳之地出现过。

不论是战争掠夺还是示好赠予，"三十三年"所指秦昭襄王的可能性最大，而且跟宣太后一定有关系。

在宣太后之前，秦国也有过母后协政的先例。公元前 386 年（秦出公元年），秦惠公病死，两岁幼子出公即位，母后便协政，因为重用宦官与外戚，出公母子双双丧命，献公赢师隰取而代之。而宣太后不顾前车之鉴，掌控秦政长达十余年，可见此女子绝非一般女子。

在考古发掘中，经常会遇到这种出现异地文化风格的器物。所以，要考虑到很多种的可能性，战争掠夺、外交送礼、贸易交流等，都是可能的存在。

考古资料中记载，渭河两岸出土的器物种类庞杂，包括公元前221年（秦始皇二十六年）和秦二世时期的诏版，刻有"私库"文字的太后或皇家用器，等等。其中，最让人惊叹的是一堆铜块，总重量500多公斤，有棱有角，壁厚1.6厘米，最大的残块有半米长，实测重量8.97公斤。一堆残器，看上去像是被集中保管，正等着上交再利用的物资。《睡虎地秦墓竹简·秦律十八种·金布律》中规定，报废的国家公器每年七月之前要上交内史。

无论是发现于山东、出自秦宫的银盘，还是咸阳城出土的残器，都见证了咸阳城的一段历史，只要耐心品读也会别有滋味。

十、诏版，秦之大事

我们都知道，历朝历代但凡制定了国策，有大事办成，都要以皇帝的名义发布告示，让老百姓知道发生了什么事儿。为了广为传播、留存长久，告示经常被刻在金属版上制成诏版。

经考古发掘，在咸阳城遗址先后同地出土诏版五块，由此可见，当时诏版的发行量不少。其中有两块比较完整，分别属于秦始皇和秦二世胡亥两个时期。

据考古资料记录，公元前221年，即秦始皇二十六年的诏版，长方形，长10厘米，宽6.5厘米，厚0.2厘米，是个和烟盒差不多大的薄铜片。正面有秦小篆文字，内容是："廿六年皇帝尽并兼天下诸侯，黔首大安，立号为皇帝，乃诏丞相状、绾，法度量则不一，歉疑者，皆明一之。"

阴文共计40字，字体大小不到1厘米，竖6行，横排字数不等。大概意思是，今年统一了天下，百姓安宁，立下皇帝称号，下诏书给丞相隗状、王绾，纠正法律及度量衡器具的不一致，使有疑惑的人不再困惑，全国上下统一起来。文字内容简明扼要，就是单纯地叙述事情而已。

另一块是秦二世诏版，大小与二十六年诏版差不多，只是四边中部外伸，文字大约60个字："元年制诏丞相斯、去疾：法度量尽始皇帝为之，皆有刻辞焉。今袭号，而刻辞不称始皇帝，其于久远也。如后嗣为之者，不称成功盛德。刻此（诏）故刻（左），（使）毋疑。"多出来的20个字属于补续，内容主要是说，法律、度量衡是始皇帝定下的制度，也是他的功绩，我继位以后只是按先皇的既定方针继续奉行，不敢贪功。大家都要明白。

长期以来，秦二世胡亥篡位、乱政的形象早已深入人心。哪怕是他自己表现得再谦恭，也改变不了他亡国之君的事实，即便是他在继位后的第一个月，发布诏书，交代了"朕奉遗诏"，以表他是通过正规渠道继承的皇位，还宣布了接下来的工作安排，要进行方方面面的改革，最后不忘煽情一番，鼓励大家化悲痛为力量，共同奋斗。

这份诏文述说的秦二世继位合法性与西汉初年的《赵正书》相互印证。资料显示，北京大学所藏的竹简《赵正书》，其中提到秦始皇在外巡游，途中突然发病，丞相李斯和御史冯去疾冒死进谏，要求尽快立随行公子胡亥为继承人，以正君位。秦始皇同意了大臣们的建议。

然而，秦二世发布诏文，很大一部分原因是要安抚百姓，他得让秦帝国上上下下的子民都相信他是秦始皇认定的人选，他是靠着自己的本事登上皇位的。他也的确是靠着自己的"本事"，这份诏文甚至是一种自我催眠，可能只有这样，秦二世才能心安理得地做皇帝。殊不知，人人心里都有一杆秤。

当然，秦二世的内心多多少少对秦始皇还是有崇拜之情的，所以才会有李斯建议停建阿房宫时的勃然大怒。他继位后也没有改弦更张，"复行钱"，很老实地沿着秦始皇的既定路线走。他们父子之间可能仅剩这点儿崇拜之情了。

在皇位、权力面前，秦二世果断地放弃了亲情。在荣华、享乐面前，他放弃了秦始皇曾经寄予的希望。"夫人生居世间也，譬犹骋六骥过决隙也。吾既已临天下矣，欲悉耳目之所好，穷心志之所乐，以安宗庙而乐万姓，长有天下，终吾年寿，其道可乎？"（《史记·李斯列传》）

秦二世认为，人活在世上，如同白驹过隙。他既然已经统治了天下，便想满足自己全部的欲望，享受无尽的乐趣。当然，国家安宁，百姓欢欣，永保江山，以享天年才是锦上添花，如虎添翼。这个想法，一个字，绝。作为一国之君，只知享乐，在他的心里，没有百姓，没有社稷，只有自己，在他统治下的秦国又能走多远，结局可想而知。

当危险来临，身在望夷宫的秦二世对曾经的老师赵高还抱有一丝希望之时，现实给了他一记响亮的耳光。堂堂帝国的皇帝，竟然俯首帖耳，摇尾乞怜，甚至不惜做一个普通百姓，来换取活着。而秦二世的乞求，却被赵高派去的刽子手残忍拒绝，这无疑是将秦二世的尊严碾碎。秦二世只能含泪选择自我了结。

直到临死前，秦二世才真正看清了赵高的真实面目，奈何为时晚矣。在生死面前，秦二世暴露出他怯弱的本性。很多人会说，赵高才是幕后黑手，秦二世只是个傀儡。秦二世当真这么无辜吗？没有他的首肯，赵高怎会如此猖狂？即使秦二世不是始作俑者，他也是推波助澜的那个人。

秦二世的结局，无疑是悲惨的，却不值得同情。

考古资料显示，庆阳市的一个下属县，距离咸阳城遗址约两百公里，沟壑环绕，地理位置偏僻，名为镇原。在这个县的博物馆里有一件秦始皇二十六年皇帝诏版，烟盒大小，四角钻有小孔，钉在器物上使用。而徐州圣旨博物馆珍藏的明代天启四年连体诰命圣旨，长4米，宽2米，上面用金漆书写了四道圣旨，四周全部用金漆手绘99条飞龙；天启六年的诰命圣旨，丝织七彩鹤锦面，全长 4.6 米，书写 434 字，字字珠玑，精美绝伦。这和秦代只有烟盒大的圣诏，差别也忒大了。

镇原县的诏版四角有孔，说明应该是钉在某器物上的；咸阳城秦二世诏版四边各伸出一个长条，推测可以镶嵌在主体器物上；还有甘肃省博物馆等其他地区的一些铁权（权，俗称秤砣、秤权、秤锤，是悬挂在秤杆上面可以移动的铜、铁、陶、瓷、石的秤砣。我国最早的权是秦权和楚权），诏版上端有环宇权钮套合，主体嵌铸在铁权内，就像是一个吊牌。

其作用就相当于一个说明牌，择要摘录一些帝王发布的最高指示，附加在权、量、桶、度等各种称重的、测容积的、定长短的器具上，以此来发挥即效的传播作用。

那么秦代有没有真正意义上的诏版呢？答案当然是有，但是没有完整的实物留存下来，所以诏版的真实面貌我们无法知晓。

国家博物馆的藏品中有一些大小与镇原、咸阳诏版类似的小诏版，正面刻有完整的诏文，背面却有阴文反书大字，原来应该是铸造大诏版时使用的铜范。诏版铸造完毕后，铜范就没用了，被截成若干小块，在另一面又刻了诏书。用这类大字铜范铸造的诏书才是真正意义上的布告，国之典策，称为金版，独立使用，悬于国门或张榜公布于郡县。

据资料记载，在所有反映度量衡制度统一的实物上，目前全国各地，林林总总起码得有 20 件诏版。那么，有诏版的主体器物就是当时的度量衡标准器吗？这是一个涉及度量衡制度统一程度的问题。

《汉书·律历志上》中记载，古人利用杠杆原理使权与衡杆两个部件称重。衡的一端挂权，一端悬物。

秦代权的进制单位有铢、两、斤、钧、石。一石折合现在约 30 公斤，一石为一担，这是同义换读。

按照秦时的标准，一斤约合现在的 250 克。战国晚期，各国的重量单位基本如此。小型权每斤约合 250 克,大型权每斤约 260 克甚至达到 270 克。秦二世时权轻,一斤约为 243 克。河北大学博物馆藏有秦代两诏铜权,实测重量为 220 克,咸阳市博物馆藏瓜棱形小铁权的重量只有 215 克,是货真价实的"八两秤"。

按道理讲,在统一度量衡的制度下,权重的量值应该是一致的,而实际上却存在很多"八两秤"。有学者认为,之所以存在"八两秤"是因为各个"权"的使用范围不同,小斗出,大斗入。大型权尤其是重 120 斤的石权用来收田租,量值高对国家有利;小型权更多是用来称量货币,量值低对国家有利。

《睡虎地秦墓竹简·效律》载:"甬(桶)不正,二升以上,赀一甲;不盈二升到一升,赀一盾。"《睡虎地秦墓竹简·秦律十八种·工律》载:"县及工室听官为正衡石羸(累)、斗甬(桶)升,毋过岁壶(壹)。"《睡虎地秦墓竹简·秦律十八种·内史杂》载:"有实官县料者,各有衡石羸(累),斗甬(桶)期跂。"也就是说,秦律规定,度量衡不精准是要受到责罚的。量器误差在两升以内,罚铠甲一领;不满两升而在一升以上,罚盾一件。

反观秦二世时期,之所以出现"八两秤",主要是由于秦末的动荡,当时秦国经济处于萧条状态,社会极其不稳定。而且,造成同一时期的大、小权量值有差别的客观原因还有很多,比如埋藏环境的干扰,器物的锈蚀程度不同,等等。

截至目前,秦代度量衡实物上有诏版的情况分为三种:有物有铭,即器具和诏版在一起;有铭无物,即器具已经遗失,只留下诏版;有物无铭,即器具在,诏版脱落遗失。诏书内容有始皇二十六年诏、二世元年诏和二帝双诏。短短十年的时间,这种大量复制、转载、传播的公告席卷天南海北,可见是真正的昭告天下。

在秦始皇时期,不仅仅有遍布天下的诏版,还有会稽、峄山、泰山等地与诏版内容类似的刻石，为了刷存在感，秦始皇也算不遗余力了。

在我国古代，在器物上记述事情的文字最早出现在青铜器上面，以现存于台北故宫博物院的西周毛公鼎的内容为最长，有将近五百字之多，并且是分成七段叙事。内容大概是说，周宣王即位之初，亟思振兴朝政，于是请叔父毛公协助打理国家内外大小政务，毛公尽职尽责，成绩有目共睹，得到嘉奖。毛公为这事特此铸鼎，并代代相传。

据文献记载，公元前 344 年，即秦孝公十八年，商鞅出面制作了标准量器方升，沿袭了西周以来刻字记事的传统。表面上看商鞅方升是量器，但刻字开篇说的却是十八年齐率卿大夫众来聘的外交活动。聘是聘问，按照周礼，"凡诸侯之邦交，岁相问也"，就是天子与诸侯、诸侯与诸侯之间，要不定期地串门走动，互相拜访。虽然方升后段文字有容量标准，但实质和毛公鼎一样。器物由秦始皇审验后，继续沿用并加刻了 40 个字的告示。这种反映度量衡制度的公文不仅秦二世沿用，到了西汉末期，被王莽发扬到了极致。

王莽是西汉第 14 位皇帝刘衎的岳父，代汉后托古改制，大批量发行形制、铭刻都有统一标准和严格规定的诏版。考古资料显示，诏文内容为："黄帝初祖，德帀于虞。虞帝始祖，德帀于新。岁在大梁，龙集戊辰。戊辰直定，天命有民。据土德，受正号即真。改正建丑，长寿隆崇。同律度量衡，稽当前人。龙在己巳。岁次实沈，初班天下，万国永遵。子子孙孙，享传亿年。"

诏版以紫铜铸造，长、宽均为 25 厘米，重 950 克；正面阴刻（将图案或文字刻成凹形）篆字 9 行，每行 9 字，共 81 字。大意是，按天神旨意在岁次戊辰年，根据星象、阴阳德行，建立"新"朝，就皇帝位，改历法，易服色，统一确定计长短的丈尺、计容积的斛斗、计轻重的斤两等法则，将诏书颁行天下，希望大家共同遵守，使其世世代代永久保有。

秦诏版上的内容，都是从右边起手开写，版面利用随意，文字简洁精练。到了王莽时期，诏版上的讲究显然多了起来。相对于王莽诏版内容的烦琐，一件怪模怪样的秦二世诏版更有意思。

据资料记载，山东临朐县文管所曾搜集到一件铜诏版。该诏版外形像一枚印章，背面有桥形钮，钮两侧各铸凸起回首顾尾云龙纹，两条较大的龙纹，各背靠近钮两侧，两条较小龙纹，略靠近边缘，钮上下各有一团火焰珠，四角各铸有如意祥云纹。正面文字保存完好，铸刻小篆体阳文（表面凸起的文字或图案），正书60字，自右向左竖铸，内容与秦二世元年诏版相同。

由此可以说明，秦诏版当时真的是席卷了全国各地，哪怕是偏僻的甘肃陇东，也出现了秦诏版。

在咸阳城，诏版集中出土于"长陵车站手工业作坊"区窖藏。附加在度量衡器具上的诏版，初始功能是商业买卖，深层次再造，又回到了内史职能。那么皇帝制作诏版是出于怎样的需要，又有怎样的心理活动？考古学者给我们带来了找到这一问题答案的可能。

从各种资料和文献中，我们可以清楚地知道，历朝历代的诏版都是为了一个目的——广而告之。

众所周知，秦国以法家思想治国，秦法严苛，繁如秋荼，密如凝脂。如果想要发挥法律的实际效力，那么首先就得普法，通过宣传，加强教化。诏版以及刻石，便是把皇帝申明法令的本意、治国方针的政策传播出去，让老百姓都心中有数，严于律己，遵纪守法。

然而，这种做法并不是秦始皇的创意，而是商鞅的创新立意，只是在秦始皇时期得到了极致的发挥。

徙木立信的故事，想必大家都知道。《史记·商君列传》中记载："令既具，未布，恐民之不信，乃立三丈之木于国都市南门，募民有能徙置北门者予十金。民怪之，莫敢徙。复曰：'能徙者予五十金。'有一人徙之，辄予五十金，以明不欺。"

商鞅在变法之前，怕天下人对自己产生非议。法令早早就准备好了，但是没有公布，商鞅怕百姓不信任他，于是在栎阳城南门立起一根长三丈的木椽，招募百姓有能将此木椽搬到北门的就赏十镒黄金。百姓对此感到惊讶，没有人敢去搬木椽。商鞅又将赏金涨到五十镒黄金。终于有一个大汉站了出来，将木椽搬到北门，商鞅当即兑现赏金，以示秦国官府言而有信。

商鞅是想通过徙木立信，得到百姓的信任，也是在用实际行动告诉百姓，有法必依。其实，早在商鞅之前，法家有关经济改革、法令教化的实践就已经开始。

战国初期，魏文侯任用著名的法学家李悝在魏国内实行变法，以改弊政。李悝提出，经济上推行"尽地力"和"善平籴"（平籴，指官府在丰年用平价买进粮食，以待荒年卖出）的政策，政治上实行法治。他汇集当时各国法律编成的《法经》，是我国古代第一部比较完整的法典，可惜已经失传。魏国是战国时代第一个改革变法的国家，其"重农"与"法治"的思想对商鞅影响极大。商鞅把李悝思想里的精髓，加以丰富、完善，形成了自己的一套独有的理论。

商鞅变法分为两次，随着《垦草令》的颁布，第一次变法拉开了序幕。主要内容包括：改革户籍制度，实行什伍连坐法、明令军法、奖励军功、废除世卿世禄制度，建立二十等军功爵制，奖励耕织、重农抑商，严惩私斗、改法为律，制定秦律和推行小家庭制。其中的什伍连坐法，是我国连坐制度形成的标志。

第二次变法是在迁都咸阳时，主要内容包括：开阡陌封疆，废井田，制辕田，允许土地私有及买卖，推行县制，加收口赋，统一度量衡，燔诗书而明法令，塞私门之请，禁游宦之民和执行分户令。

如果说商鞅第一次变法的目的在于变更法令，明确赏罚手段，重点在发展农业、改革军制等，那么第二次变法，便是完善、强化国家的行政功能了。

对于法令的普及，早在春秋时期的郑国，就已经出现了。公元前536年，郑国的执政者子产"铸刑书于鼎，以为国之常法"，就是把刑书铸在鼎上，放在王宫门口，让全国百姓都能够看到。这是我国历史上第一次公布成文法典。

子产的这一举动，引起一时轰动，遭到包括孔子在内的许多贵族和上层社会人士的反对。他们认为法律是神秘的，应该掌握在贵族手中，可是百姓现在只看鼎上的法律条文，而不再看官吏的脸色，怎么能治理好国家呢？子产以他坚决的态度，表明了一定要让百姓熟知、深知法律的决心。而我国的法治管理，由此开始。

在潮流的推动下，二十多年后，晋国采取同样的方式第二次公布成文法。孔子再一次站出来反对说："晋国大概要因此灭亡了，人民知道了法律，只看鼎上的条文，不看贵族脸色，显不出贵族的尊贵。"由此可见，尊卑贵贱，是儒家学说的铁律。

拥有特权的上层社会，当然认为刑律越隐秘越好，对律法越有掌控权越好，否则人人都懂法，事事要说法，局面就不在他们的掌控之内了。对于高层来说，这绝对不是他们想要的。

在前辈们努力奠定、铺垫的基础上，秦始皇时期的法律制度，公开透明已然成为常态，即使政府大规模地复制诏文铺天盖地发行，也没有人再有异议。

秦始皇能纵横驰骋地扫六合，也能心思缜密地揣摩人性，从诏版的内容就能看出来。诏版"黔首大安"的昭告天下，竹简《仓颉篇》上"幼子承诏，谨慎敬戒，勉力风诵，昼夜勿置"的劝学，《睡虎地秦墓竹简·为吏之道》上"必精絜（洁）正直、慎谨坚固、审悉毋（无）私、微密纤（纤）察"的训导，不仅用词得当，体现出一种"上下兼容才是上位者"的德行，在教育行业上也着实下了一番功夫。

总而言之，诏版是给群众的普法宣传，首先要做到语言通俗易懂，接下来还要情真意切，要句句戳心，要直击心底才能达到最好的效果。由此也可看出，秦始皇在国家治理的问题上，很用心。

在很多人的心里，秦始皇杀伐、残酷的标签可能很难一下子撕下来，但我们可以对秦始皇稍微宽容一点，不管是秦始皇的暴躁，还是秦二世的凶残，都是人性复杂的体现。所以，我们对历史人物和事件，是不是可以多一点耐心，不要着急地盖棺论定，也许有一天我们可以借助考古工作者架起的桥梁，深刻地认识一下我们所批判的对象，到时候，可能会有不同于以往的认识。

十一、空间隧道

据官方公布的数据，西安在修建地铁时，在地铁 2 号线勘探出 174 座中小型墓葬，在 4 号线勘探出 36 座墓葬，在 5 号线又发现了可能是三秦之一的雍王章邯都城"废丘"遗址。

2019 年，陕西省首条城际铁路，西安北至机场城际轨道项目开通初期运营。这是一条意义非凡、承载着历史的时空通道，从高铁站出发过渭河，有秦宫、秦汉新城、长陵、摆旗寨、美术城 5 个站点。能直接看到的风景有西汉高祖刘邦、吕后和戚夫人等的坟冢，有咸阳宫最大的一座宫殿夯土，还有那看不见的、近在咫尺的秦咸阳城长兴村遗址和大量古墓葬。这条路线有一个 90° 的转弯，可以说是绕了一个大弯，有很多人对此表示不理解。

如果真的了解这座城，便会知道当我们通过这条时空通道时，脚下埋着的是曾经的显赫王孙。

秦始皇陵密码

据考古资料记载，长陵站点位于秦都咸阳城西南部，沿重点文物保护区"长陵车站手工业作坊"遗址擦肩而过。摆旗寨站点位于秦都咸阳城西部，地名谐音"白起"，传说秦国大将军白起曾在此摆旗点将。站点周边有大量的古代墓葬，西汉元帝刘奭的渭陵、汉哀帝刘欣的义陵，还有各自的陪葬墓，至今地表仍可见坟丘。站点西北部发掘过北魏皇族后裔、北周车骑大将军拓跋虎夫妇墓。美术城站点位于秦都咸阳城西北部，属于平民墓葬区。2014 年发掘墓葬 68 座，出土了陶、铜、铁、玉、骨等质地文物 293 件。墓群布局规整，错落有序，局部有成排、成列的分布，为战国晚期到秦代墓群。

在建设秦汉新城的施工过程中，在位于摆旗寨站北数百米、线路桥墩一侧，发现了一座大墓，总长 40 余米，长长的斜坡墓道上有两个竖井、两个过洞，墓室距现在地表深 13.6 米。经过考古发掘，发现了墓志。

墓志的大致内容是说，此墓葬主人为陆丑，字丑奴，鲜卑族步六孤氏后裔，为顺应少数民族汉化的趋势，改姓为陆。他的父亲曾参与了北魏末年爆发的北部边境的六镇起义，自此登上了历史舞台。他本人在孝武年间拜冠军将军、中散大夫，大统元年加散骑常侍，后又迁平北将军、大中大夫，拜爵乐陵县开国子，邑三百户。公元前 538 年，即大统四年，陆丑病逝于长安，葬平陵塬。圣上对他的去世深表哀悼，"天子震怀，襄赏加隆"，追赠使持节都督雍州诸军事、车骑大将军、仪同三司、雍州刺史、都督、乐陵县开国子。

一连串的名衔，把人看得眼花缭乱，从名衔上看，这个人一定不简单。但若是仔细地搜索一下，就会发现这些职务多是闲职，而且墓志上除了满篇的赞颂之辞，并没有卓越的功勋和实质性建树的记载。

别看陆丑一生平平，除了名衔外，墓里出土的古物倒是令人刮目相看，有两枚东罗马金币、陶质彩俑和模型明器、漆器、金银币、金发簪、玻璃器等。其中一枚东罗马金币，系阿纳斯塔修斯一世在位时所铸，正面为右手持长矛的皇帝半身像，文字内容包括"我们的主上""阿纳斯塔修斯""永恒的皇帝"，背面为站立的侧身带翼女神，文字有"胜利女神""皇帝们""君士坦丁堡"及印记。外币的发现，为研究当时的中西交流提供了宝贵的资料。

1990 年，考古工作者曾在陆丑墓的西北部，发掘过拓跋虎夫妇墓，这一墓地也出土了墓志，墓志内容更是冗长。拓跋虎是北魏皇室后裔，曾跟随宇文泰攻打洛阳，解除玉壁之围，跟从晋国公宇文护平定江陵。北周建立后，降为云宁县公，迁使持节、骠骑大将军、开府仪同三司、大都督。于北周保定四年去世，时年三十八岁，追赠大将军、都督冀定赢三州诸军事、冀州刺史。也是一连串的名衔。

1985 年，位于宁夏固原原州区开城镇长城村西南的李贤墓被发掘，该墓葬为夫妇合葬墓，是北周贵族大墓。现存封土底径 12.5 米，高约 5 米。斜坡墓道长 42 米，设有 3 个天井和过洞。该墓葬为土洞墓室，平面近正方形，边长 4 米，顶部已经坍塌。在墓道、过洞、天井和墓室等处有彩绘的门楼、执刀武士、侍女等壁画，尚有 23 幅保存较好。墓中出土了大量金、银、铜、铁、陶、玉等各种质地的随葬品，其中有鎏金银壶、玻璃碗、东罗马金币等一批西方输入的手工艺品。陆丑虽然没有李贤受封高贵，竟然也有胡人俑、金币、银币、玻璃器、装饰珠等器物，着实令人意外。

李贤夫妇合葬墓共出土器物 300 余件。其中的外来器物，极具政治意义和学术研究价值。

在陆丑墓发掘之前，咸阳机场附近的底张湾村，也曾出土过金币。金币的主人是隋代凉州刺史、赵国公独孤罗。独孤罗，鲜卑族，北周到隋朝时期大臣，太保独孤信长子，是三位皇帝的大舅哥。大妹北周明敬皇后，嫁给了宇文泰的长子宇文毓，仅做了两个月的皇后便死了；四妹唐元贞皇后，嫁李昞，是唐高祖李渊的生母；七妹隋文献皇后，嫁隋开国皇帝文帝杨坚,隋文帝为她"虚嫔妾之位,不设三妃"。

经考古学家考证,独孤罗墓出土一枚拜占庭皇帝查士二世(统治时间为公元566—578年)时期的金币。阿纳斯塔修斯一世在位时间为公元491—518年,在查士二世之前。两枚金币从在拜占庭流通到传入中国并埋入地下,时间跨越了大概20年。

独孤罗下葬时间比陆丑晚了61年。底张湾村就在咸阳机场附近,摆旗寨是通往机场的轨道交通线上的一个站点。两地之间,因独孤罗和陆丑,实现了一场空间对接,真的很奇妙。

据考古资料记载,我国目前已知的出土的金币,最早是在2013年洛阳发掘的一座大墓中出土的。墓总长约58.9米,墓葬形制和规模应为帝陵级别,出土拜占庭金币一枚。墓主可能是北魏最后一位皇帝节闵帝元恭,卒于公元532年,比陆丑早6年。

在全国范围内,陆丑墓出土西方货币的时间位居第二。在交通并不发达的时代,这些原产于地中海东岸的拜占庭金币,竟然在万里之遥的中国内陆、昔日的秦都咸阳城辖区最先安身下来,彰显了西安在丝绸之路历史上的重要性。

想必大家都知道,西安和洛阳两地对丝绸之路的起点问题一直互不相让。就金币出土的时间而言,似乎对西安一方有利。根据资料记载,陆上丝绸之路起源于西汉(前202—8年),汉武帝派张骞出使西域,开辟了以首都长安(今西安)为起点,经甘肃、新疆,到中亚、西亚,并连接地中海各国的陆上通道。东汉时期丝绸之路的起点在洛阳,它最初的作用是运输中国古代出产的丝绸。

轨道交通的全线考古发掘从2016年年末开始,直至2018年夏季结束。

经过将近两年的考古发掘,我们通过考古资料可以得知,除了陆丑墓之外,还有其他的考古收获。

比如卜甲的发现。卜甲是以动物的骨、甲制成的占卜器具，古人根据骨、甲上的"兆纹"判断事情的凶吉。卜甲实物最早出现于八千多年前的新石器时代，盛行于夏商周三代，到秦代前后已经十分罕见。这件卜甲发现于秦人墓葬中，方形凿孔沿袭了西周时期的基本风格，但凿孔形状和排列更加规整，体现了发展变化。

比如装有粮食酿造酒的铜壶和完整铜剑的发现。铜壶密封性极好，壶盖内口缠有一圈植物编制的绳状物，再覆一层平纹组织的麻布。壶内液体约300毫升，乳白色，稍显浑浊，无明显气味。经科学检测后发现，其中含有多种氨基酸、发酵菌丝、淀粉颗粒。铜壶属于青铜礼器，又可称为锺，是酒类液体的盛储器。按照周礼制度，墓葬中出土的铜壶多与下葬过程中举行的"献祭"仪式有关，填埋时应该都盛有酒类，但受时间、铜壶质地等各方面因素影响，能留存下来实属意外。

比如民居建筑的发现。这些民居有半地穴式、地面式两种，户型有一居室和三居室，简陋程度与宫殿反差明显，时代从战国晚期延续至西汉初。

咸阳城如同一扇通往秦代的大门，能让我们直观感受到古人的生产和生活场景，领略到古人创造的绚烂文化，也让我们体会到了古人在面对灾难时的哀号和涅槃重生的勇气。

关于咸阳城的考古探索谈不上是最后的结果，文物保护工作远远没有结束，也许在不远的将来还会有新的发现，也许下一个奇迹就在明天。

第七章

永远的神话

一、礼制下的秦始皇帝陵

我们对秦始皇帝陵园的了解大概都是从司马迁的《史记·秦始皇本纪》开始的："宫观百官奇器珍怪徙臧满之。令匠作机弩矢，有所穿近者辄射之。以水银为百川江河大海，机相灌输，上具天文，下具地理。以人鱼膏为烛，度不灭者久之。"

短短的几句话，好像烙印一般，深深地印在我们的脑海里，头脑里不断地盘旋着这样的问题：秦始皇陵到底是什么样子的？秦始皇陵地宫什么时候才能发掘？

对秦始皇陵的想象是从这里开始的，关于秦始皇陵的种种神话般的传闻逐渐让我们着迷，那些尚未解开的谜底令我们无限向往。

纵观整个秦始皇帝陵园，目前已经明确了陵园的布局，是按照由内至外的层次，包括地宫之内各层台阶上、封土内及地宫外封土下、内外城之间、陵园之外，共计四层。一张陵园遗存的分布图上密密麻麻地画出陪葬坑、陪葬墓和大型建筑，是陵园内容的真实布景。

据历史资料记载，自秦昭襄王开始，秦国的王陵区就慢慢地从咸阳西陵区移至咸阳东的芷阳。而秦始皇作为秦昭襄王的曾孙，理应追随先祖埋葬在芷阳。在我们的认知里，像秦始皇这样一位功过三皇五帝的帝王，独立为陵是再自然不过的事情。不过，从秦始皇陵的选址方面，可以看出秦始皇作出了细致周全的考虑，既保证了自己有独立的陵园，又没有违背礼制。

我们都知道，自古墓葬选址都是有规矩的，前面也详细地说过秦陵的选址，可谓是真真切切地选了一块风水宝地。所以，秦始皇到底是怎么做到近祖陵而立陵的呢？

《周礼·春官·冢人》中记载："掌公墓之地，辨其兆域而为之图。先王之葬居中，以昭穆为左右。"也就是说，墓葬要根据东、西、南、北四至作出规划图，依照辈分左、右逐渐排开，祖居中，父居左，子居右分派墓穴。这便是周礼规定的理想化制度，称为昭穆制度。

俗话说："理想很丰满，现实很骨感。"理想中的规划，现实中未必能完全实现。芷阳陵园的整体情况正如铜版兆域图备注所说的那样，空间不足。这就难办了，将先辈们安顿好之后，秦始皇的陵寝就没地方了，那他还怎么建造自己的地下王国呢？经过了深思熟虑，综合比较之后，秦始皇最终选择了骊山脚下。

在秦始皇陵修建之初，也是困难重重，工程技术问题层出不穷。但这些对秦始皇来说，都不是问题。随着他的一声令下，工匠们穿透多重地下水，开山劈地，凿不动了向侧扩，想办法堵塞泉水，工程难题逐一解决。

解决了工程问题，便开始着手完善建筑细节。

看秦始皇陵的整体分布图，所有陵园项目被分布在骊山北麓的不同台地上。陵园所在台地面积最大。与地势相应，内外城垣被设计为南北向长条形，陵墓地宫和封土堆置于地势最高处的内城垣南半部，地宫上面是封土堆，围绕封土周围分布有大小不同、形制各异的各类陪葬坑，封土北侧西部为小型陪葬墓区，东部为十进礼制建筑遗址。便殿等附属地面宫殿建筑置于地势较低的内城北半部。在内外城之间，分布园寺吏舍、飤官等建筑遗址和陪葬坑、陪葬墓。修陵人官邸等置于外城垣以北更低处。外城之外北部有珍禽异兽坑、青铜水禽陪葬坑，东部有马厩坑、兵马俑坑。

由双重城垣围出的长方形陵园的四面有门，门口设三出阙。阙，是中国古代最高等级的建筑形式之一，阙制中最高等级的三出阙一般耸立在帝王居住的宫廷大门前面，是天下独尊的标志性建筑。

地形的高低与地位的高低遥相呼应，据考古资料的记录，整个陵园是由南向北依次构成高、中、低三个梯次，主次分明，重点突出。设置陵园控制点，为骊山东段的最高山峰望峰。设置两条轴线，分别为南北线：陵园内外城北门、封土、南门、望峰；东西线：陵园内外城东门、封土、西门。设置陵园中心点地宫，与骊山总山脉走势的东西两端距离大致相同。除了陵园本身，外城之外还有修陵附属形成的防洪堤、修陵人墓地、陶窑、击鼓坪、石材加工场，等等。

秦始皇帝陵园的范围广及 56.25 平方千米。

我们不得不惊叹秦始皇帝陵园的磅礴气势。秦始皇不仅做到了遵守礼制，在困难重重的情况下，还完成了自己理想中的陵寝建筑，为我们留下了一座东方最伟大的帝陵。

二、那些我们不知道的事儿

秦始皇陵地宫虽然尚未打开，但是，民间一直流传着关于秦陵地宫的传说。

相传，夏朝建立之后，九州稳定，四海升平，百姓安居乐业。施黯见各州向大禹进贡的金子越来越多，便向大禹请示该如何处理这些金子。大禹想起从前黄帝功成铸鼎，鼎成仙去，也打算铸九鼎，但是用这么多金子来铸鼎，怕引起诸侯们的责备。思来想去，大禹想到一个妙招。

大禹决定，以哪一州所贡之金，铸哪一州的鼎，并将该州的山川形势都刻在上面，还有他治水时曾遇到的各种奇禽异兽、神仙魔怪等一并刻在鼎上。待鼎铸成后，将鼎上的图想办法拓出来一份，昭示九州百姓，这样百姓就可以知道哪一种动物有益，哪一种有害，这于百姓而言，的确是件好事。

几个月后，大禹来到铸鼎的荆山，看见工匠们正在如火如荼地制鼎，绘图的绘图，造坯的造坯，锤炼的锤炼。这时，大禹提出以九州的阴阳属性，按照五行阳法、四象阴数，分别以雄金铸成五个阳鼎，雌金铸成四个阴鼎，这样，才堪称完美。

两年后的一天，空中忽然出现一种怪象，在白日里竟然能看到太白星在天空中闪耀，一闪便是九日。凡天有异象，必有大事发生，原来是九鼎铸成了。九鼎象征着九州，其中以豫州鼎为中央大鼎，九鼎集中在夏朝都城阳城，以显示大禹九州之王的权威。后来夏都几经搬迁，九鼎也随着搬来搬去。自此，九鼎成为国家政权的象征。

夏朝被商朝灭掉之后，九鼎便被迁到了商朝的都城亳邑。《臧哀伯谏纳郜鼎》中记载："武王克商，迁九鼎于雒邑。"周武王攻克殷商，又将九鼎迁至雒邑。大禹九鼎历经夏朝、商朝和周朝三代，一直为天子持有，足以说明九鼎是象征王权的国宝重器。

直到战国时期，秦昭襄王攻灭了周朝，准备将九鼎迁至秦都。据历史资料记载，运鼎的途中发生了意外，其中一鼎"飞"入了泗水之中，再也不见踪影。剩下的八鼎被秦军运到咸阳之后，便再也没有相关的信息了。有人说这八个鼎被秦始皇一并埋入了秦陵地宫中，以保秦朝的基业万世永存。

关于这个传说，《史记·秦始皇本纪》中也有记载："始皇还，过彭城，斋戒祷祠，欲出周鼎泗水。使千人没水求之，弗得。"秦始皇在东巡返回的路上，途经彭城（今江苏徐州），斋戒祈祷，路过泗水河时，见到水中露出一周鼎，高兴得不得了，当即命令随从下水捞鼎，想要把鼎打捞上来。就在绳索挂住鼎时，鼎内突然伸出一龙头，咬断了系鼎的绳索，鼎又沉入水中，再也没有找到。

这个传说被传得神乎其神，以至于汉代的画师将这个传说画到了壁上。据考古资料记载，在江苏徐州的汉画像石馆中收藏有一方汉代的画像石，画面中桥梁的两侧有人用绳索牵引一鼎，鼎内一龙头伸出欲咬绳索，桥上有人在等待着得到此鼎。显然这块画像石刻画的就是秦始皇于徐州泗水打捞周鼎的故事。

为何文献和画像石中展现的都是本来应该入秦之鼎，又再次沉没于泗水？

如果将画像石上的内容结合当时的历史背景来看，不难发现，秦始皇泗水捞鼎是在以故事的形式，说明两个问题。鼎，乃立国之重器，所以要具备德行的君主才配拥有它，反之，君主暴虐无德就会失去它。秦始皇于泗水捞鼎，鼎又沉没，这是变相地在暗示秦始皇失去鼎，也意味着他将失去国家。还有就是，龙把系鼎的绳子咬断，致使鼎沉没于水中，似乎也在说明龙将会使秦始皇失去鼎，就是失去他的王权。此时的龙，已然成为反抗秦朝的领军人物的化身。

我们不妨把画像石上的内容看作是刘邦以此来暗讽秦始皇，把秦国失鼎原因归结于秦始皇的残暴无德，更是为他灭秦立汉做的舆论准备。

纵观秦始皇时期的统治经历，便会了解其中之艰难。在秦始皇统一六国之后，短短十余年时间里，出现了两种不同的治国之策，其中的原因，还需要我们去细细推敲。

我们都知道，在统一之后，秦始皇做的第一件事就是东巡，且巡游了五次。尤其是在他生命中的最后五年，这种巡幸进行得十分频繁。于秦始皇而言，东巡仿佛就是最大的政治事业。实际上，秦始皇的多次东巡，有利于树立他的皇权威望，巩固国家的统一，加强边防建设，在贬抑六国的同时，也是秦始皇在探寻一套文化价值体系来为自己的统治服务。

但是秦始皇在第三次巡视时，遭到了张良的刺杀，险些丧命，这令他心有余悸。回到咸阳后，还没等他缓过神来，因陨石落地引发的诅咒又出现了。《史记·秦始皇本纪》中记载："三十六年，荧惑守心。有坠星下东郡，至地为石，黔首或刻其石曰'始皇帝死而地分'。始皇闻之，遣御史逐问，莫服，尽取石旁居人诛之。因燔销其石。始皇不乐，使博士为《仙真人诗》，及行所游天下，传令乐人歌弦之。"坠星，就是陨石。秦始皇三十六年，火星侵入心宿，这种天象象征着帝王有灾。随后，又有颗陨星坠落在东郡，落地后变成了石块。

陨石落地，在现代是件很平常的事情，不过在两千多年前的秦朝，因为没有合理的科学解释，灾祸即将到来的观念在人们心中所产生的恐惧波及全国。偏偏这时，老百姓中有人在那块石头上刻了"始皇帝死而地分"几个字。秦始皇听说后，恼火得很，这分明就是在诅咒他死，他怎么可能咽下这口气。于是，派御史去逐个审问，结果可想而知，哪会有人承认呢？为了解心头之气，秦始皇下令将陨石焚毁，杀掉了住在陨石周围的所有人，并命博士作《仙真人诗》，等到巡行时，每到一处就传令乐师弹奏唱歌。由此可见，"死"这个字，是万万不能提及的，是秦始皇最忌讳的事儿。

偏偏事情还没完没了，负责观星占卜的官吏上书秦始皇说："帝国的东南方向出现了天子气。"天子之气，是一种奇异的云气，本是一种自然现象，但在当时看来，这种现象意味着云气之下已经有王者诞生，他可能会取代秦王朝。在秦始皇统治时期，他身边有很多这样占卜天象的官员，他们经常听到"东南有天子气"的报告。如果不及时告诉秦始皇，消除这股危险的苗头，秦帝国的千秋基业和帝国命运怕是要发生质的变化。

此刻的秦始皇正在为出现不祥之兆而恼怒，又出现了"祖龙将死"的事件，对秦始皇来说，简直就是雪上加霜。

《史记·秦始皇本纪》中记载："秋，使者从关东夜过华阴平舒道，有人持璧遮使者曰：'为吾遗滈池君。'因言曰：'今年祖龙死。'使者问其故，因忽不见，置其璧去。使者奉璧具以闻。始皇默然良久，曰：'山鬼固不过知一岁事也。'"

秋风萧瑟之时，有一位从关东返回咸阳的使者，在路过华阴的时候，突然有人拦住他的去路。夜幕中有人拿着一块玉璧，拦住使者说："把这件玉璧交给滈池君。"所谓的滈池，就在咸阳附近，滈池君就是滈池之神。使者不明所以，想要继续追问，怪人只说了一句话："今年祖龙死。"便消失在夜幕之中了，只留下了玉璧。

使者把玉璧交给了秦始皇，并讲了事情的来龙去脉。秦始皇听后，脸色大变。"祖"者，始也；"龙"者，真龙天子，皇帝也。"今年祖龙死"，不正是说秦始皇今年会死吗？

秦始皇默然良久，说道："山神鬼怪不过能预知一年的事情，祖龙其实就是人的祖先。"于是，让御史观察玉璧，果然是秦始皇二十八年乘船渡江，祭祀水神时，投到江中的玉璧，这件事也被秦始皇视为不祥之兆。

好在，秦始皇平稳地度过了"今年祖龙死"的诅咒。为了排遣一下郁闷的心绪，也为了向天下证明，自己活得好好的，千秋基业更是稳固，所以秦始皇决定再次出巡。

历史学家认为这几件事情纯属子虚乌有，很有可能是误记或是流言，抑或是后人故弄玄虚，装神弄鬼，以此来发泄对秦始皇的不满。但是，这接连不断地出现灾异，不祥之兆频繁，或多或少对秦始皇都是有影响的。秦始皇不单单是惧怕死亡，更恐惧的是秦帝国的未来。实际上，这些事件的出现，从表面上看是秦始皇的施政不当、骄奢成性、劳苦百姓才导致关东六国地区百姓的不满；从本质上看，则反映了秦始皇独创的一套中央集权的国家政治体系在施行、运转过程中受到了阻碍。这或许也正是秦始皇的困惑所在。

在秦始皇统一六国后，许多兵器散落民间，为了防止六国旧贵族与六国遗民发动叛乱，秦始皇下令，将民间所有的兵器全部收缴并进行销毁。这些兵器熔掉后，被铸成了十二尊金人，每尊金人重达二十四万斤。

当然，金人并不是真的由金子所铸而成，因为当时的兵器材质是以青铜为主，所以金人就是铜人而已。十二尊金人身上都有丞相李斯的亲笔诏文，被放置于宫殿的正门。但是到了西汉时期，便再也没有关于这十二尊金人的任何记载。

于是，便出现了十二尊金人作为陪葬品已经埋入地宫的传闻。也有人认为，十二尊金人在秦末战乱时被熔掉，铸成了新的兵器。说法不一，但是十二尊金人的失踪，无疑又为秦始皇陵增加了一桩悬案。

秦始皇虽然已经不在了，但是他的热度却一直在。在关于秦始皇陵的传说中，最具神秘色彩的要数诡异的水银女尸，一个来自民间的传说。

相传，很多年前有人进入过秦始皇陵，看到了一具保存完好的女尸浸泡在水银中。

有人说，此女是秦始皇生前最爱的女子，在秦始皇去世后，便陪他长眠于地宫。也正是因为有了女子的守护，千年之间，无人敢入秦始皇陵，若是有人进入墓室，水银女尸便会苏醒，杀死闯入者。

也有人认为，这具女尸生前是秦始皇的妃子。还有人认为，这是秦始皇的母亲帝太后。在所有的猜想中，独独没有猜测这具女尸是始皇后的。

在我国古代，历代王朝的皇帝后宫都有记载，特别是皇后，母仪天下的第一夫人，在制度上有专门的规定，必须有详细的记载，甚至树碑立传。而秦始皇作为我国历史上第一位皇帝，他的皇后，也就是始皇后是谁，史书上完全没有记载，两千年来也没有人知道，这就奇了怪了。

如果说，史书上忘了记载始皇后是谁，或者出于某种原因没有记载，也就罢了，让人更加奇怪的是，秦始皇后宫的消息，在史书中也几乎都没有记载。同样，两千年来，没有人知道，可谓是历史之谜了。

通过之前提到的秦祖陵，我们可以发现，秦王与王后，都是夫妇合葬一地，正所谓阴阳相配，合乎人情，合于制度。那么，有没有一种可能性，秦始皇和始皇后一起葬于秦陵地宫中，只是地宫尚未发掘，所以我们不知道？

《史记·秦始皇本纪》中记载："太子胡亥袭位，为二世皇帝。九月，葬始皇郦山。"也就是说，秦二世将秦始皇葬于骊山，并没有提到始皇后也葬于骊山。当事实不清、真相不明的时候，各种猜测遐想，便应运而生。

有人猜测，秦始皇应该是没有立皇后，之所以没有立，是因为后宫太多，定不下来。不过，这种猜测似乎不成立，历朝历代，后宫的多少，都有制度规定，秦代应该也不例外。再者，这与立不立皇后之间没有直接的关系。自古以来，立后都是为了王位继承的秩序，也是为了后宫的秩序，更是一种宫廷政治体系的平衡。

也有人猜测说，秦始皇追求长生不老，这种厚望的特殊要求，延迟了他立后的进程。我们都知道，秦始皇是在晚年时期东巡的路上结识了方士，从而踏上了寻仙之路。以秦国的传统和制度而言，秦王正式立后应该在亲政不久，大概在二十多岁的青壮年时代，不可能等到年老体衰才来考虑立后的事情，若真是这样，怕是大臣们早就吵翻天了。

还有一种猜测，就是秦始皇的母亲私生活不检点，给他造成了心理阴影。秦始皇母亲帝太后养面首的事情，已经是公开的秘密了。这件事对秦始皇的影响很大，他甚至将母亲驱逐出京。秦始皇由怨恨母亲慢慢地转变为怨恨女性，成为一种心理障碍，所以没有立后。

帝太后养的面首名为嫪毐，也是赵国邯郸人，与帝太后是同乡，是吕不韦送给帝太后的"礼物"。由于吕不韦的强烈推荐，帝太后对这个传说中的人产生了浓厚的兴趣，便让吕不韦想办法将嫪毐送进宫中。

为何吕不韦会强烈推荐嫪毐呢？这里以帝太后为中心有个多角恋的

故事。传说帝太后在嫁给秦庄襄王之前，曾是吕不韦的歌姬，心属吕不韦。奈何秦庄襄王中意帝太后，便开口向吕不韦要了帝太后做妻子，帝太后嫁给秦庄襄王不久后，便生下了秦始皇。《史记》记载的出入，导致秦始皇不是秦庄襄王的儿子而是吕不韦的儿子的传言，流传至今。

《史记·秦始皇本纪》中记载："秦始皇帝者，秦庄襄王子也。庄襄王为秦质子于赵，见吕不韦姬，悦而取之，生始皇。以秦昭王四十八年正月生于邯郸。"就是说，秦始皇是秦庄襄王的儿子。庄襄王在赵国做人质的时候，在吕不韦家见到赵姬（帝太后），一见钟情，娶以为妻，生下了秦始皇。

而《史记·吕不韦列传》中却记载："吕不韦取邯郸诸姬绝好善舞者与居，知有身。子楚从不韦饮，见而说之，因起为寿，请之。吕不韦怒，念业已破家为子楚，欲以钓奇，乃遂献其姬。姬自匿有身，至大期时，生子政。子楚遂立姬为夫人。"这段记载说，吕不韦与绝色善舞的邯郸美人赵姬同居，知道赵姬有了身孕。在这期间，庄襄王到吕不韦家中做客，对赵姬一见钟情，起身敬酒，请求吕不韦将赵姬送给自己。吕不韦非常生气，但是一想到自己已经为庄襄王投入了全部家产，为了"钓奇"，便顺水推舟，将赵姬送给了庄襄王。赵姬隐瞒了自己已经怀孕的事实，嫁给了庄襄王，如期生下了秦始皇。

同是出自一人笔下，意思却大相径庭，这也是秦始皇身世之谜的由来。在皇室血脉的问题上，历代君主都是严谨的，何况当时秦国有严格的法律约束，再加上庄襄王从小接受的教育，他对与自己有切身利害关系的王位继承法更是清楚明白，不会糊涂。

在秦庄襄王去世不久后，吕不韦与帝太后旧情复燃，这无异于是在拿生命开玩笑。于是，在吕不韦的辅助下，帝太后和嫪毐的风流韵事才得以展开。所谓树大招风，两人的招摇没给他们带来好果子吃。《史记·吕不韦列传》中记载："始皇九年，有告嫪毐实非宦者，常与太后私乱，生子二人，皆匿之。"有人把嫪毐不是宦官一事告发，揭发他与太后私通，生下两个儿子，并藏匿了起来。秦始皇怎么会容忍这样的事情发生，立刻下令严查。

让秦始皇没有想到的是，嫪毐会起兵叛乱，身后的支持者竟然是自己的母亲帝太后。这对秦始皇来说，的的确确是一种伤害，特别扎心，他也确实怨恨过母亲，将她驱逐出京也是事实。不过，这件事情，直接关系到他的母亲和养祖母华阳太后之间的政治较量，当秦始皇事后听了策士的劝告后，出于稳定政权和安定继承关系的考虑，将母亲迎回，恢复了正常的母子关系。

秦始皇是第一流的政治人物，他的行事首先是从政治角度出发的。再者，在秦国历史上，太后养面首的事情并不止帝太后这一件。所以说，太后养面首影响了秦始皇立后一事，也不大可能。

《史记·秦始皇本纪》中记载："二世曰：'先帝后宫非有子者，出焉不宜。'皆令从死，死者甚众。"这便是文献中对秦始皇后宫唯一的记载了。我们只知道后宫没有子女的人数众多，那么一定还有一些有子女的，不然，秦始皇的儿女们从哪里来呢？至于这些后宫，是哪儿的人，出自哪个政治体系，我们就无从得知了。

不管秦始皇的皇后是谁，后宫有多少，在没有证据的情况下，总不能胡乱猜测。留下一点迷雾也挺好，这样反而增加了秦始皇的神秘性。

秦始皇及秦始皇陵的迷雾还未散开，民间又传来秦始皇陵兵马俑的神秘事件。

据传，在 1974 年，下河村的村民在打井时意外发现了兵马俑，接着考古专家对它进行了抢救性发掘。清理工作进行了一个多月，没有什么太大的成效。一天，一位打扮奇特的老者突然出现，询问考古工作人员有没有挖到什么，工作人员回答没有，老者转身走了。第二天，老者又出现了，还是询问了同样的问题，考古工作人员依然回答没有。直到第三天，老者才带着考古队去了另外一个位置。老者告诉考古工作人员，这个位置就是兵马俑的所在位置。

考古工作人员立刻展开挖掘，果真发现了一个巨大的陶俑阵。当他们回过神想要感谢老者的时候，老者已经消失得无影无踪，而且附近的村民都说没有见过这个人。于是，便有了这个老者是地下的一个陶俑复活过来的传说。

之后，考古工作人员站出来辟谣，这个传说才不了了之。

1997年的一天清晨，考古工作人员准备例行对兵马俑进行考察时，在坑道内闻到了一股腐臭的味道，循着气味寻找，几具尸体出现在眼前，考古工作人员吓坏了。死者的穿着打扮非同寻常，更诡异的是其中一名死者竟然抓着兵马俑的头。

经过法医鉴定，这几名死者在一个星期前就已经死亡了，死因不明。但是，他们的身份都已经查明，是一群盗墓贼。

每当这时，关于兵马俑的谣言就一定会出现。人们硬说这些兵马俑是保护秦始皇的，有人想要盗墓，作为秦始皇的守护军，兵马俑肯定得复活呀，而且会击杀擅自闯入的心怀不轨之人。

大家似乎都很希望兵马俑能够"复活"，只要有点儿风吹草动，人们就硬说那是兵马俑"复活"做的事儿。这些盗墓者的死因尚未查明，当然，兵马俑也绝不可能"复活"。

但是，在2006年的时候，确确实实发生了"兵马俑复活事件"，当然，属于人为的，还是一名痴迷于兵马俑的外国友人。

当时，德国人马林在中国学习，他听说了兵马俑后，对兵马俑产生了浓厚的兴趣。于是开始搜集兵马俑的相关资料，并且来到西安，想要近距离地观察兵马俑。由于距离太远，没能看仔细，于是，他心里产生了一个大胆的想法。

马林买了一些准备工具，在酒店悄悄做了一件与兵马俑完全相同的衣服。然后，他再次来到展览厅，找到一个游客较少的地方，从背包里拿出那套衣服悄悄换上，迅速跳进了俑坑中，站在里面一动不动。不过，这套把戏很快就被安保人员识破了，马林也得到了相应的教育和惩罚。这也是最近的一次兵马俑"复活"事件。

不论是秦始皇本身，还是秦始皇陵地宫，还是兵马俑坑，抑或是其他的陪葬坑，都引起了人们极大的关注和好奇，每个人都想看看这层神秘面纱的背后，究竟掩盖着什么样的真相。

三、不伤害，最好的守护

很多人都会问，为什么至今还不对秦陵地宫展开挖掘，如果发掘了，就没有这么多疑问了，也不用再担心被盗墓贼惦记了，各种富有传奇色彩的传说也就不攻自破了。所以，挖掘秦陵地宫绝对是有百利无一害的。可事实真的如大家想的这般简单容易吗？答案是，当然不是。

不论是以科学研究为目的，还是出于贪念和猎奇，若要挖掘秦始皇帝陵无异于杀鸡取卵。

自从明十三陵之一的定陵开挖之后，国家就下达了禁止挖掘帝陵的严格命令。一方面是考虑到考古发掘和后期保护的技术问题；另一方面是文物资源不可再生，地下陵墓挖一个少一个，无论现代科学技术发展到哪一步，无论发掘者水平有多么高，发掘的行动都要再三斟酌。

要知道，埋于地下两千多年的文物，氧化、腐败只是发生在下葬后的最初几年，现在它们所处的环境已经相当稳定了，如果贸然打开地宫，温度、湿度等环境状况突然发生变化，会对它们造成巨大的损害，尤其是内含有机质的文物。当然，还有最重要的一点，就是现在的文物保护遵循"保护为主，抢救第一，合理利用，加强管理"的方针，国家严格限制对帝王陵墓的发掘，对帝王陵墓一般不再主动发掘。

现今世界各国的文物考古机构，对于保存状况较好的大型遗址和墓葬，都尽可能地保持文物的原生环境，不进行主动发掘。所以，这不仅仅是秦始皇陵地宫不被发掘的原因，也是很多帝陵不被发掘的原因。

不发掘或尽量少发掘，是目前国际遗产保护的理念。我们国家于1993年加入国际古迹遗址理事会，要遵守国际公约。

那么，不发掘是不是代表着秦始皇陵的考古工作已经结束，秦始皇陵之谜将永远无法被解开？

通过以上的种种，我们能够确信的就是秦始皇陵是一座地下宝库，它承载了两千多年的历史文化，不单单是一座帝陵。它是秦始皇对秦帝国的精神寄托，是秦帝国的再现和翻版，是属于我们的历史记忆和传承。

未来秦始皇陵的考古工作还会持续，还会有一代一代的考古人在秦始皇陵扎根，相信考古工作者会一直热爱并守护好秦始皇帝陵。

如果可以，我们也可以加入到守护秦始皇帝陵的队伍当中，不需要我们去做多么专业的工作，只需要我们将好奇之心化为敬畏之心，期盼秦始皇帝陵考古的探索和理想，能够真正成为一份长久的事业。秦始皇陵是历史给予我们的一份独一无二的馈赠，让我们一起静静地等待花开。

时间流逝，历史犹存，这是秦始皇帝陵的魅力，也是历史的魅力。